本书作为中央高校基本科研业务费（JBK2004012）资助项目

│ 光明社科文库 │

文化安全的多重思考

武丽丽 ◎ 著

光明日报出版社

图书在版编目（CIP）数据

文化安全的多重思考 / 武丽丽著. -- 北京：光明
日报出版社，2021.9
ISBN 978 - 7 - 5194 - 6220 - 8

Ⅰ. ①文… Ⅱ. ①武… Ⅲ. 文化—国家安全—研究
—中国 Ⅳ. ①G12

中国版本图书馆 CIP 数据核字（2021）第 251276 号

文化安全的多重思考
WENHUA ANQUAN DE DUOCHONG SIKAO

著　者：武丽丽

责任编辑：刘兴华　　　　　　　　责任校对：阮书平
封面设计：中联华文　　　　　　　责任印制：曹　净

出版发行：光明日报出版社
地　　址：北京市西城区永安路 106 号，100050
电　　话：010 - 63169890（咨询），010 - 63131930（邮购）
传　　真：010 - 63131930
网　　址：http：// book. gmw. cn
E - mail：gmrbcbs@ gmw. cn
法律顾问：北京市兰台律师事务所龚柳方律师

印　　刷：三河市华东印刷有限公司
装　　订：三河市华东印刷有限公司
本书如有破损、缺页、装订错误，请与本社联系调换，电话：010 - 63131930

开　　本：170mm×240mm
字　　数：269 千字　　　　　　　印　张：16
版　　次：2022 年 1 月第 1 版　　　印　次：2022 年 1 月第 1 次印刷
书　　号：ISBN 978 - 7 - 5194 - 6220 - 8
定　　价：95. 00 元

内容简介

　　冷战结束后，随着国际形势的风云变幻和我国社会转型的持续推进，国家文化安全问题越来越凸显出来并受到越来越广泛的关注。随着习近平总书记"总体国家安全观"的提出和《国家安全战略纲要》的审议通过，国家文化安全的重要性已上升到国家战略层面。综观当前学术界关于国家文化安全的研究成果，可以发现已有很多学者对中国的国家文化安全问题进行了较为深入的研究。本书在对学术界关于国家文化安全现有研究成果进行综合梳理的基础上形成了本书研究所需要的国家文化安全基本理论，并从中华传统文化、西方学术理论、马克思主义理论三个领域对国家文化安全研究的理论背景进行了分析，然后从主导意识形态安全、民族文化安全、公共文化安全三个层面系统分析了当前我国国家文化安全存在的主要问题及其成因，接着对当前我国维护国家文化安全的现有战略对策及其效果进行了梳理与分析。在此基础上，本书提出了进一步健全和完善中国国家文化安全战略体系的对策与路径。

　　国家文化安全是指体现一个民族国家文化利益的个性文化相对处于没有危险和不受内外威胁的状态，以及该国保障国家文化持续处于安全状态的能力。当下维护中国国家文化安全的主体是历史文化层面的中华民族与政治层面的人民民主专政国家的统一体即中华人民共和国，而体现中华人民共和国国家文化利益的个性文化在外延上包含主导意识形态、民族文化、公共文化三个部分，因此，当下中国国家文化安全系统也相应地由主导意识形态安全系统、民族文化安全系统、公共文化安全系统三个子系统构成。

　　国家文化安全问题是随着20世纪90年代以来全球化进程的不断推进和我国社会主义改革的不断发展而逐步凸显出来的，但是，国家文化安全研究的理论渊源却可以从马克思主义经典作家、西方学术界和中华传统文化中进行挖掘。首先，马克思主义经典作家虽然没有直接使用"国家文化安全"这个概念，但

1

他们的论著中却散见很多与"国家文化安全"相关的思想。马克思、恩格斯的唯物史观为我们提供了研究文化问题的方法论基础，他们关于意识形态与全球化的论述以及列宁关于"文化领导权"相关思想的论述等都为我们进行国家文化安全研究提供了理论基础。其次，西方学术界虽然没有直接使用"国家文化安全"这样的表述，但是他们的研究中包含着很多与"国家文化安全"相关的理论，如葛兰西的"文化领导权"理论、亨廷顿的"文明冲突论"、福山的"历史终结论"、约瑟夫·奈的软实力理论、哈贝马斯的大众文化批判理论，这些理论为我们研究国家文化安全问题提供了很多可资借鉴的思想与方法。最后，中华传统文化之于当时封建国家统治的作用机理对当前我国国家文化安全的维护具有借鉴意义。

当前我国国家文化安全所面临的问题主要通过国家文化安全的三个子系统（主导意识形态安全系统、民族文化安全系统、公共文化安全系统）体现出来。首先，主导意识形态安全层面，我国意识形态创新没有完全跟上社会实践活动的变化发展，使得主导意识形态对社会现实的解释力出现了一定程度的下降，从而使得中国社会对以马克思主义为指导的社会主义意识形态认同呈现出一定程度的弱化态势，同时，社会主义意识形态的认同也呈现出群体性差异。高校作为我国社会主义意识形态宣传与教育的前沿阵地，近年来马克思主义却呈现出被边缘化、空泛化、标签化的状态。其次，民族文化安全层面，经济全球化的快速发展使得文化全球化成为不可阻挡的发展趋势，在全球文化场域中，与以美国为首的西方文化的强势位相比较，中华民族文化相对处于弱势位，并且还没有形成国际社会通用的华人共识文化，而目前国内社会对中华传统文化的认同也并不强烈。最后，公共文化安全层面，由于市场经济规则对于经济领域的超越，文化产业的社会效益与经济效益存在较为严重的脱节，大众文化消费呈现出一定程度的消费主义倾向，甚至出现挑战世俗公民社会价值底线的事件，而这样的事件一旦涉及社会公共领域，便会产生公共文化安全问题。

当前我国国家文化安全之所以会存在这些问题，主要原因有三点。第一，国际文化秩序呈现"西强东弱"的不平等状态，以美国为首的西方文化扩张还将长期存在。第二，中国社会转型所引起的各种矛盾和地方民族主义是中国国家文化安全的内源性危机。第三，近年来网络信息技术的大发展增强了我国国家文化安全的复杂性。党和政府为缓解国家文化安全压力和改善国家文化安全状态，采取了一系列战略措施，具体包括：第一，通过各种渠道积极推进中国文化"走出去"战略；第二，提出总体国家安全观，并以总体国家安全观为指导思想制定通过新国家安全法与国家安全战略纲要；第三，提出并积极推进马克思主义理论研究与建设工程；第四，提出并践行社会主义核心价值观；第五，通过对外文化贸易保护政策维护国家文化安全；第六，积极推进文化体制改革；等等。这些战略措施的制定和实施对于维护我国国家文化安全起到了非常重要的作用，但是，还不足以抵消来自国内外的各种威胁对我国国家文化安全所形成的压力。因此，本书提出了中国国家文化安全战略体系进一步完善与健全的对策与路径。第一，在推进国家文化安全制度建设方面，应该进一步健全国家文化安全法律体系，构建"国家治理"框架下的中国国家文化安全治理体系，完善中国国家文化安全战略框架。第二，在主导意识形态安全层面，要积极推进主导意识形态创新，提高其对社会现实的解释力；转变主导意识形态传播体系，增强其社会认同度；构建主导意识形态对外话语体系，提高其国际话语地位。第三，在民族文化安全层面，要通过追寻历史记忆，寻找中华民族的文化共识；积极推进中华优秀传统文化的现代化转型；构建中华优秀传统文化的立体化传播体系。第四，在公共文化安全层面，要积极探索文化产业社会效益的衡量机制；构建中国公民健康的内在文化心理；进一步健全现代文化市场监管体系，进而引导公共文化消费回归真、善、美的价值导向。

目　录
CONTENTS

第一章

导 论

20世纪90年代，随着冷战的结束，社会主义意识形态与资本主义意识形态二元对峙的局面被打破，全球化随之发展。尤其是进入21世纪以来，随着全球化进程的快速发展，以美国为首的西方资本主义国家通过文化贸易、跨国公司等间接性、隐蔽性的手段对我国国民的思想和价值观进行渗透，并产生潜移默化的影响，这是我国国家文化安全所面临的最明显、最直接的挑战。另外，当前我国正处于社会转型的关键时期，社会转型期的各种社会矛盾也对我国国家文化安全构成威胁。本书对我国国家文化安全所存在的问题及这些问题产生的原因进行了详细分析，并对我国现有应对国家文化安全问题的对策措施及其施行效果进行了梳理与分析。最后，在此基础上提出了当前进一步完善和健全我国国家文化安全战略体系的路径。这样的探索无论是对于国家文化安全理论研究的推进还是对于我国国家文化安全战略对策的制定都具有非常重要的意义。

第一节 问题的缘起与选题的意义

一、问题的缘起

中国的国家文化安全问题真正形成于1949年中华人民共和国成立以后。21世纪初，中国加入世界贸易组织标志着我国越来越融入世界体系，随着经济全球化的快速发展，文化全球化的问题引起了人们的注意，在文化全球化不断推进的过程中，国家文化安全问题日益凸显出来。近年来，学术界关于国家文化安全的研究已取得很多成果，但大多为宏观的、就事论事式的或者基于某一角度的探讨，从系统论的动态视角对国家文化安全问题与对策展开研究的论著并不多。因此，本选题的确定与研究不仅可以有效推动中国国家文化安全理论的建构，而且也为中国国家文化安全现实问题的解决提供了一种新的思路。

首先是现实原因。1949 年中华人民共和国成立后便自动加入以苏联为首的社会主义阵营，国际格局呈现出以苏联为首的社会主义意识形态和以美国为首的资本主义意识形态的二元对峙局面。以美国为首的西方资本主义国家采取"和平演变"的战略对社会主义国家进行意识形态渗透，这个时期的国家文化安全问题被意识形态安全问题所取代并凸显出来。冷战结束后，国际社会意识形态二元对峙局面随之结束，美国成为世界上唯一的超级大国。一方面，随着社会分工与国际分工的深入发展，美国等西方发达国家引领的经济全球化快速发展。在经济全球化过程中，美国的意识形态和文化价值观随着其文化产品一同大量涌入中国，这种间接的、隐蔽的文化扩张与渗透对我国国民尤其是广大青少年的人生观、世界观、价值观产生了不好的影响。另一方面，由于信息技术发展、社会转型、民族问题偶发等内部因素的消极作用，我国国家文化安全问题日益突出。国家文化安全对维护我国国家安全具有重要的战略意义。在 2014 年 4 月 15 日召开的中央国家安全委员会第一次会议上，习近平总书记首次提出"总体国家安全观"。2015 年 7 月 1 日第十二届全国人民代表大会常务委员会第十五次会议通过的《中华人民共和国国家安全法》则明确指出国家文化安全是国家安全的保障。这一方面说明了党和国家对中国国家文化安全问题的高度重视，另一方面也说明了对中国国家文化安全问题及其对策进行进一步研究的必要性与紧迫性。

其次是理论原因。综观当前我国学术界关于国家文化安全研究的现有成果，我们可以发现，学者们的讨论主要围绕国家文化安全的概念、中国国家文化安全的现状及其影响因素、维护中国国家文化安全的战略、策略等几个方面展开，侧重于国家文化安全整体分析的研究较为缺乏，并且大多数研究都只是从宏观的角度指出我国国家文化安全面临巨大挑战与威胁，不够深入系统，从而使得现有研究成果中提出的关于维护我国国家文化安全的对策大多数比较抽象、宏观，缺乏针对性和可行性，并且很多对策仅仅是角度不同而已，实则大同小异。

二、研究的意义

本研究具有显著的理论意义和现实意义。

第一，在系统梳理当前学术界关于国家文化安全现有研究成果的基础上，本书的研究一方面有利于进一步推动国家文化安全课题作为一个相对独立的研究领域逐步走向完善与成熟；另一方面，有利于引起社会学、法学、国际关系学等相关领域专家学者对国家文化安全问题的关注。

尽管国内学术界已经尝试从传播学、政治学、国际关系学等多学科对国家文化安全进行研究，但对国家文化安全依旧没有形成统一的概念共识，依旧集中于就事论事式的宏观研究。对国家文化安全形势的分析研究则绝大多数侧重于从宏观视角来考察国家文化安全所面临的挑战与威胁，鲜有对国家文化安全进行系统、具体的深入研究；而关于国家文化安全的维护措施也多是在相关理论缺席的情况下提出的。因此，本研究在对学术界现有关于国家文化安全的研究成果进行系统梳理的基础上，首先对国家文化安全的概念进行界定，试图廓清国家文化安全的界限，指出国家文化安全的内在结构，将国家文化安全系统分为主导意识形态安全、民族文化安全和公共文化安全三个子系统，并在此基础上，概括出影响中国国家文化安全的主要风险因素。其次，从马克思主义经典作家、西方学术理论、中国传统文化三个层面抽象出国家文化安全形势及其对策研究的理论基础。再次，详细分析了当前我国国家文化安全的现状及其威胁来源，并对我国党和政府已经采取或正在采取的国家文化安全响应措施及其响应效果进行梳理与评析。最后，提出关于当前我国国家文化安全战略对策的建议。本研究一方面有利于进一步丰富和推进当前学术界对于国家文化安全的理论探究；另一方面有利于进一步拓宽国家文化安全研究的视角，更新国家文化安全研究的方法，具有学术上的针对性和前沿性。

第二，本研究有助于对我国国家文化安全形成整体而系统的认识与把握。在当今全球化、信息化快速发展的进程中，由于国际社会依然呈现出以美国为首的西方发达资本主义国家文化霸权与文化扩张的文化秩序，加之近年来我国社会转型进程的不断加快，我国的国家文化安全问题越来越凸显出来。本书把"国家文化安全"视为一个动态、完整的系统，从当前我国国家文化安全的主要威胁因素、存在的问题和党和政府已采取或正在采取的对策及其效果三个方面对当前我国国家文化安全问题进行了详细的分析，然后在此基础上提出了进一步完善和健全我国国家文化安全战略体系的对策。这样的研究一方面在一定程度上可以加强社会各界对国家文化安全重要性的认识；另一方面可以为未来中国国家文化安全战略与措施的制定、实施以及国家文化安全相关政策法律的制定、实施提供科学有效的参考。

第二节　文献综述

在国外学术界并没有"国家文化安全"这个提法，国外学者在论述"国家文化安全"以及相关问题时一般会使用"非传统安全""文化多样性""文化例外"等概念。

第一，关于安全研究的理论范式。国外学术界关于安全研究的理论范式呈现多元化态势，主要包括现实主义、自由主义、建构主义和批判主义四种理论范式。现实主义范式主要存在于冷战时期，主要代表人物是摩根索、吉尔平、华尔兹，该范式将安全主体界定为国家，认为国家是自私的、相互竞争的，冲突和战争是国际体系的固有现象，所以追求安全即要维护国家利益。冷战结束后，随着全球化的加速发展和国与国之间相互依赖的增强，自由主义学派的主张更受青睐。自由主义范式的代表人物是基欧汉、伊肯伯里、拉西特。该范式认为，安全应包括制度、经济和民主等因素，这些因素在安全方面比军事力量更能发挥作用；在国家安全互动方面，该范式主张安全上相互依存的网状模式取代现实主义范式的"台球"模式。建构主义学派的安全范式从认识论上打开缺口，强调身份在安全建构方面的重要作用，认为文化性因素对国际关系结构具有非常重要的影响，无政府状态是主观建构的结果。持建构主义安全范式的哥本哈根学派的代表人物巴里·布赞和奥尔·维夫把安全研究大大向前推进了一步，他们提出的"安全化"概念受到学术界的广泛关注。而新近出现的"批判派"建构主义更强调从社会学的角度研究安全问题，他们认为"安全的内涵有变化的能力，他们研究的就是这种能力在特定社会背景中的变化方式"。批判主义安全范式是冷战结束后发展起来的、虽非主流但越来越引起关注的流派，其主要代表人物是布思、考斯、沃克。该范式认为安全随着主导言论和起伏不定的现实而变化，安全的首要目的是人类的生存、福祉和解放，其次才是国家的存在和福祉。

第二，关于文化战略的研究。早在 1929 年，利德尔·哈特在提出"大战略"概念时便把精神力量考虑在内，隐约关注到文化安全问题的存在。文化人类学家冯·皮尔森（1970）系统提出了"文化战略"这一命题。冷战结束后，西方学者进一步加强了对文化战略的研究，约瑟夫·奈（1990）首次提出"软实力"这一概念，并将提升软实力视为国家战略的重要内容。福山（1993）的"历史终结论"进一步将冷战对抗的结束视为西方文化和价值观的终极胜利。亨廷顿（1993、1995）更是提出了"文明冲突"这一极富争议的理论命题，并成为美国在后冷战时期战略制定的重要依据。

第三，关于"文化霸权"和"文化帝国主义"的研究。约翰·汤姆林森的《文化帝国主义》、萨义德的《文化与帝国主义》等著作系统探讨了文化在帝国扩张过程中所扮演的角色；Herbert I. Schiller 的专著《沟通与文化控制》阐述了西方工业国家通过信息流通对发展中国家进行文化支配与控制的过程，并对"文化帝国主义"（cultural imperialism）和"信息不平衡"（information imbalance）等现象进行了批判。

第四，关于文化与国家安全的研究。有学者专门对文化与国家安全的关系进行了研究，如 Michael C. Desch（1998）从国家安全的角度考察了文化在国家安全中的重要性，并主张加强对文化的理论研究；Jeffrey S. Lantis（2002）详细分析了战略性文化与国家安全政策之间的关系，认为文化在国家安全政策制定过程中的重要性在增加。阿兰·柯林斯（2007）对包括文化安全在内的传统安全和非传统安全问题进行了广泛而深入的探讨。

国内学术界关于国家文化安全问题的关注和研究是在 20 世纪 90 年代开始的，目前已取得丰硕的研究成果。就笔者在"中国知网"上通过输入关键词的方法所搜集到的公开发表的文章来看，我国学术界对于国家文化安全问题的关注与探究，较早的是杨海廷 1998 年发表于《工业技术经济》第 3 期的《经济改革与国家安全》一文，文中运用了"国家舆论文化安全"这一概念。1999 年，胡惠林在其专著《文化政策学》中首次使用"国家文化安全"这一概念，但是并没有对其展开论述。同年，林宏宇在《国家安全通讯》第 8 期上发表文章《文化安全：国家安全的深层主题》，从国家安全的高度界定了文化安全的内涵。2000 年，胡惠林在《学术月刊》第 2 期发表文章《国家文化安全：经济全球化背景下中国文化产业发展策论》，该文章随后被《新华文摘》全文转载，其观点被中央决策层采纳。之后，国家文化安全成为我国学术界关注的重要议题。截至目前，我国学术界关于"国家文化安全"这一论题的研究已经取得非常丰硕的成果。在中国知网以篇名为搜索对象①，输入"国家文化安全"，共有期刊455条记录，硕、博士学位论文52条记录，输入"文化安全"，共有期刊1710条记录，硕、博士论文显示184条记录。此外，还有很多关于"国家文化安全"的专著，如刘跃进主编的《国家安全学》（2004），其中第11章的全部内容都是阐释"文化安全"的，王逸舟主编的《全球化时代的国际安全》（1999），张文木主编的《中国新世纪安全战略》（2000），阎学通主编的《美国霸权与中国安全》（2000），孙晶的《文化霸权理论研究》（2004），潘一禾的《文化安全》（2007），沈洪波的《全球化与国家文化安全》（2009），张建英的《文化安全战略研究》（2010），赵波和高德良的《西方文化渗透对我国文化安全的影响》（2012），曲士英的《马克思主义意识形态与国家文化安全》（2013），胡惠林的《中国国家文化安全论》（2005），《国家文化安全研究导论》（2013），《国家文化安全学》（2016），《国家文化安全治理》（2020），韩源的《国家文化安全论——全球化背景下的中国战略》（2013），王景云的《文化安全视域下思想政治教育文化载体建设研究》（2014），孙宁的《中国共产党国家文化安全战略》（2016），程伟的《国家文化安全问题研究：基于改革开放以来社会意识变动的视角》（2017），信莉丽的《全球化语境下社会化媒体对国家文化安全的影响》（2018），罗希明和王仕民的《教育安全论：基于国家文化安全的视域》（2018）等。本部分对目前学术界关于国家文化安全的研究成果进行梳理和总结，旨在揭示学术界关于国家文化安全研究的特点和规律，探讨其未来的研究转向与发展趋势，为本书进一步研究奠定基础。

一、关于国家文化安全基本理论的研究

首先，关于国家文化安全的概念问题。对于国家文化安全概念的界定，目前学术界还没有达成共识，从目前的研究成果来看，学者们对国家文化安全概念的界定因"安全"所依存主体的不同而不同。

一类观点认为国家文化安全的主体应该是民族国家，强调国家文化安全是国家安全体系的一个子系统，持这种观点的学者主要将国家文化安全置于国家

---

① 以下关于中国知网的数据统计截止日期为 2020 年 11 月 24 日。

文化主权与国家文化利益的框架内进行分析。贾英健指出:"文化安全是指一个国家在发展过程中,能够有效地消除和化解潜在的文化风险,抗拒外来文化冲击,以确保国家文化主权不被威胁的一种文化状态。"① 韩源认为"国家文化安全是国家安全的子系统,国家文化安全的实质是国家文化利益安全"②。他认为"安全反映的是人的各项利益变化的趋势及所处的状态"。同时他指出:"确定安全与不安全的界限就是既有利益的状态,维持并增进利益即为安全,利益遭受损失或面临损失的威胁则为不安全。"③ 另一类观点则认为国家文化安全的主体应该是文化,持这种观点的学者主要从文化的定义、文化的具体内容和文化的作用、功能等角度出发来给国家文化安全下定义。如胡惠林在其专著《中国国家文化安全论》中把文化的生存与发展视为一个系统,从文化生存与发展的角度给国家文化安全下定义,认为"国家文化安全是指一国的文化生存系统运行和持续发展状态及文化利益处于不受威胁的状态"④。李金齐更是在文化哲学意义上认为文化安全是指"对文化主体生存权利、生存方式、文化成果的认同、尊重和保护,是对人类文化生存、发展水平和进步程度的一种反映,是指作为文化核心的价值观念的合法生存和合理发展"⑤。

由于学者们对国家文化安全的主体存在不同看法,因此其对我国国家文化安全问题产生的起点同样存在分歧。以民族国家为国家文化安全主体的学者认为中国国家文化安全问题真正形成是在新中国成立之后。韩源认为"国家文化安全的主体是当今国际社会中的民族国家"⑥。中国真正成为独立的民族国家实际上是在1949年新中国成立以后,所以他理解的国家文化安全问题的产生时间应该是1949年新中国成立时。以文化为国家文化安全主体的学者认为早在人类文明的轴心时代就存在国家文化安全问题了,如孔子"仁"治天下的观点和柏拉图的"理想国"理论都包含着国家文化安全思想,但"并非所有的时代的国家文化问题都能构成这个时代的国家文化安全命题,只有能够造成国家间利益

---

① 贾英健. 积极应对全球化趋势下的国家文化安全问题 [J]. 红旗文稿, 2001 (14): 13-14, 23.
② 韩源. 国家文化安全引论 [J]. 当代世界与社会主义, 2008 (6): 90-94.
③ 韩源. 国家文化安全论: 全球化背景下的中国战略 [M]. 北京: 社会科学文献出版社, 2013: 23.
④ 胡惠林. 中国国家文化安全论 [M]. 上海: 上海人民出版社, 2005.
⑤ 李金齐. 文化安全释义 [J]. 思想战线, 2007 (3): 99-103.
⑥ 韩源. 国家文化安全引论 [J]. 当代世界与社会主义, 2008 (6): 90-94.

格局的变动和国家间力量对比的转移，造成国际较量形势和秩序重组的那些文化安全问题，才能成为这个时代的国家文化安全命题"①。因此，中国国家文化安全问题起源于鸦片战争。

其次，关于国家文化安全的内在结构。由于目前学术界对于国家文化安全的概念还没有达成基本共识，因此在国家文化安全的内在结构方面学者们也有不同的理解。依据上述不同学者给国家文化安全所下的定义的分类标准，我们可以把当前学者们关于国家文化安全内在结构的研究也分为两类。

第一类是将国家文化安全的主体界定为民族国家的研究，主要有如下内容。韩源认为，全球化时代，国家文化安全这一概念中的"文化"包含三个层面的内容，即意识形态、民族文化、公共文化，相应地，国家文化安全系统也由意识形态安全、民族文化安全、公共文化安全三个子系统构成。② 吴满意将国家文化安全分为主流文化安全、亚文化安全和社会思潮安全。③ 张小平认为文化安全是一个动态的内容，它随着历史的演变呈现出不同的历史内涵。当前，我国国家文化安全的主要内容由国家文化主权、民族文化主体地位、意识形态的主导地位④三个部分构成。

第二类是将国家文化安全主体界定为文化的研究，主要有如下内容。刘跃进认为当前我国国家文化安全的主要内容包括语言文字安全、风俗习惯安全、价值观念安全和生活方式安全四个方面。⑤⑥ 孙宁将国家文化安全划分为三个层次，即产业层面的文化安全、制度层面的文化安全和观念层面的文化安全。⑦ 辛国安、李翠玲、耿超锋等认为国家文化安全是指"国家文化的安全"，国家文化是一个自成体系的概念系统，国家文化的结构由民族文化、外来文化和国家

---

① 胡惠林，胡霁荣. 国家文化安全治理［M］上海：上海人民出版社，2020：1.
② 韩源. 国家文化安全引论［J］. 当代世界与社会主义，2008（6）：90-94.
③ 吴满意，等. 中国文化安全面临的挑战及其战略选择［J］. 当代世界与社会主义，2004（3）：118-121.
④ 张小平. 当前中国文化安全问题研究［M］. 北京：社会科学文献出版社，2012：27.
⑤ 刘跃进. 解析国家文化安全的基本内容［J］. 北方论丛，2004（5）：88-91.
⑥ 严兴文. 试论国家文化安全的内涵、特点和作用［J］. 韶关学院学报，2007（2）：138-141.
⑦ 孙宁. 新世纪中国共产党的国家文化安全战略论析［D］. 北京：中国社会科学院，2011：16.

主流文化三部分组成。① 胡惠林认为国家文化安全的基本界限图形由核心安全（国家文化主权）、基本安全和相关安全三种性质不同的安全类型构成，另外他还认为国家文化安全包括文化政治安全、文化经济安全、文化社会安全、文化信息安全和文化环境安全等几种类型。当然，也有学者从"非传统安全"的视域出发来探讨文化安全的内在结构。刘跃进认为我国文化安全主要包括语言文字安全、风俗习惯安全、价值观念安全和生活方式安全四个方面。潘一禾认为国家体系中的文化安全主要由政治文化安全、语言和信息安全、国民教育体系安全三方面构成。另外，随着研究的持续深入，学术界关于文化安全结构的探讨也呈现出多元化趋势。比如，胡正荣和姬德强就立足于新的大数据传播环境，从"虚拟性"维度出发，将文化安全分为"实体文化安全"和"虚拟文化安全"两个方面，胡惠林也指出"网络安全是一种全新的国家安全形态"②；李丹凤则从系统论的视野出发，探讨了国家文化安全包含的经济要素、意识形态要素、民族优秀传统文化要素、核心价值观要素和人的全面发展要素。多角度的理论探讨，进一步丰富了文化安全结构研究的理论维度。

二、关于国家文化安全形势判断及其威胁来源的研究

首先，关于国家文化安全形势判断的研究。准确判断国家文化安全形势是维护国家文化安全的前提与基础，目前大多数研究成果都对这一论题有所涉及。一部分学者试图从整体上把握国家文化安全面临的宏观形势，并尝试性地提出国家文化安全形势评析的理论框架和方法原则。韩源的《中国国家文化安全形势评析》一文，从意识形态和民族文化两个维度对中国国家文化安全形势进行分析，认为一国的国家文化安全状况主要受国际文化环境、国家文化力和国家文化安全战略三个因素所影响。韩源在其 2013 年出版的专著《国家文化安全论：全球化背景下的中国战略》中又对全球化背景下的中国国家文化安全形势做了较为详尽的论述。胡惠林在《中国国家文化安全报告》一书中从综合文化国力、国家文化主权、文化产业等方面对处于全球化与中国社会转型背景下的国家文化安全形势做了总体概括。孙宁的博士学位论文《新世纪中国共产党的

---

① 辛国安，李翠玲，耿超锋，等. 全球化视野下的国家文化安全 [J]. 中国特色社会主义研究，2010（1）：79-86.
② 胡惠林，胡霁荣. 国家文化安全治理 [M]. 上海：上海人民出版社，2020：84.

国家文化安全战略论析》运用战略管理中的 SWOT 分析法详细分析了新世纪我国文化安全战略形势。沈洪波、吴瑛等学者则从认知、行为等角度对文化安全的"安全困境"进行了理论反思，对安全量化、安全边界等问题提出了自己的理论思考。另一部分学者则从文化贸易、文化产业、文化生态等具体领域出发分析我国的文化安全形势。例如，肖庆就以"风险社会"为理论视角对我国的文化安全形势进行了探讨。还有一些研究者则更多地从我国国家文化安全现状，所面临的挑战、威胁，存在的问题等方面展开论述。

值得指出的是目前学术界有少部分学者通过设计国家文化安全评估指标体系对国家文化安全做出了定量评估。胡惠林在其专著《中国国家文化安全报告》中设专章（第九章）"构筑科学的综合性国家文化安全管理体系"对国家文化安全评估进行了研究，并结合已相对成熟的经济安全指标体系提出了国家文化安全景气指标，认为一方面可以通过"有效供给"和"有效需求"这两个整体性的宏观指标来衡量国家文化景气与否；另一方面还必须重视相应行业如战略文化产业或属于新文化产业的文化行业景气指标的建立。他还指出建立国家文化景气指标的同时还应建立国家文化安全风险评估指标，具体包括：文化投资风险、文化市场开放风险、文化遗产开发风险、文化生态资源可利用程度风险、文化制度创新风险、公共文化安全风险等。在国家文化安全状态的划分方面，他认为应该将国家文化安全状态分为 7 种：安全、比较安全、基本安全、轻度不安全、中度不安全、严重不安全、安全危机爆发。胡惠林还提出了国家文化安全宏观监测及其预警模型和微观监测及其预警模型，宏观方面包括国内整体文化安全态势的监测预警和国际整体文化安全态势的监测预警，微观方面包括国家局部文化安全领域的监测和预警、突发性事件对于国家文化安全的影响监测和预警，并分别就监测预警领域和内容做了详述。他还将影响国家文化安全的因素归结为文化政治、文化经济、文化信息、文化能力、公共文化、国际文化关系 6 个子系统。① 可见，胡惠林侧重从文化产业与文化经济的视角比较系统地构建起了国家文化安全监测预警的相关指标体系，但他并没有运用指标体系和统计学意义上的计量方法对国家文化安全做出详细评估。南京师范大学范庆斌的硕士学位论文"遗产旅游地文化安全评价及安全体系构建：以西塘古镇为例"从文化安全的视角研究遗产旅游地，通过将德尔菲法和层次分析法相结合，

---

① 胡惠林. 中国国家文化安全报告 [M]. 太原：山西人民出版社，2005.

运用环境安全评估中的 PSR（压力—状态—响应）模型构建了由准则层和指标层构成的遗产地文化安全评价指标体系，并运用模糊数学评判法对遗产地文化安全进行了评估。① 沈洪波、吴瑛等学者则从认知、行为等角度对文化安全的"安全困境"进行了理论反思，对安全量化、安全边界等问题提出了自己的理论思考。贾磊磊（2011）指出应在文化领域设定安全基准线，并就国家文化安全基准线设定的原则进行了概括。蓝波涛和王新刚（2019）提出应建立国家文化安全预警机制，国家文化安全预警机制就是"国家启动各种文化安全管理手段，对危及国家文化安全的各种要素进行不间断的监控，对于国家文化安全的力量进行数据采集、分析、评估和鉴别，对危及国家文化安全的要素准确地进行警示性的反应，预先发布相应的警告并做出应对措施"②，并指出国家文化安全预警机制具体的运行逻辑应该包括明确警情、寻找警源、分析警兆、预报警度四个阶段。但是他们并没有通过构建指标体系运用实证分析方法对国家文化安全进行定量评估。

综观上述观点，我们可以看出，当前学术界关于中国国家文化安全形势判断的研究成果均显示我国国家文化安全面临着非常严峻的形势，但基本都停留在宏观现象的描述上，并且很多内容也只是表述角度和细化程度不同而已。韩源在论文《中国国家文化安全形势评析》中从国际文化环境、国家文化力和国家文化安全战略三个变量出发对构成国家文化安全系统的意识形态和民族文化的安全形势分别进行解析，实际是对国家文化安全形势进行"透过现象看本质"的分析，具有非常重要的理论与实践意义。此外，当前学术界很多学者都认识到了国家文化安全定量评估的重要性，提出要建立国家文化安全监测与预警机制，并且有少数学者对国家文化安全评估指标体系的构建以及评估做出了探索，但已有定量评估的研究成果距离计量学意义上的实证研究还有很大距离。

其次，关于中国国家文化安全的威胁来源。对国家文化安全威胁来源的探讨，其研究成果主要集中在三个大的方面。一是关于文化安全"外源性"威胁因素的探讨。这部分研究主要探究了全球化、西方文化扩张与文化霸权、文化帝国主义以及意识形态渗透等外源性因素对我国国家文化安全带来的冲击。例

---

① 范庆斌. 遗产旅游地文化安全评价及安全体系构建：以西塘古镇为例 [D]. 南京：南京师范大学，2013.

② 蓝波涛，王新刚. 新时代维护我国国家文化安全的路径选择 [J]. 马克思主义理论学科研究，2019（6）：95-102.

如，孙晶（2004）、于炳贵和郝良华（2002）、赵波和高德良（2012）、邱金英（2015）等学者就对西方文化霸权主义的思想来源、渗透路径以及对我国国家文化安全的冲击和影响等进行了具体阐述。二是关于文化安全"内源性"威胁因素的探讨。例如，王沪宁（1994）探讨了次级政治实体的文化主权诉求对国家文化主权带来的冲击；石中英（2004）分析了极端民族主义、文化原教旨主义对我国国家文化安全构成的威胁；沈壮海（2009）、张国祚（2011）、胡键（2012）、骆郁廷（2013）等分析了文化软实力不足对我国文化发展带来的不利影响。胡正荣和姬德强（2013）等则分析了大数据背景下文化生产机制、文化价值导向和文化传统传承等方面存在的不足对我国文化安全带来的现实威胁。三是将内源与外源性威胁因素结合起来分析我国国家文化安全所面临的风险。胡惠林（2020）指出外部的文化侵略造成了国家文化主权安全问题，内部的文化内乱造成了国家文化主权范围内的国家文化安全问题；易华勇和邓伯军（2020）从互联网、文化市场开放、人工智能发展以及国外文化渗透几方面分析了当前中国发展形势中存在的文化安全隐患。范玉刚（2016）认为中国国家文化安全的外部威胁一方面表现为全球化带来的文化交融与冲突及其对民族文化传承体系的冲击，另一方面表现为西方文化霸权对社会主义意识形态的挑战；而内部威胁表现为"一体性话语体系解体后，在多元文化发展格局重构中社会主导文化乏力与主流文化价值观摇摆所带来的文化失序，以及社会转型期文化撕裂对文化生态的破坏，主导文化的内生性梗阻与主流文化价值观影响力衰微等各种'叠加效应'的挑战，及其疲于应对的泛化、散化和碎片化状态"①。

三、关于国家文化安全战略构建的研究

在现有的研究成果中，学者们在分析当前我国国家文化安全所面临的现状、威胁或挑战的基础上，对维护我国国家文化安全的战略策略问题也进行了有益的探讨，但侧重点各有不同。本书对其进行梳理总结后认为学者们主要从以下几个角度来探讨国家文化安全的战略构建。

一是基于总体战略高度的考量。如韩源在《全球化背景下维护我国文化安全的战略思考》一文中从主导意识形态与中华民族文化的融合，文化创新与文

---

① 范玉刚. 从"文化冷战"到"文化热战"：非传统国家文化安全及其症候分析 [J]. 探索与争鸣，2016（11）：115-122.

化发展，国家文化战略与国际文化秩序四个方面提出了维护中国国家文化安全的战略制高点。胡惠林在《论构建国家文化安全管理系统与国家文化安全危机应急决策机制》一文中从管理学与危机管理的视角提出了在全球化与中国改革开放条件下维护中国国家文化安全的战略。2016 年 9 月胡惠林发表论文《国家文化安全法制建设：国家政治安全实现的根本保障——关于国家文化安全法制建设若干问题的思考》，指出"在新的国家文化安全威胁正在快速生成的复杂文化安全形势下，实现我国国家文化安全从政策性安保体制向法制性安保体制的战略转变，已经成为中国国家文化安全建设的当务之急"，并提出要"建立以总体国家安全观为指导，以宪法和《中华人民共和国国家安全法》为依据，以人民安全为宗旨，以国家政治安全为根本，以国家文化安全能力建设为核心，以国家文化安全制度体系建设为抓手，以国际文化安全立法为参照，与中国已加入的国际公约规定相一致，与其他相关文化法律相协调的、具有中国特色的国家文化安全法制体系"，"建议从制定新法、修改旧法、配套提升、完善配置四个方面构建维护国家文化安全法制体系"。

二是基于中观策略视角的考量。苏娟的《"一带一路"与中国文化安全：挑战与应对》一文将国家文化安全置于"一带一路"战略下进行思考，指出中国政府应重点从文化传播力度、文化话语权、文化产业发展机制、国际文化交流等几个方面加强战略运筹，维护国家文化安全。方晴在《论"一体双翼"的国家文化安全战略》一文中从中华文化发展的历史视角提出了由两种中华文化传承、传播载体组成的"一体两翼"国家文化安全战略。刘志明在《维护国家文化安全亟需健全文化安全审查制度》一文中从"凭什么审查；审查什么；谁来审查；怎么审查"四个方面提出了健全文化审查制度的战略框架。齐崇文在《论文化安全的法律治理》一文中提出法治是文化安全治理体系和治理能力现代化的关键，"加强文化安全法律治理需要综合运用'立''改''废''释'，整合现有立法；提高政策法律化程度，推动社会主义核心价值观入法入规；构建以政府事中、事后监管为主的治理模式；以司法裁判为基础建立案例指导制度"。

三是基于某一具体领域或行业的思考。在文献样本总量中有很多学者从教育的角度提出了国家文化安全的维护策略，如魏佳在其文章《论新的历史起点下高校国家文化安全教育》中分析了加强高校国家文化安全教育的重要性，并从维护马克思主义意识形态主导地位、传播中华民族优秀文化、培育社会主义核心价值观等方面提出了加强高校国家文化安全教育的有效路径。蔡劲松、谭爽的文章《风险社会背景下的大学文化安全：挑战与应对》将大学文化安全置于风险社会的背景下，从宏观（观念转型）、中观（制度优化）、微观（多主体协同）三个层面提出了大学文化安全的建构策略。还有很多学者从少数民族文化建设的角度来探讨国家文化安全的维护策略，如麦买提·乌斯曼在《边疆民族地区文化建设与国家文化安全》一文中分析了边疆民族地区文化建设对于国家文化安全的重大影响，并从国家文化认同、中华文化认同和发展民族文化产业三个层面提出了推动边疆民族地区文化建设、维护国家文化安全的具体路径。宋才发和李文平在《民族地区网络文化安全的法治保障探讨》一文在分析民族地区网络文化安全存在的主要问题的基础上，从"网络运营行业自律、网络空间法治化、网络安全执行查控机制和网络犯罪预防体系"四个方面提出了民族地区网络文化安全的法治举措。另外，值得注意的是，很多研究者已将研究视角转移到了具体的文化安全问题上，如陆建平在《数字时代中国学术出版国际化的国家文化安全管理》一文中从学术期刊出版的角度提出应建立中国学术出版国家文化安全管理机制；王建伟在《文化安全视野下我国传统体育文化的国际化传播》一文中从文化安全的视角提出了我国传统体育文化国际化传播的战略策略；王元在《城镇化进程中的城市文化安全与文化遗产保护》一文中将视角转向城市文化安全，提出"通过文化遗产维护城市特质与市民认同，实现城市文化安全"；等等。

四是基于国外比较视角的考量。还有一些学者将视野转向国外，从比较与借鉴的角度出发提出维护我国国家文化安全的对策建议。如余日昌在《论当代美国文化安全的战略特点》一文中在对当代文化安全理论所存在的盲区、美国国家文化安全战略的深层结构以及当代美国国家文化安全战略的权重做出深入剖析的基础上，指出我国在制定国家文化安全对策时应该注意的事项。郭凤鸣在《基于国家文化安全的美国外语规划演进研究》一文中详细梳理了基于维护美国文化安全目标的美国外语规划的演进历程，在此基础上提出，为了维护国家文化安全，中国语言战略规划应借鉴美国"向下看，向下学习"的理念，"担负起忠诚服务'一带一路'建设的重任，及时建立全局的语言安全应对机制，提升国家外语能力水平，推进与'一带一路'沿线国家和地区的平等交流与合作，全面扩大中国的国际影响"。刘红叶的博士学位论文《欧盟文化政策研究》遵循"过去—现在—未来"的时间顺序具体分析了欧盟文化政策的发展脉络，进而提出欧盟文化政策对我国的启示。① 胡惠林在其专著《国家文化安全治理》一书中着重介绍了美国、英国、法国、俄罗斯等几个大国的文化安全政策与战略。

四、关于文献综述的总体评述

从目前学术界对国家文化安全研究的现状来看，虽然取得了丰硕的成果，但不可否认还存在一些薄弱环节，而这些薄弱环节正是未来我国国家文化安全研究的主要方向。

第一，在我国国家文化安全基础理论研究上，需要从马克思主义、中华传统文化、西方学术界三个层面来进一步挖掘、借鉴、创新，理顺三者的关系，构建适合我国国家文化安全战略需要的国家文化安全理论。当前学术界关于国家文化安全的研究现状诚如韩源所言："研究仍处于起步阶段。随着讨论的日趋成熟，基本理论问题的进一步澄清成为继续深入研究国家文化安全问题的'瓶颈'。"当前国内学术界对国家文化安全的研究大部分还停留在实践意义和实践应对的描述性研究上，缺乏较深的学理性研究。国家文化安全的定义至今没有达成共识，国家文化安全的内在结构，主要影响因素及其作用机理、历史起源等理论问题的研究相对较少，仅有的研究成果也呈现研究者各抒己见的状态，系统的"国家文化安全学"理论尚未形成。因此，我国国家文化安全研究中的基础理论研究还需要进一步重视与加强。

第二，在我国国家文化安全形势判断和影响因素的研究上，需要调整或改变目前的"问题—对策"型研究思路，并引入实证性研究方法。目前学者们对我国国家文化安全的形势判断及其影响因素的研究大多采用描述性的"问题—对策"型研究思路，虽然有少部分文章采用了问卷调查方法，但仅有简单的数据统计，遵循的依然是"问题—对策"型思路，这虽然在一定程度上摆脱了经验判断或者感觉判断的限制，但距离计量学意义上的实证研究还比较远。因此，在未来的国家文化安全研究中，应高度重视实证研究，通过规范化的实证研究来科学地解释国家文化安全系统，透过数据来分析国家文化安全的主要影响因子及其作用机理，从而对国家文化安全形势做出具有科学依据的明确判断。

第三，在维护国家文化安全的战略策略研究上，需要进一步加强战略策略

---

① 刘红叶. 欧盟文化政策研究［D］. 北京：中共中央党校，2013.

的有效性和针对性。对国家文化安全进行研究的目的是为了在实践中更好地维护我国国家文化安全和推进社会主义先进文化建设，实现国泰民安。但从目前的研究文献来看，学者们对于我国国家文化安全形势的判断基本都属于宏观的描述性判断，往往泛泛而谈，缺失客观、真实的案例调查与数据支撑，以至于提出的维护我国国家文化安全的方案缺乏针对性和可操作性，很难付诸实践。因此，在未来的研究中，我们应立足于为国家文化安全维护提供借鉴，在对国家文化安全进行实证研究的基础上，增强研究的实效性和可操作性。

第四，我国国家文化安全的研究视野还需要进一步拓宽，选题需要进一步向微观层面延伸。国家文化安全研究是一项涉及文化学、政治学、社会学、传播学、哲学、国际关系学、管理学、法学等多个学科的综合性研究课题，但现有研究文献中对国家文化安全课题的跨学科研究还远远不足。因此，在未来的研究中需要进一步拓宽视野，增强对国家文化安全的多学科综合研究。另外，在当前的研究文献中，已有不少学者将关于国家文化安全的选题拓展到了微观层面即具体文化安全问题的研究上，如王建伟的论文《文化安全视野下我国传统体育文化的国际化传播》；高地的论文《"慕课"：核心理念、实践反思与文化安全》；洪浩、胡继云的论文《文化安全：传统武术传承人保护的新视阈》；陆建平的论文《数字时代中国学术出版国际化的国家文化安全管理》；李伟民的论文《视听作品法律地位之确立：以文化安全为视角》；姜庆丽的论文《逆光飞翔：中国梦视域下国产电影的文化安全意识探究》；等等。这表明微观层面的文化安全问题已经在各个领域逐步显现出来，但研究的广度与深度还需要进一步拓展。

第三节　研究思路和研究方法

一、研究思路

20世纪90年代以来，随着全球化进程、网络信息技术与我国社会主义市场经济的快速发展，国家文化安全问题越来越凸显。基于这样的时代背景，本书以马克思主义的基本立场与方法论为指导，广泛借鉴和吸收其他学科和领域的理论知识与研究成果，将国家文化安全放在国家安全的整体系统中，遵循"是什么—为什么—怎么办"的逻辑思路，通过理论挖掘与梳理，现实考察与分析，对当前我国国家文化安全形势及其对策展开研究。

本书在对国家文化安全现有研究成果进行梳理的基础上，对国家文化安全的概念、内在结构、影响因素进行了系统的分析。接着，本书从思想史的角度对马克思主义经典著作、西方文化理论与中华传统文化中与国家文化安全相关的思想理论进行了梳理，这为本书的研究提供了理论基础。本书还对当前我国国家文化安全所面临的主要问题从主导意识形态、民族文化和公共文化三个层面进行了分析，并从国际、国内与网络信息技术发展三个层面阐释了当前我国国家文化安全的威胁来源，进而对现有的国家文化安全战略对策进行梳理，并尝试提出我国国家文化安全战略体系进一步完善与健全的路径。

二、研究方法

文献研究法：文献研究是各类学科研究最常用也最为基础的方法，该方法主要通过对与选题相关的已有文献资料进行搜集、鉴别和整理，了解学术界关于该选题的研究成果与不足，从而找到该选题研究的逻辑起点，并搭建框架结构。本书正是在对以往学术界关于国家文化安全问题的研究成果进行阅读、分析与整理的基础上，发现当前关于该选题研究存在的盲点与薄弱环节，从而确定本书的具体标题、框架结构和创新点。

理论与实践相结合的研究方法：国家文化安全问题是当前我国面临的非常重要的现实问题，本书在对国家文化安全基本理论进行分析的基础上，对我国当前国家文化安全形势从威胁来源、现状和响应措施及其效果三个层面进行了详细分析，并在此基础上有针对性地提出了维护我国国家文化安全的战略对策。

多学科综合研究方法：本书以马克思主义为指导，借鉴吸收了政治学、传播学、国际关系学、社会学、管理学、法学等多学科的理论成果进行研究。

规范研究方法：规范研究方法侧重于逻辑推理、定性分析和价值判断，强调从事物的内部联系中通过推理得出"应该怎样解决"。本书首先对学术界关于国家文化安全的研究文献进行了梳理与评述，接着对国家文化安全的概念和内部结构进行了阐释与探讨，并以此作为本书的研究起点。在此基础上，本书从系统论的角度对当前我国国家文化安全所面临的问题、威胁来源和现有响应措施及其效果进行了详细的分析，最后有针对性地提出了我国国家文化安全战略体系进一步健全与完善的对策，从而实现了"是什么—为什么—怎么办"的逻辑规范演绎。

第四节 创新之处与不足之处

一、创新之处

本书的创新之处主要体现在以下三个方面：

第一，本书在对现有研究成果中关于"国家文化安全"概念进行梳理的基础上，以民族国家、非传统安全和国家文化利益等相关理论为支撑，对"国家文化安全"的概念进行了进一步的界定与解说，从而使得"国家文化安全"这一概念的内涵与外延有了较为明确的指向。

第二，本书将国家文化安全视为一个完整的动态系统，从"原因—问题—措施响应及其效果"这一互为因果的动态模式着手，对当前我国国家文化安全问题进行了较为具体而系统的分析。首先，本书对当前我国国家文化安全系统的三个子系统（主导意识形态安全、民族文化安全、公共文化安全）所存在的问题做了详细的分析；其次，从国际文化环境、国内文化环境和网络信息技术三个大的方面分析了当前我国国家文化安全问题的主要原因；最后，对当前我国国家文化安全现有战略措施进行了梳理与效果分析。

第三，本书在对当前我国国家文化安全问题进行系统全面分析的基础上，从国家文化安全整体制度构建、主导意识形态安全维护、民族文化安全维护、公共文化安全维护四个层面提出了当前和未来我国国家文化安全战略体系进一步健全与完善的路径。

二、不足之处

由于笔者知识结构以及时间和精力的限制，本书还存在一些不足之处：

第一，对国家文化安全基本理论的系统研究和把握必须建立在深厚的理论功底和对国家文化安全相关资料广泛阅读的基础上，并且需要具备跨学科研究的知识储备和能力，这样才能构建出抽象层次的国家文化安全理论逻辑。这将是笔者在以后的学习中继续研究和深化的方向。

第二，受到时间和精力的限制，本书在写作过程中所需要的数据很大一部分是借用已有研究成果中的调研数据，所以在时效性方面可能会有所欠缺。

第三，由于笔者知识结构的限制，本书在语言表达上还有所欠缺，在以后的学习中笔者将继续加强学术语言的精准训练和学术研究的规范化训练。

第二章

国家文化安全基本理论

当今世界，国家之间的竞争已经从传统硬实力的较量转变为以文化、思想、价值观等为核心的软实力的较量。党的十八大以来，党和政府更是将国家文化安全纳入总体国家安全体系中，并在《中华人民共和国国家安全法》中明确指出国家文化安全之于国家安全的保障作用，所以"当前中国国家文化安全问题与对策研究"这个选题具有强烈的时代气息和现实意义。到底什么是国家文化安全，它有哪些特征，包含哪些内容，目前学术界尚无定论。所以本书将在总结学术界已有研究成果的基础上对国家文化安全的基本理论进行更为系统与深入的研究。

第一节　国家文化安全的概念界定

学术界关于国家文化安全的现有研究成果中对"什么是国家文化安全"这个问题还未达成共识，学者们分别从不同的角度与层次给出了国家文化安全的定义，但经过梳理发现可以将不同的观点依据安全主体的不同而划分为两类。一类认为国家文化安全的主体是民族国家，国家文化安全问题形成于 1949 年新中国成立后；而另一类则认为国家文化安全的主体是文化，国家文化安全问题真正成为国家文化安全命题是在 1840 年鸦片战争后。笔者认同第一类，即国家文化安全的主体应为民族国家，并据此找出科学理解国家文化安全内涵的逻辑线索。

一、国家与民族国家

既然认为国家文化安全的主体是民族国家，那么在分析国家文化安全之前应该明确什么是国家，什么是民族国家。

首先，关于国家的起源问题。在国家起源问题上，中外学者从不同视角提出了很多观点，但综观这些观点，无非有两类。一类是认为国家是从来就有的。持这类观点的学者认为国家和社会一样，都是随着人类的出现而出现的。英国学者鲍桑葵认为："从某种意义上讲，可以说凡是有人类居住的地方就有国家。"① 另一类则认为国家并不是从来就有的，而是人类社会发展到一定历史阶段才出现的，这是现代关于国家主流定义所形成的观点，不同学者从不同学科视角出发又有不同的理解。如群演论的代表人物美国著名人类学家摩尔根认为国家的产生经历了"氏族—部落—部落联盟—国家"的演化过程，氏族社会是以血缘关系为基础的，而国家则强调地域和财产的重要性。堪称人类学最新水平国家起源论的代表人物美国人类学家赛维斯提出了"群队→部落→酋邦→国家"的国家起源新进化论模式，认为"国家作为建立在世俗力量基础上的镇压机构，与文明的最初发展并没有衔接关系"②。契约论的代表人物洛克、霍布斯、卢梭等则认为国家是"人们订立契约并共同遵守的结果"。自然起源说的代表人物柏拉图和亚里士多德认为国家起源于"人对完备的、自给自足的、至善的、优良的生活之追求"③。马克思的阶级论则以唯物史观方法论为基础，从阶级的产生与性质特征入手来阐释国家的起源问题。恩格斯在《家庭、私有制和国家的起源》中指出"国家是社会在一定发展阶段上的产物"④，正是"由于国家是从控制阶级对立的需要中产生的，由于它同时又是在这些阶级的冲突中产生的，所以，它照例是最大的、在经济上占统治地位的阶级的国家，这个阶级借助于国家而在政治上也成为占统治地位的阶级，因而获得了镇压和剥削被压迫阶级的新手段"⑤。因此，马克思主义的国家观是一种阶级国家论，认为国家

---

① ［英］鲍桑葵. 关于国家的哲学理论 ［M］. 北京：商务印书馆，1995：46.
② ［美］乔纳森. 哈斯. 史前国家的演进 ［M］. 北京：求实出版社，1988：67.
③ 王海明. 国家起源论 ［J］. 晋阳学刊，2012（1）：66-72.
④ 马克思，恩格斯. 马克思恩格斯选集：第4卷 ［M］. 北京：人民出版社，2012：186-187.
⑤ 马克思，恩格斯. 马克思恩格斯选集：第4卷 ［M］. 北京：人民出版社，2012：188.

的本质是阶级统治的工具。《现代汉语词典》对"国家"的解释为："①阶级统治的工具，同时兼有社会管理的职能。国家是阶级矛盾不可调和的产物和表现，它随着国家的产生而产生，也将随着阶级的消灭而自行灭亡。②指一个国家的整个区域。"① 可以看出我国对"国家"概念的探讨主要是站在马克思主义国家学说的基础上展开的。

其次，关于民族国家的起源问题。民族国家，顾名思义是民族与国家相结合、相统一的产物。英国著名社会理论家和社会学家安东尼·吉登斯认为人类历史上国家形态的演进发展顺序为传统国家→绝对主义国家→民族国家。传统国家是指 13 世纪以前没有统一的政治格局和统一的共同体认同，并且统治者无法对其全部领土范围进行统治的国家形态。如古希腊时期的城邦、8 世纪的罗马帝国等。13 世纪后，随着资本主义经济的快速发展，统一的市场逐渐形成，中央集权得到加强，国家拥有了主权，国内政治、经济、文化得到很大程度的整合，这个时期的国家形态为绝对主义国家（主要指君主专制的封建国家）。但绝对主义国家不能代表共同体的共同利益。随着资本主义经济一体化和政治集权化的快速发展，资本主义国家的对外扩张战争强化了人们的民族意识、国界意识，在此基础上，民族国家在欧洲应运而生。"民族与国家的二元关系通过民族与国家融合的方式得到了协调，形成了一种以民族对国家的认同为基础的国家形态。"② 马克思、恩格斯则以唯物史观为理论基础来科学解释民族国家的产生，指出随着资本主义经济的不断发展，"各自独立的、几乎只有同盟关系的，各有不同利益、不同法律、不同政府、不同关税的各个地区，现在已经结合为一个拥有统一的政府、统一的法律、统一的民族阶级利益和统一的关税的国家了"。③ 在这里，资本主义生产方式成为资本主义民族国家实现政治统一与文化同质的经济根源，因此我们应该从国家政治统一与国民文化同质性两个层面来界定民族国家。马克思在《共产党宣言》中指出："无产阶级首先必须取得政治统治，上升为民族的（领导）阶级，把自身组织成为民族，所以它本身还是民

---

① 中国社会科学院语言研究所词典编辑室. 现代汉语词典［M］. 6 版. 北京：商务印书馆，2012：496.

② 周平. 对民族国家的再认识［J］. 政治学研究，2009（4）：89-99.

③ 马克思，恩格斯. 马克思恩格斯选集：第 1 卷［M］. 北京：人民出版社，1995：255-256.

族的，虽然完全不是资产阶级所理解的那种意思。"① 这说明马克思对建立无产阶级民族国家的问题进行了探讨。1949 年新中国成立后，代表广大人民群众根本利益的中国共产党作为执政党，对资本主义民族国家的内容做出了改变，而在形式上保留并发展了民族国家的现代国家形式。毛泽东在谈到我国新成立的中央人民政府时曾说："我们的政府不但是代表工农的，而且是代表民族的"；"总结工农及其他人民的全部利益，就构成了中华民族的利益。……所以我们有权利称我们自己是代表全民族的"②；"中国是一个由多数民族结合而成的拥有广大人口的国家……是一个伟大的民族国家"③。

中华人民共和国作为无产阶级民族国家，民族应该指向由 56 个单一民族复合而成的中华民族，而国家自然指向中国共产党领导下的人民民主专政国家。中华人民共和国作为现代民族国家，应该是法律政治共同体与历史文化共同体的结合，民族文化安全从历史文化共同体的角度阐释了当下中国国家文化安全的应有内容，而处于国家安全核心地位的马克思主义意识形态安全则从法律政治共同体角度阐释了当下中国共产党领导的人民民主专政国家的文化安全问题。因此，当下中国国家文化安全作为国家安全的子系统之一，其主体应该是由中华民族与中国共产党领导的人民民主专政国家融合统一而成的中华人民共和国，中国国家文化安全问题的形成应是 1949 年中华人民共和国成立后。

二、国家安全与国家利益

据英国学者曼戈尔德的考证，"国家安全"的现代用法最早出现在美国报纸专栏作家李普曼 1943 年的著作《美国外交政策》中。④ 我国使用该词则较晚。"国家安全"一词最早被使用的官方文件是 1983 年 6 月 6 日第六届全国人民代表大会第一次会议的政府工作报告，即"为了确保国家安全和加强反间谍工作，国务院提请这次大会批准成立国家安全部，以加强对国家安全工作的领导"⑤。

---

① 马克思，恩格斯. 马克思恩格斯文集：第 2 卷［M］. 北京：人民出版社，2009：50.
② 毛泽东. 毛泽东选集：第 1 卷［M］. 北京：人民出版社，1961：144-145.
③ 毛泽东. 中国革命和中国共产党［M］//毛泽东选集：第 2 卷. 北京：人民出版社，1991.
④ 王逸舟. 全球化时代的国际安全［M］. 上海：上海人民出版社，1999：37.
⑤ 赵紫阳. 政府工作报告：一九八三年六月六日在第六届全国人民代表大会第一次会议上［N］. 人民日报，1983-06-24（1）.

这里的国家安全主要指向传统安全。系统的国家安全理论主要是伴随着近现代西方发达资本主义国家国际关系理论的发展而逐步发展起来的。概言之，这些国家安全理论主要包括现实主义国家安全理论、理想主义国家安全理论、民主和平论、自由经济主义理论和新安全理论等流派。这些不同流派的安全理论既包含了对传统安全的讨论，也包含了对非传统安全的讨论。

马克思主义经典作家虽然没有直接运用"国家安全"这种表达方式，但在他们的著作中，也有很多跟"国家安全"密切相关的经典论述。马克思、恩格斯对国家安全的阐述零散地体现在他们对军事、经济、政治、社会、民族和宗教、文化与意识形态、科技、生态等问题的分析中。列宁在继承马克思和恩格斯关于国家安全相关论述的基础上，结合当时苏联国情，形成了自己的国家安全思想。列宁的国家安全思想体现在他对政权安全、国土安全、社会安全、民生安全、国际安全等各个方面的独特见解上。

在国际学术界，对于国家安全的概念也还未达成共识。一类观点认为国家安全并没有确切的定义，如费雷、布赞、杰维斯等著名学者认为国家安全的含义会随着主体的变化、环境与时代的变迁而发生相应的变化。另一类观点认为国家安全作为一个概念具有确切的含义，但不同学者对国家安全的解释却不尽相同。布朗在《思考国家安全》一书中指出"国家安全是一种能力：保持国家的统一和领土完整，基于合理的条件维护它与世界其他部分的经济联系，防止外来力量打垮它的特质、制度和统治，并且控制它的边界。"[1] 美国出版的《国际社会关系百科全书》在解释国家安全时指出："现代社会科学家在谈到这个概念时，一般是指一个国家保护它的内部社会制度不受外来威胁的能力。"[2] 俄联邦总统给联邦会议的《关于国家安全》报告中指出："国家安全可以理解为国家利益免受内外部威胁的受保护状态"；"国家安全是个人、社会和国家生死攸关的利益受到保护的状态"。

我国学术界关于国家安全含义的讨论最近几年也逐渐增多起来，并且呈现出众说纷纭的态势。如马维野从国家利益的角度出发，认为"国家安全指的是

---

[1]　BROWN H, Thinking about National Security [M]. Westview Press, 1983：4.

[2]　SHILLS D L. International Encyclopedia of the Social Science [M]. New York：Mac Millan Reference Books, 1968：40.

国家利益，特别是重大国家利益免受威胁或危害的状态"①。刘跃进认为"国家安全是安全这一属性与国家这一实体的结合，是一个国家处于没有危险的客观状态；也就是国家既没有外部的威胁和侵害又没有内部的混乱和失序的客观状态"②。侯福东等认为："国家安全就是指对内国家的社会状况、经济状况、环境状况等保持良性发展，对外国家主权不受侵犯，国家利益不受威胁。"③

综观学术界关于国家安全的含义解析，虽然不同学者从不同的视角出发给出了不同的理解，但我们可以看出，不论是哪种观点，在谈到国家安全问题的时候都不能绕开对国家利益的探讨。因此国家利益是对"国家安全"问题进行研究的逻辑起点，但是不同学者在回答和解释"什么是国家利益"时却存在较大分歧。

国家利益是马克思主义经典作家关注的重要问题。马克思、恩格斯的论著对"利益与国家利益"的论述可谓相当丰富。尽管经典作家在他们的著作中并没有对"什么是国家利益"给出明确答复，但他们对国家与利益的经典论述为我们理解与判断国家利益提供了科学的思路。马克思、恩格斯认为利益冲突是推动人类社会不断发展的重要因素，正是不同群体及个体之间利益关系的不断调整推动着人类社会不断向前发展。马克思、恩格斯一方面非常强调经济利益对于民族国家存在与发展的基础作用，即"直接的物质的生活资料的生产，从而一个民族或一个时代的一定的经济发展阶段，便构成基础，人们的国家设施、法的观点、艺术以至宗教观念，就是从这个基础上发展起来的"④。另一方面他们又非常重视其他利益因素对国家发展的重要作用。正如恩格斯所言，"经济状况是基础，但是对历史斗争的进程发生影响并且在许多情况下主要是决定着这一斗争的形式的，还有上层建筑的各种因素"⑤。列宁从苏联的具体国情与实践出发，进一步丰富和发展了马克思、恩格斯的国家利益思想，指出国家利益是阶级性与民族性、历史性与现实性、原则性与灵活性、社会主义与资本主义以

① 马维野. 国家安全·国家利益·新国家安全观 [J]. 当代世界与社会主义，2001（6）：14-18.

② 刘跃进. 论国家安全的基本含义及其产生和发展 [J]. 华北电力大学学报（社会科学版），2001（4）：62-65.

③ 吴庆荣. 法律上国家安全概念探析 [J]. 中国法学，2006（4）：62-68.

④ 马克思，恩格斯. 马克思恩格斯文集：第3卷 [M]. 北京：人民出版社，2009：601.

⑤ 马克思，恩格斯. 马克思恩格斯选集：第4卷 [M]. 北京：人民出版社，2012：604.

及爱国主义与国际主义的有机统一。

国家利益问题也是西方国际关系理论关注的重要内容，从根本上来讲，国家利益是西方国际关系理论的核心要素，而存在于国际关系领域的各个学术流派又从不同的视角对国家利益做出了具体分析。理想主义学派主张在国际社会中，各个主权国家应该通过国家间的相互合作、国际组织以及国际法规等方式来实现或拓展自己的国家利益。新现实主义学派强调一国的综合国力对于其在国际社会中实现其国家利益的重要性，并认为安全构成国家利益的最终目标，而这一目标的实现有赖于国际社会的合作。新自由主义学派认为当今国际关系的主体除了各个民族国家外，还包括跨国公司、国际组织等国际社会行为体，非常强调经济利益的重要性，并认为国际制度是解决国际社会一切问题的有效手段。建构主义学派则主张将一个民族国家的国家利益置于国际社会中进行建构，并强调文化对于国家利益实现的重要性。

在西方国家形成并发展起来的各种国家利益理论虽然主要是代表资产阶级的利益，为资产阶级统治地位的维护提供理论上的支撑，但是这些理论对我们研究中国国家利益有着非常重要的借鉴意义。

关于国家利益的概念界定问题，国内外学术界目前都尚无定论，西方学者对于国家利益的概念界定可以分为以下几类观点。

第一，固定内容与可变内容之和论。该观点认为国家利益包含两个层面的要素：一个是存在于逻辑意义上的必要的且相对恒定的要素，即国家利益的固定内容，如国家领土、人口因素，社会制度等；另一个是随着环境的变化而相应发生变化的要素，如公众意见、道德、风俗习惯等。

第二，国内与国外区别对待论。如美国学者莫顿·卡普兰主张，"国家利益是一个国家行为体在满足国家行为系统的需要时所具有的利益。这些需要的一部分来自国家系统内部，而其余的来自环境因素。系统内的需要包括对原材料和其他物质能力的经济需要，也包括维持系统基本规则的需要或满足子系统的或个人行为体个性系统的需要"①。

第三，促进社会利益和价值观论。该观点的对象是指向民主国家的，认为民主国家的国家利益是公民社会利益与国家主流价值观的集合体，并且特别强

---

① ［美］莫顿.卡普兰.国际政治的系统和过程［M］.薄智跃，译.上海：上海人民出版社，2008：207-208.

调公众意见的合法性与权威性。美国著名国际政治学家小约瑟夫·奈关于国家利益的理解便是这类观点的典型代表。

第四，安全需求论。该观点从一个主权国家和社会的安全需求出发来界定国家利益。如建构主义学派的代表人物亚历山大·温特认为，"国家利益的概念指国家—社会复合体的再造要求或安全要求"。①

第五，多层次论。该观点认为应该从多个层面对国家利益进行解释。如学者约索夫·弗兰克尔从抱负、操作、解释和争辩这三个层面对国家利益进行了解释。

20世纪80年代后，随着中国改革开放进程的不断推进和国家外交战略与政策的不断变迁，国家利益越来越成为中国广大学者关注的重要问题。本书在对当前中国学术界关于国家利益概念的界定进行梳理后得出以下结论。

首先，依据国家利益主体的不同可将当前关于国家利益的概念界定分为两类观点。第一类观点认为国家利益的主体应该是国家，国家利益与国家相伴而生。如张连瑰以"民族国家是指由一种民族文化为基础形成的统一国家"为基础，提出中国民族国家的形成始于秦统一中国，因此，古代国家也存在国家利益。杨玲玲依据马克思、恩格斯的国家学术观点，以唯物史观为基础指出"国家利益是随着国家的产生而产生的"②。另一类观点认为国家利益的主体应该是民族国家，国家利益是伴随着近代欧洲民族国家的产生而出现的。阎学通将国家利益界定为"一切满足民族国家全体人民物质与精神需要的东西"③。他认为国家并不是从来就有的，而是人类社会发展到一定历史阶段的产物，因此国家产生以前的人类社会是不存在国家利益的；并且他所界定的国家利益是以现代民族国家为主体的，在民族国家产生以前只存在代表统治阶级利益的王朝利益。李少军更为直接地指出："现代的国家利益是伴随着现代国家的诞生而产生的。"④

其次，根据国家利益所存在的场域不同可将当前学术界关于国家利益的概念界定分为三类观点。第一类观点认为国家利益存在于国内、国际双重领域中。

---

① ［美］亚历山大·温特. 国际政治的社会理论［M］. 上海：上海人民出版社，2008：228-229.
② 杨玲玲. "国家利益"的基本内涵和本质特征［J］. 国际关系学院学报，1997（4）：19-23.
③ 阎学通. 中国国家利益分析［M］. 天津：天津人民出版社，1997：10-11.
④ 李少军. 论国家利益［J］. 世界经济与政治，2003（1）：4-9，77.

阎学通认为，"国家利益"一词具有双重含义，一重含义是国际政治范畴中的国家利益（National Interest），指的是一个民族国家的利益，与之相对立的是集团利益、国际利益或世界利益；另一重含义是指国内政治意义上的国家利益（Interest of State），指的是政府利益或者政府代表的全国性利益，与之相对立的是地方利益、集体利益或个人利益。他认为国内政治层面的国家是阶级统治的工具，国家利益主要体现统治阶级的利益，因而具有阶级性；而国际政治层面的国家则指向现代民族国家，国家利益是指"一个民族国家的整体利益，这种利益是由统治者和被统治者共享的利益"①，具有民族性。杨玲玲认为"国家利益是国内利益的总和和国际利益的一部分"，国家利益在国内政治层面是"个人利益与社会公共利益冲突的结果，是受统治阶级所支配、形式上表现为各阶级共享的社会公共利益"，在国际关系层面则体现为"国家间平等互惠的利益，国家间一致的利益和国家间协调的利益"②。第二类观点认为国家利益只存在于国内领域。冯特君认为："国家利益是指一个国家内有利于其绝大多数居民的共同生存与进一步发展的诸因素的综合。"③ 薄贵利认为："从最一般、最抽象的意义来说，所谓国家利益，就是一个国家政治统治需要的满足。"④ 第三类观点认为国家利益只存在于国际领域，王逸舟认为"国家利益本质上是一个只能在交往中实现的东西，是一个必须通过国家的外交和国际战略体现的范畴"⑤。门洪华认为："国家利益就是主权国家生存和发展的需求，是制定和实施国际战略的依据和根本原则。"⑥ 这样的论述实际上已将国家利益置于国际关系领域进行考量。进入21世纪之后，以苏长和和门洪华为代表的国际关系领域学者又将海外利益纳入中国国家利益的范畴中来进行研究，更加拓展了国家利益在国际领域的存在范围。

最后，还有一种观点则认为国家利益本身并不存在场域的问题，国家利益即指"全民族利益，是全体国民利益中的重合部分"⑦。

① 阎学通. 中国国家利益分析［M］. 天津：天津人民出版社，1997：6.
② 杨玲玲."国家利益"的基本内涵和本质特征［J］. 国际关系学院学报，1997（4）：19-23.
③ 冯特君，宋新宁. 国际政治概论［M］. 北京：中国人民大学出版社，1992.
④ 薄贵利. 国家战略论［M］. 北京：中国经济出版社，1994：271.
⑤ 王逸舟. 国家利益再思考［J］. 中国社会科学，2002（2）：160-170，208.
⑥ 门洪华. 中国国家战略利益的拓展［J］. 战略与管理，2003（2）：83-89.
⑦ 张连瑰. 国家利益辨析［J］. 中共中央党校学报，1998（4）：3-5.

从以上综述可以看出，当前学术界对国家安全和国家利益这两个问题的研究还没有形成共识；但是，国家利益是对国家安全展开研究的逻辑起点，并且国家利益作为一个历史的、具体的动态概念，在不同的历史时期具有不同的内容，这两点是绝大多数学者认同的观点。如前所述，国家安全的主体是由历史文化层面的中华民族与政治法律层面的中国共产党领导的人民民主专政国家融合统一而成的中华人民共和国，因此，本书所探讨的中国国家利益的主体是作为现代社会主义民族国家的中华人民共和国，即国家利益是中华人民共和国的利益，在存在领域上，中华人民共和国的国家利益既存在于国际领域，又存在于国内领域，是中国国家安全的逻辑起点。国家文化安全是国家安全系统的子系统之一，因此，国家文化安全的逻辑起点应该是国家文化利益，而国家文化利益则是国家利益在文化领域的体现。

三、国家文化安全

2014 年 4 月 15 日，中共中央总书记、国家主席、中央军委主席、中央国家安全委员会主席习近平同志在中央国家安全委员会第一次会议上首次提出："构建集政治安全、国土安全、军事安全、经济安全、文化安全、社会安全、科技安全、信息安全、生态安全、资源安全、核安全等于一体的国家安全体系。"① 2015 年 7 月 1 日通过的《中华人民共和国国家安全法》将包含这 11 种安全的国家安全体系写进法律，并明确了国家文化安全对于整个国家安全系统的保障作用。而要科学深刻地认识并理解国家文化安全在整个国家安全系统中的战略地位就必须先了解什么是国家文化安全，而要探讨国家文化安全就必须先明确国家文化安全语境下"文化"的含义。

文化是马克思主义经典作家非常关注的一个问题。马克思、恩格斯对文化的阐释是建立在唯物史观基础上的，他们将作为社会意识的文化放在整个人类社会发展的历史过程中进行了辩证考察。一方面，文化作为社会意识的范畴，是由一定历史发展阶段的经济基础所决定的，正如马克思所言："物质生活的生产方式制约着整个社会生活、政治生活和精神生活的过程。不是人们的意识决定人们的存在，相反，是人们的社会存在决定人们的意识。"② 另一方面，文化

---

① 坚持总体国家安全观 走中国特色国家安全道路［N］. 人民日报，2014-04-16（1）.
② 马克思，恩格斯. 马克思恩格斯选集：第 2 卷［M］. 北京：人民出版社，2012：2.

具有相对独立性，这种独立性使得作为社会意识的文化的发展水平与作为社会存在的物质资料生产方式的发展水平之间呈现一种不平衡关系。正是这种不平衡性，使得文化对社会的发展产生促进或阻碍作用。

列宁将马克思主义文化思想与俄国（苏联）的具体实践相结合并形成了自己的观点与看法。首先，列宁从马克思历史唯物主义的基本观点出发，指出现实的、具体的人的社会实践活动是文化产生与发展的动力。他指出："生活、实践的观点应该是认识论的首要的和基本的观点。"① 其次，列宁认为文化作为一种社会意识，具有阶级性、民族性和继承性的特征。另外，列宁延续了马克思、恩格斯关于文化历史性的思想，认为文化具有继承性，他在谈到社会主义文化建设时指出："必须取得资本主义遗留下来的全部文化，用它来建成社会主义。必须取得全部科学、技术、知识和艺术。"②

那么，文化作为一个概念应该如何界定呢？不同学者从不同学科（哲学、社会学、历史学、语言学等）的研究需求出发给出了文化的定义，但迄今为止，关于文化的定义学术界还没有达成共识。根据《现代汉语词典》的解释，文化在广义上指"人类在社会历史发展过程中所创造的物质财富和精神财富的总和，特指精神财富"③。文化包括以科技文化为主的生产文化和以思想文化为主的精神文化，而作为科技文化的生产文化是人类共有的文化，体现出共同性，由知识产权法所保护和调整。因此，这种文化不具有民族、制度与国家身份，不存在安全与否的问题。而以民族文化、意识形态、价值观念、文化心理等为主要内容的精神文化则是一个民族在长期共同生产生活实践中形成的反映本民族特征的文化集合体，这种文化集合体属于某个民族特有的个性文化，具有鲜明的民族、国家和制度身份。人们对这种一个民族特有的个性文化的认同是一个民族国家存在的根本性前提。所以，国家文化安全语境下的文化是指某个民族国家所特有的个性文化，大体可将其分为意识形态、民族文化和公共文化。

在探讨了国家文化安全语境下"文化"的概念与内容后，我们再来探讨什么是国家文化安全的问题。在本书绪论中笔者对当前学术界关于国家文化安全的诸多定义进行了梳理，指出当前学者们主要依据国家文化安全的主体是民族

---

① 列宁. 列宁全集：第 18 卷 [M]. 北京：人民出版社，1988：144.
② 列宁. 列宁全集：第 36 卷 [M]. 北京：人民出版社，1985：48.
③ 中国社会科学院语言研究所词典编辑室. 现代汉语词典 [M]. 6 版. 北京：商务印书馆，2012：1363.

国家抑或文化展开探讨，对此笔者认同国家文化安全的主体是民族国家的观点，并以此作为逻辑起点给出本书所理解的国家文化安全的定义。

2015 年 7 月 1 日，第十二届全国人民代表大会常务委员会第十五次会议通过的《中华人民共和国国家安全法》第二条这样界定国家安全："国家安全是指国家政权、主权、统一和领土完整、人民福祉、经济社会可持续发展和国家其他重大利益相对处于没有危险和不受内外威胁的状态，以及保障持续安全状态的能力。"根据新《国家安全法》给出的国家安全的含义，我们可以清晰地看到，国家安全主要关切的是国家利益是否受损的问题，因此，作为国家安全体系子系统之一的国家文化安全，理所当然应该关切国家文化利益是否受损的问题。"国家利益是满足一切民族国家全体人民物质和精神需要的东西，在物质上，国家需要安全与发展，在精神上，国家需要国际社会尊重与承认。"① 国家文化利益是国家利益在文化领域的体现与衍生，是指满足民族国家全体人民精神文化需求的一切东西的综合体。所以，国家文化安全是指体现一个民族国家国家文化利益的个性文化相对处于没有危险和不受内外威胁的状态，以及保障这种持续安全状态的能力。国家文化安全在性质上属于国家安全系统中的"软安全"，具有隐蔽性、相对独立性、民族性等特征。

第二节　国家文化安全的结构

如前所述，国家文化安全语境下的"文化"意指某个民族国家所特有的个性文化，包括主导意识形态、民族文化、公共文化三个层面，以此为依据，本书将国家文化安全的结构划分为主导意识形态安全、民族文化安全和公共文化安全三个子系统，这三个子系统之间呈现一种既相互独立又相互联系的立体关系。主导意识形态、民族文化和公共文化是我国国家文化安全问题不同维度的载体，国家文化安全问题与这三者密切相关。

一、主导意识形态安全

意识形态概念是伴随着近代西方哲学的发展而逐渐形成的概念。在西方，

---

① 阎学通. 中国国家利益分析［M］. 2 版. 天津：天津人民出版社，1997：10-11.

最早使用"意识形态（ideology）"这个词汇的是法国哲学家、政治家德斯蒂·德·特拉西。在著作《意识形态的要素》中，特拉西从观念学角度出发将意识形态界定为与感性认识相区别的理性认识和观念形态，在这里，他"试图为一切观念的产生提供一个真正科学的哲学基础的'观念科学'"①。随后，意识形态发展成为一个十分复杂的概念。"它既可以是一个信仰系统，又可以是思想体系；既可以是对现实的客观描述，又可以是对价值的主观评判；既可以属于观念的范畴，又可以归入实践的领域；既可以是学者们的苦思冥想，又可以是百姓们的宗教信仰；既可以是乌托邦，又可以有现实性；既可以是系统化、体系化、标准化、制度化的思想体系，又可以是活生生的感知、情感、想象和幻想……"② 马克思将意识形态理解为一个以否定性和批判性为主体，同时又包含中性色彩的概念。马克思认为人的本质是"现实的个人"，并从"现实的个人"这个前提出发，得出意识形态是从社会物质生产实践活动中产生的，即"不是意识决定生活，而是生活决定意识"③。同时，马克思还指出，意识形态和社会物质生产活动有时存在不一致性，即意识形态在一定程度上具有相对独立性，并对人类社会的物质生产实践活动具有能动的反作用。对此，马克思曾在《〈黑格尔法哲学批判〉导言》中指出："理论一经掌握群众，也会变成物质力量。"④ 之后，意识形态这个概念在西方广为流传，被很多政治家、社会学家、哲学家广泛使用。但是到目前为止，关于意识形态的概念学术界并没有达成共识。

西方哲学家莱蒙德·盖茨依据意识形态在情感上的差异，将意识形态分为三类：第一类是中性（或描述）意义上的意识形态（ideology in the descriptive），即仅将意识形态视为某一社会总体结构客观存在的一个组成部分，而不对其进行主观评论；第二类是"贬义的（否定性的）意识形态"（ideology in the pejorative sense），一方面承认意识形态的客观存在性，另一方面又认为意识形态是对社会存在的曲解与掩蔽；第三类是"肯定意义的意识形态"（ideology in the positive sense），一方面承认意识形态的客观存在性，另一方面又认为意识形态是对社会存在的客观反映。国内学者对意识形态这一概念的理解与运用可以分为两

① 俞吾金. 意识意识形态：哲学之谜的解答 [J]. 求是学刊，1993（1）：3-7.
② 季广茂. 意识形态 [M]. 桂林：广西师范大学出版社，2005：11.
③ 马克思，恩格斯. 马克思恩格斯选集：第1卷 [M]. 北京：人民出版社，1995：73.
④ 马克思，恩格斯. 马克思恩格斯选集：第1卷 [M]. 北京：人民出版社，1995：9.

类：一类认为意识形态是一个否定性概念，如俞吾金教授认为意识形态的根本特征是其具有"幻想性"，具有明显的否定意义；另一类则将意识形态视为一个描述性的中性概念。本书倾向于将意识形态作为一个中性概念来理解，并选取郑永廷教授对意识形态的定义作为本书研究的基础范畴。郑永廷教授认为，意识形态"是一种自觉地反映一定社会集团（在阶级社会就是阶级）经济政治利益的系统化、理论化的思想观念体系，是一定社会集团、阶级的政治理想、价值标准和行为规范的思想基础"①。这个概念反映了意识形态与各个利益集团的关系，指出意识形态在某种程度上是对某个利益集团现实利益的认同形式。当今中国正处于社会转型关键期，社会阶层已初步形成，活跃在社会各个领域的社会思潮即是对各个社会阶层现实利益的客观反映。

　　在对意识形态的基本含义做出解析后，我们再来探讨关于主导意识形态的问题。根据《现代汉语词典》的解释，"主导"一词包含两个层面的含义：一是决定并且引导事物向某方面发展；二是起主导作用的事物。② 主导具有统领全局的作用，并表现为对整体向特定方向发展的推动作用，具有一致性或统一性。所以主导意识形态是在多种意识形态并存的社会中起统领作用的，并且可以有效引导和规范其他社会意识形态向特定方向发展的意识形态。主导意识形态的建设主体是国家，它反映政党与政府的价值观念，具有很强的吸引力和感召力，并通过国家制度来体现自身的社会功能。因此，一个国家的主导意识形态是一定社会的统治者所倡导和传播的意识形态，正如马克思指出的那样："占统治地位的思想不过是占统治地位的物质关系在观念上的表现，不过是以思想的形式表现出来的占统治地位的物质关系；因而，这就是那些使某一个阶级成为统治阶级的关系在观念上的表现，因而这也就是这个阶级的统治的思想。"③

　　《中华人民共和国宪法》第一条规定："中华人民共和国是工人阶级领导的、以工农联盟为基础的人民民主专政的社会主义国家。社会主义制度是中华人民共和国的根本制度。中国共产党领导是中国特色社会主义最本质的特征。"④ 因

---

① 郑永廷，等. 社会主义意识形态研究 [M]. 广州：中山大学出版社，1999：4.

② 中国社会科学院语言研究所词典编辑室. 现代汉语词典 [M]. 6 版. 北京：商务印书馆，2012：1699.

③ 马克思，恩格斯. 马克思恩格斯选集：第 1 卷 [M]. 北京：人民出版社，1995：98-99.

④ 中华人民共和国宪法 [N]. 人民日报，2018-03-22（1）.

此，从其自然合法性上来讲，代表无产阶级利益的马克思主义是中国的主导意识形态，即马克思主义在我国意识形态领域的主导地位是随着中华人民共和国的成立而自然形成的。

那什么是主导意识形态安全呢？当前我国学术界已有很多关于"意识形态安全"的研究成果，在这些研究成果中，绝大部分使用"意识形态安全"这种表达方式，有些研究成果使用了"主流意识形态安全"这种表述，而直接使用"主导意识形态安全"这种表述的很少。但是仔细阅读其内容，我们会发现学术界探讨的"意识形态安全""主流意识形态安全"实质就是"主导意识形态安全"的问题。自1978年实行改革开放以来，中国即进入社会转型期，随着全球化进程的加速发展和我国社会主义市场经济的不断推进，社会结构呈现阶层化趋势，人们的价值观念也随之多元化，多种社会思潮活跃于中国的各个社会阶层，社会意识形态呈现多元化态势。因此，本书直接使用"主导意识形态"这一概念更能与当前中国社会多元化的价值观念相对应，也有助于更加明确地表达"意识形态安全"所指称的对象。那么究竟什么是"主导意识形态安全"？本书认为所谓主导意识形态安全着重强调作为中国主导意识形态的马克思主义在意识形态领域中的一元指导地位不受威胁，马克思主义对其他社会思潮与多元价值观念的引领作用不被削弱的客观状态和保持这种状态的能力。

二、民族文化安全

民族是一个历史范畴，是人类社会发展到一定历史阶段才出现的。在中国古代文献中，通常用"民""族""部""种""类"等单音词，或者"民人""种人""民群""部族""族类"等双音词来表述类似"民族"的概念，"但'民族'一词的确少见，不过并非不见"①。如"今诸华士女，民族弗革，而露首偏踞，滥用夷礼，云于蔀落之徒，全是胡人，国有旧风，法不可变"②。唐代文学家皮日休所言："上自太古，粤有民族。颛若混命，愚如视肉。"中国古代文献中所使用的"民族"的含义包括两个方面，一方面指宗族之属，另一方面指华夷之别。历史发展到近代，中国古典中的"民族"一词传入日本，在日本学者翻译西方著作的过程中"民族"一词被赋予了现代意义，因此，中国人对

---

① 郝时远. 中文"民族"一词源流考辩 [J]. 民族研究，2004（6）：60-69，109.

② ［梁］萧子显. 南齐书 [M]. 北京：中华书局，1972：934.

于现代民族——国家时代的"民族"含义的理解便是从日译西书中得来的。那么汉语中的"民族"一词应该如何定义便成为学术界一直关注的话题，其原因诚如有学者指出的那样："在现代汉语中，民族研究最基本的概念——'民族'一词尽管广为流传、普遍使用的历史仅 100 多年，但内涵十分丰富，外延非常宽泛，既有极强的包容性和灵活性，又有很大的模糊性，在不同的情况下可作不同的理解。"①《现代汉语词典》将"民族"解释为："一是指历史上形成的、处于不同社会发展阶段的各种人的共同体：中华民族；二是特指具有共同语言、共同地域、共同经济生活以及表现于共同文化上的共同心理素质的人的共同体：我国有 56 个民族。"②《中共中央、国务院关于进一步加强民族工作 加快少数民族和民族地区经济社会发展的决定》中对"民族"的概念也做出了界定，即"民族是在一定的历史发展阶段形成的稳定的人们共同体。一般来说，民族在历史渊源、生产方式、语言、文化、风俗习惯以及心理认同等方面具有共同的特征"③。现代汉语中的"民族"概念既包含单一民族的概念，也包含复合民族的概念。首先，我国自古以来就是一个统一的多民族国家，1949 年新中国成立后，政府组织的民族学科研团队对我国 400 多个民族进行了仔细识别，指出我国由 56 个民族组成，这 56 个民族即为单一民族。其次，由 56 个民族组成的共同体即"中华民族"则是一个复合民族的概念。在由 56 个单一民族构成的复合民族——中华民族中，每一个单一民族是中华民族的基本微观民族单位，而中华民族则是近代以来各个单一民族在反帝反封建斗争中不断融合而成的超越单一民族的宏观民族单位。作为复合民族的中华民族与 56 个单一民族之间是共性与个性、一般与特殊的关系，中华民族是 1840 年鸦片战争以来，56 个单一民族在各自发展融合的过程中所形成的具有共同性并且相互联系的不可分割的集合体，而 56 个单一民族在其发展过程中也体现了中华民族的共同性。因此，本书所探讨的民族文化安全中的"民族"是指近代以来在中国革命和建设过程中出现的、融合了 56 个单一民族共性的"中华民族"这一复合民族。

---

① 何叔涛. 汉语"民族"概念的特点与中国民族研究的话语权：兼谈"中华民族""中国各民族"与当前流行的"族群"概念 [J]. 民族研究，2009（2）：11-20，108.
② 中国社会科学院语言研究所词典编辑室. 现代汉语词典 [M]. 6 版. 北京：商务印书馆，2012：904.
③ 中共中央、国务院关于进一步加强民族工作 加快少数民族和民族地区经济社会发展的决定 [N]. 光明日报，2005-06-01（1）.

在解析了"民族"的概念后，我们来接着探讨"民族文化"的概念。民族文化是指各个民族在长期的共同生产生活实践与历史发展过程中所创造或发展的能够体现本民族特点的物质文化与精神文化的总和。文化的独特性和内聚力是区分各个民族的主要标志。我国国家文化安全系统的子系统之一"民族文化安全"中探讨的"民族文化"，是近代以来在中国革命和建设中所延续或产生的，兼具创造性与现代性的，综合并凝练了56个单一民族优秀文化的复合民族文化，即多元一体的中华民族文化，它是一个历史的、动态的概念。正如李瑞环所述："中华民族文化是一个丰富博大的有机整体，既包括汉民族的文化，也包括各少数民族的文化；既包括悠久的古代文化，也包括近代和现代文化。"①中华民族文化既是中华民族国家存在的"合法性"基础，也是中华民族独立于世界民族之林的内在基因和外在表征。因此，如果一个民族国家所特有的民族文化受到威胁，那么这个民族国家存在和发展的"合法性"基础就动摇了，从而民族利益就会受到侵蚀。

民族文化安全是通过民族国家成员的民族文化认同来体现的，多元一体的中华民族文化是每一个中华民族成员进行民族认同的文化基础。我国的民族文化安全则是指在当今世界文化全球化的背景下，各民族文化在交流融合过程中，中华民族文化的民族性和独立性不受国内外各种风险因素威胁的状态和保持这种状态的能力。

三、公共文化安全

国家文化安全在本质上是要维护本国的国家文化利益不受损害，而体现国家文化利益的除了主导意识形态和民族文化以外，还应该包括体现国民整体精神风貌状态的公共文化。国家文化安全语境下的"公共文化"与公共文化服务中所提及的"公共文化"的含义是不同的。公共文化服务中所说的"公共文化"是指"由政府主导、社会参与形成的普及文化知识、传播先进文化、提供精神食粮、满足人民群众文化需求、保障人民群众基本文化权益的各种公益性文化机构和服务的总和"②；而国家文化安全语境下的"公共文化"则是指国民

---

① 李瑞环. 关于弘扬民族优秀文化的若干问题：在全国文化艺术工作情况交流座谈会上的讲话（1990年1月10日）[J]. 求是，1990（10）：2-15.
② 侯乐. 加强公共文化建设推动社会管理创新 [J]. 鄂尔多斯文化，2013（Z1）：58-60.

的大众文化消费进入公共领域的状态，它体现了国民的整体价值取向和精神生活风貌。与主导意识形态和民族文化不同，公共文化的主体是公民个人，与国家文化安全的主体"民族国家"并不直接对应，那么这个时候，"国家文化利益就表现为'公共文化'的总体发展状况是否与国家发展目标或国家发展需求相一致，国家文化利益的消长及其引发的国家文化安全问题也就反映在'公共文化'发展的方向上"①。如前所述，国家文化安全语境中的"公共文化"是指公民个人的大众文化消费进入公共领域的状态，所以我们有必要对"大众文化"和"公共领域"这两个概念进行探讨。

我国的大众文化是随着 1978 年改革开放政策的实施尤其是 20 世纪 90 年代社会主义市场经济体制改革目标的确立而兴起并盛行起来的。大众文化在我国的兴起和盛行打破了改革开放前社会主义意识形态对社会各个层面管制的状态，释放了公民个人的文化利益与诉求，丰富了公民的日常生活。这不论是对公民个人生活质量的提高，还是对中国特色社会主义文化的发展都起到了积极的推动作用。改革开放以后，中国在参与全球化的过程中，西方大众文化产品大量涌入中国，中国公民尤其是青少年在消费这些蕴含着西方价值观念的大众文化产品时，也会受到西方享乐主义、个人主义、拜金主义等价值观的影响，而出现弃假存真、善恶不明、美丑不分的局面。

关于"公共领域"概念的雏形可以追溯到古希腊城邦社会。古希腊时期，"公共"是城邦公民在政治领域的生活形态，公共领域则以邦域广场的政治集会为主要形式。直到十七八世纪，欧洲资本主义得到进一步发展，国家与社会进一步分离，介于国家公权力与私人领域之间的资产阶级公共领域出现。德国哲学家哈贝马斯在《公共领域的结构转型》一书中对公共领域理论进行了较为系统化的研究。哈贝马斯认为，在资本主义社会，资产阶级的公共领域是从私人群体中产生的，因此，"资产阶级公共领域首先可以理解为一个由私人集合而成的公众的领域"②。根据哈贝马斯的理论，公共领域是由私人个体所组织的公共团体，在这个公共团体中，公民对公共事务展开讨论形成公共舆论，再将这种公共舆论上传给国家。在这里，公共领域构成了国家公权力与私人领域的中介，

---

① 韩源. 国家文化安全引论［J］. 当代世界与社会主义，2008（6）：90-94.
② ［德］哈贝马斯. 公共领域的结构转型［M］. 曹卫东，等译. 上海：学林出版社，1999：32.

它以政治批判的形式对国家公权力的运行进行监督和约束。

哈贝马斯的公共领域理论是对"资产阶级社会范畴的探索"，他以资本主义的发展作为其研究公共领域的外部环境，所以我们在用哈贝马斯的公共领域理论分析中国社会问题的时候需要结合中国的社会发展现状和意识形态问题。我们可以跳出哈贝马斯关于公共领域探究的资产阶级外部条件，抛开意识形态的不同，运用他的公共领域理论所强调的"公共事务的讨论空间"或者"公众舆论的形成手段"，将其移植到对中国社会问题的研究中来。

当代中国正处于由传统社会向现代社会转型的关键时期，随着社会结构的变迁，国家与社会呈现出一种分化趋势，国家公共权力对社会的控制力度和控制范围都有所减小，但控制的规范化程度在不断加深，从而使得社会领域具有了自由的言论与活动空间。这种国家与社会的分化趋势为"公共领域"的建构提供了客观基础，但是关于哈贝马斯所说的政治公共领域在中国社会中是否存在目前还有很多疑问，不过作为社会生活层面的公共领域（下文中所指的公共领域都指社会生活层面的公共领域）却一直作为一种客观实在存在着。本书所探讨的公共文化安全的存在场域便指向社会生活层面的公共领域。

马克思曾说："人的本质不是单个人所固有的抽象物，在其现实性上，它是一切社会关系的总和。"① 所以社会环境是一个人生存生活的基本条件，任何个人的生存和活动都是在一定的社会生活中进行的，而整个社会生活又是由人类的个体活动所构成的。社会生活的存在与发展是公共领域存在与发展的必要条件。根据个人生活所处领域的不同可将其分为私人生活和公共生活。私人生活所在的领域就是私人领域，如家庭；而公共生活所处的领域为公共领域，如图书馆、电影院等。公共领域的存在是以私人领域存在为前提的。那么究竟何为公共领域呢？公共领域是向所有人开放的、供人们进行各种社会活动的场所，它是作为交往主体的人类在交往实践中所形成的公开的社会领域。在公共领域，任何人的行为都会进入他人的视野而不能掩藏。正如阿伦特所言："公共一词……它首先意味着，在公共领域中展现的任何东西都可为人所见、所闻，具有可能最广泛的公共性。"② 在私人领域，作为个体的任何人都有对自己言行的

---

① 马克思，恩格斯. 马克思恩格斯选集：第 1 卷 [M]. 北京：人民出版社，2012：135.

② [德] 汉娜·阿伦特. 人的条件 [M]. 竺乾威，等译. 上海：上海人民出版社，1999：38.

选择权和自主权，只要他的言行没有给其他人带来损害并且没有违背社会公序良俗，那么他人和社会就没有权利进行干涉，而任何个人的言行一旦进入公共领域，便应该遵循相应的道德规范。

1978 年中国改革开放后，随着"破除迷信""解放思想"运动的开展，人民群众的个体意识开始觉醒，具备平等、理性特征的真正意义上的公共领域开始兴起，大众文化随之出现，这使国民原先单调贫乏的文化生活逐步变得丰富多彩起来。20 世纪 90 年代尤其是进入 21 世纪后，随着全球化进程的加速推进和互联网技术的快速发展，国民的公共文化生活呈现出多元多样性特征，而随着"纸质媒体、光电媒体和网络媒体"的融合，公共领域的公共性更加突出和明显。而公共性则意味着人们需要从各种各样的差异中寻求一种共同善，诚如詹世友所说："公共领域的公共性将在对多样性的尊重中并在它们之间达成某种共识从而得到展示。"① 我国学者彭立群在探讨公共领域基本理论的基础上依据其内容的不同将公共领域做出划分，大众流行文化公共领域作为公共领域的一种存在样态，是指"普通民众自娱自乐的所在，也就是所谓的与'阳春白雪'比照的俗文化领域"②。这个意义上的公共领域是一个以多元化与多样性为特征的社会生活交往领域，具有商业性、功利性等特征的大众文化消费一旦进入这个公共领域，成为公众精神消费与讨论的对象时，就有可能产生危害国家文化利益的公共文化安全问题。在当前多元性与开放性并存的公共文化生活领域中，人们应该遵守共同的价值共识（共同善）。就像阿伦特所指出的那样，"作为一个共同的世界的公共领域……它展现的是一种非自然的、人为性的、以价值共识定位的理性公民共同体"③，这种价值共识（共同善）体现在公共文化安全领域则表现为进入公共领域的大众文化消费"既不违背主导意识形态导向和民族文化认同，又体现真善美价值"④ 的文化价值底线。以这条文化价值底线为依据，我们可以将我国当前丰富多彩的公共文化生活分为三大类。

第一类是我们应该积极倡导的公共文化实践活动。这种公共文化包括以下几个方面。一是反映社会主义核心价值观，弘扬"主旋律"的大众文化作品。如 2015 年热播电视剧《平凡的世界》，就是通过写实的手法展现了改革开放前

---

① 詹世友：公共领域·公共利益·公共性 [J]. 社会科学，2005（7）：64-73.
② 彭立群. 公共领域与宽容 [M]. 北京：社会科学文献出版社，2008：50.
③ 徐贲. 阿伦特公民观述评 [J]. 二十一世纪，2002（2）：117-126.
④ 韩源. 国家文化安全引论 [J]. 当代世界与社会主义，2008（6）：90-94.

后中国陕北农民生活的鲜明对比，以及当时年轻人在时代变迁中的艰苦奋斗史，深刻揭示了处于社会变革中的青年人正直善良、奋斗进取、百折不挠的精神品质，生动形象地展示了爱国、敬业、诚信、友善的真实、善良与美好。二是传承中华优秀传统文化，积极推进中华优秀传统文化现代化转换的大众文化作品。习近平总书记在 2014 年 10 月 15 日召开的文艺工作座谈会上强调："中华优秀传统文化是中华民族的精神命脉，是涵养社会主义核心价值观的重要源泉，也是我们在世界文化激荡中站稳脚跟的坚实根基。要结合新的时代条件传承和弘扬中华优秀传统文化，传承和弘扬中华美学精神。"① 当前大众文化产品中有很多传承中华优秀传统文化的作品，如电视人通过将中国四大名著《红楼梦》《三国演义》《西游记》《水浒传》搬上电视荧屏，实现了四大名著的大众化传播；《舌尖上的中国》是中央电视台制作的一部美食类纪录片，主要记录了中国各地的美食生态，观众通过它可以看到中国悠久的历史文化，同时也可以看到一个富有朝气与创新力的中国；而台湾著名词作家方文山则将中国古代诗词的文学形象与当前流行音乐相结合，使其作品具有了一种唯美典雅的意境……三是反映世界优秀文明的文艺作品。2014 年 10 月 15 日习近平总书记在文艺工作座谈会上的讲话中明确指出："我们社会主义文艺要繁荣发展起来，必须认真学习借鉴世界各国人民创造的优秀文艺。只有坚持洋为中用、开拓创新，做到中西合璧、融会贯通，我国文艺才能更好地发展繁荣起来。"所以，在国民丰富多彩的公共文化生活实践中，反映世界优秀文明的文艺作品应该得到广泛传播与弘扬，如芭蕾舞、管弦乐、油画等。四是其他具有正能量的励志类文化产品。如由中央电视台于 2012 年推出的首档青年电视公开课《开讲啦》，节目主要邀请当代中国青年心目中的偶像，讲述他们自己的生活和成长经历，帮助中国青年解答自己在成长中的疑问，这对中国青年价值观的形成具有积极的、潜移默化的影响。

第二类是我们应该全面禁止的公共文化实践活动，主要包括以下几方面。一是违背中国社会主义主导意识形态的公共文化活动。如 2015 年 4 月中央电视台著名节目主持人毕福剑对解放军、对老一辈无产阶级革命家毛泽东的侮辱视频出现在网络上，这种越过政治道德底线的诋毁言论是对中国以马克思主义为

---

① 习近平主持召开文艺工作座谈会强调：坚持以人民为中心的创作导向 创作更多无愧于时代的优秀作品 [N]. 人民日报，2014-10-16 (1).

指导的社会主义意识形态的严重违背。二是对中华民族文化认同进行解构的公共文化活动，如有些媒体对西方节日和文化采取各种方式大肆宣扬，但对中国的传统文化和节日却加以贬低。三是内容极其低俗、价值观倾向于反映"假、恶、丑"一面的公共文化活动。随着中国社会变革的急剧推进，消费主义大众文化在中国爆炸式发展，"许多大众文化产品已经不再把美学和精神价值作为理想，而是把商品的交换价值和使用价值当作了重要的，有时甚至是最重要的目的，大众则被定位为文化工业产品的消费者"①。与此同时，为了迎合大众口味，满足大众的猎奇心理，部分文化产品生产者在文化产品中大肆宣扬色情、暴力、迷信等内容，这样，就使一些公共文化产品呈现出低俗、庸俗、媚俗的特征。

第三类是我们应该积极引导和规范的公共文化活动。这类公共文化活动既没有反对中国特色社会主义意识形态，也没有消解中华民族的文化认同，同时没有突破"真、善、美"的价值底线而走向"假、恶、丑"。近年来在各大卫视走红的综艺节目，以及不少影视节目中的植入广告，节目中的明星开豪车、穿名牌，这无疑会对当代中国年轻人的价值观、消费观产生消极影响，但是这类文化活动还不足以对中国国家文化利益造成损害，没有危及中国国家文化安全，所以对这类公共文化活动我们应该采取积极的措施，通过相应的规章制度进行引导规范，以防止其向更坏的方向发展。

第三节 影响国家文化安全的主要因素

国家文化安全作为一种非传统安全已经越来越被各个国家所重视，那么影响国家文化安全的因素主要有哪些呢？本书认为在文化全球化不断推进的过程中，在各个民族国家关于自身文化利益的博弈中，一个国家的国家文化安全状态主要由国际文化秩序、国家文化软实力和国家文化安全战略三个因素决定。

---

① 陈立旭. 都市文化与都市精神［M］. 南京：东南大学出版社，2002：168.

一、国际文化秩序

秩序是指"有条理、不混乱的情况"①，它是一个跟混乱、无序相对应的概念。无论是在自然界还是在人类社会，都有属于自己的秩序，所以国际社会中也存在着秩序即国际秩序。本书借用潘忠岐关于国际秩序的定义，即国际秩序是指"国际行为主体在相互联系、相互交往、相互作用处理各种国际问题的过程中，在既有国际体系的基础上，按照一定的原则、规范和机制行事，从而形成一种总体上相对稳定、和平与有序的状态"②。国际社会是各个行为主体（主要是民族国家）为了实现各自的国家利益而在经济、政治、文化等领域相互交往过程中所形成的一个有机整体。国际社会中各个行为主体的活动内容主要涉及政治、经济和文化三个领域，相应地，在这三个领域形成的秩序分别为国际政治秩序、国际经济秩序和国际文化秩序。按照唯物史观的经济基础决定上层建筑的基本观点，国际经济秩序对国际政治秩序和国际文化秩序起决定性作用，而国际文化秩序则是国际经济秩序和国际政治秩序的逻辑延伸。国际文化秩序的问题是在冷战结束后随着全球化进程的加快发展而逐步显露出来的。那么究竟何为国际文化秩序呢？本书沿用韩源对国际文化秩序内涵的界定，即"国际文化秩序就是国际文化关系的行为主体基于现实的文化利益分配和理想的文化利益追求，依据一定的制度、准则、规范和机制而形成的相对稳定的国际文化关系"③。国际文化秩序是在各个国际文化关系的行为主体即民族国家围绕国家文化利益进行博弈的过程中形成并发展起来的。以国际正义为准绳，可以将国家文化秩序分为公正、合理的国家文化秩序和不公正、不合理的国家文化秩序。公正、合理的国际文化秩序是由当今世界各个民族国家在平等协商的基础上共同制定并为他们的国家利益服务的，同时又有利于整个世界和平与发展的国际文化规则和国际文化关系状态。马克思曾严正指出："你们赞美大自然悦人心目的千变万化和无穷无尽的丰富宝藏，你们并不要求玫瑰花和紫罗兰散发出同样的芳香，但你们为什么却要求世界上最丰富的东西——精神只能有一种存在形

---

① 中国社会科学院语言研究所词典编辑室. 现代汉语词典 [M]. 6 版. 北京：商务印书馆，2012：1681.
② 潘忠岐. 世界秩序：结构、机制与模式 [M]. 上海：上海人民出版社，2004：431.
③ 韩源，张艳. 论国际文化新秩序 [J]. 当代世界与社会主义，2010（5）：100-104.

式呢?"① 在马克思看来，民族文化应该是世界文化的重要组成部分，每一种民族文化都对世界文化的发展做出了自己特有的贡献。因此，在公平、合理的国家文化秩序中，各个国家不论强弱与贫富，都能够平等地参与国际文化交流，各种文化都能够得到尊重，从而在相互借鉴、共同繁荣的基础上促进整个世界文明的多元化均衡发展，这就是费孝通先生所讲的"各美其美，美人之美，美美与共，天下大同"的国际文化秩序。这样的国际文化秩序是建立在各个国家相互尊重、平等协商基础上的并且以正义为原则的国际文化秩序。在这样的国际文化秩序中，各个国家的国家文化利益都不会被别国所侵蚀，国家文化安全问题也就不存在了。相反，如果国际规则是由国际社会某些超级大国强国为了维护自己的国家利益而制定并为之服务的，那么由此形成并发展起来的就是不公正、不合理的国家文化秩序。按照塞缪尔·亨廷顿"文明冲突论"的观点，当今世界已经进入一个"各国人民都以文化界定自己"的时代。他承认世界未来发展的多元文明趋势，并在此基础上对"普适文化"现象进行了批判，认为各种文明之间的天然差异性是普适文化不可能成立的根源所在，因此，西方文明对非西方文明的侵蚀，"可能是造成多文明世界中的不稳定和潜在全球冲突的最危险的因素"②。在这种不公正、不合理的国际文化秩序中存在文化霸权主义和文化扩张主义，"文化流动显示强势文化向弱势文化的传播趋势和发展过程"③，强势文化对弱势文化具有侵蚀作用，如果弱势文化所在国家的文化免疫力不高，那么其国家文化利益就会受到损害，从而产生国家文化安全问题。

二、国家文化软实力

马克思、恩格斯虽然没有直接运用"文化软实力"这一概念，但是在他们的著作中有很多与"文化软实力"相关的论述。马克思、恩格斯在《共产党宣言》中指出："资产阶级，由于一切生产工具的迅速改进，由于交通的极其便利，把一切民族甚至最野蛮的民族都卷到文明中来了。"④ 马克思、恩格斯在这里所讲的"文明"更多地是指建立在资产阶级所掌握的先进生产力基础上的技

---

① 马克思，恩格斯. 马克思恩格斯全集：第3卷［M］. 北京：人民出版社，1991：111.
② ［美］塞缪尔·亨廷顿. 文明的冲突与世界秩序的重建［M］. 周琪，等译. 北京：新华出版社，1999：361.
③ 司马云杰. 文化社会学［M］. 北京：中国社会科学出版社，2001：361.
④ 马克思，恩格斯. 马克思恩格斯文集：第2卷［M］. 北京：人民出版社，2009：35

术文明。同时，马克思、恩格斯也指出并不是资产阶级拥有的文明比所有野蛮民族的文明都要优越，相反，有些野蛮民族的文明相比资产阶级文明更具有吸引力和竞争力。对此，马克思、恩格斯在《德意志意识形态》中指出："民族大迁移后的时期中到处都可见到的一件事实，即奴隶成了主人，征服者很快就学会了被征服民族的语言，接受了他们的教育和风俗。"① 后来马克思在《不列颠在印度统治的未来结果》中也指出："野蛮的征服者，按照一条永恒的历史规律，本身被他们所征服的臣民的较高文明所征服。"② 马克思主义经典作家的这些论述都说明了文明（文化软实力）对于一个民族国家存在与发展的重要作用。

　　"软实力（Soft Power）"这一概念最早由美国著名政治学家、哈佛大学教授约瑟夫·奈提出。冷战后，随着德国、日本等国家经济的复苏与快速发展，作为世界唯一超级大国的美国的国际地位出现相对下降趋势，"美国衰落论"的声音不绝于耳。为了反驳这种"美国衰落论"，约瑟夫·奈提出了著名的"软实力"理论。在约瑟夫·奈看来，软实力"是一种依靠吸引力而非通过威逼或利诱的手段来达到目标的能力"③，而"这种吸引力源于一个国家的文化（在其能发挥魅力的领域）、政治理念或政治价值观（无论在国内外都能付诸实践）和外交政策（当其被视为合法，并具有道德权威时）"④。当约瑟夫·奈的"Soft Power"被翻译为其他国家的词语时，就会成为一个具有"国别性"的概念。中国学术界从本国的政治立场和价值理念出发将"Soft Power"翻译为"软实力"，使其与西方具有霸权色彩的软权力区分开来，从而具有了中国特色与气派。党的十七大将国家文化软实力概念从政策层面正式提出来，即"要坚持社会主义先进文化前进方向，兴起社会主义建设新高潮，激发全民族文化创造活力，提高国家文化软实力"⑤。党的十八大以来，习近平总书记就国家文化软实力问题多次在不同场合进行了重要阐述，指出"提高国家文化软实力，关系'两个一百年'奋斗目标和中华民族伟大复兴中国梦的实现"；"提高国家文化软实力，要努力夯实国家文化软实力的根基"；"提高国家文化软实力，要努力提高国际

---

① 马克思，恩格斯. 马克思恩格斯全集：第3卷［M］. 北京：人民出版社，1956：83.
② 马克思，恩格斯. 马克思恩格斯文集：第2卷［M］. 北京：人民出版社，2009：686.
③ ［美］约瑟夫·奈. 软实力［M］. 马娟娟，译. 北京：中信出版社，2013：序12.
④ ［美］约瑟夫·奈. 软实力［M］. 马娟娟，译. 北京：中信出版社，2013：12、16.
⑤ 胡锦涛. 高举中国特色社会主义伟大旗帜 为夺取全面建设小康社会新胜利而奋斗：在中国共产党第十七次全国代表大会上的报告［N］. 人民日报，2007-10-25（1）.

话语权，加强国际传播能力建设"，等等。从这些论述中我们不难看出，党和政府希望通过国家文化软实力的构建与提高来重塑新的自我，改变国际社会尤其是西方国家对中国的种种偏见与误解，从而重新获得国际社会的认同与接纳。对此，习近平总书记在 2015 年 9 月 22 日出席华盛顿州当地政府和美国友好团体联合举行的欢迎宴会上强调："中国历来奉行防御性国防政策和积极防御的军事战略。无论发展到哪一步，中国永远不称霸、永远不搞扩张。我们愿同各国一道，构建以合作共赢为核心的新型国际关系，以合作取代对抗，以共赢取代独占，树立建设伙伴关系新思路，开创共同发展新前景，营造共享安全新局面。"①

那么到底何为中国语境下的文化软实力呢？本书认为文化软实力是影响国家文化安全的重要因素之一，所以这里是把文化软实力放在国家文化安全视域下进行探讨的。正因为此，文化软实力概念中的"文化"与国家文化安全概念中的"文化"应该具有内涵与外延上的一致性，即都指向一个民族国家特有的个性文化，包括主导意识形态、民族文化和公共文化，其中主导意识形态是国家文化软实力的核心要素。但是文化仅仅是作为软实力的一种资源即文化资源而存在，本身并不是软实力，文化资源必须通过特定的载体和过程进行创新与传播后，才可能成为软实力。因此，文化软实力可以理解为作为主体的民族国家利用特定的载体通过非强制性的过程与手段将本国文化资源作用于一定客体而生成的一种柔性力量。文化软实力的构成要素包括主体、客体、载体、文化资源四个部分。文化软实力的主体是国家，国家为了维护自己的国家利益，采取多种方式和手段传播本国文化，试图扩大受众对本国文化的认可度，从而生成文化软实力。文化软实力对内表现为对本国国民的吸引力和凝聚力，这个时候，文化软实力的客体是本国国民；对外则表现为国际社会其他国家对本国文化的认同度，这个时候文化软实力的客体为国际社会其他国家。一个国家内部文化软实力的生成是本国文化软实力向外发生作用的基础，"软实力建设也不完全是一个单纯的对外关系议题，而是一个在国际和国内两个舞台上如何展示自己魅力的问题。也就是说，软实力不完全是单向度地把我们的优秀文化、发展模式和外交理念带到世界上的问题，还有一个我们自己如何做、如何在国内塑

---

① 习近平. 习近平在华盛顿州当地政府和美国友好团体联合欢迎宴会上的演讲［EB/OL］. 新华网，2015-09-23.

造我们自己、构建我们自己新的身份的问题"①。一个民族国家要将自己的文化资源转化为文化软实力，还必须借助或运用一定的载体，而这个载体构成联系文化软实力主体与客体的纽带和桥梁，只有借助特定的载体，主体（民族国家）才能将其文化资源进行有效传播，进而作用于客体并对客体产生影响。文化软实力载体是主体对其文化资源进行合理开发利用并进行创造性转换的成果。如好莱坞电影就是蕴含着美国文化和意识形态的文化软实力载体，好莱坞电影在给美国带来巨大经济效益的同时，也将美国的意识形态和价值观推向了全世界，从而使得美国的文化软实力得到大幅度提升。值得我们注意的是，作为文化软实力基础的文化资源应该是中华优秀传统文化、现当代文化和世界优秀文化的综合体。

那么我们究竟该如何衡量一个国家的文化软实力呢？笔者认为应该从国内和国外两个层面来衡量一个国家文化软实力的强弱。国家内部文化软实力可以通过考察国内普通公民的日常生活方式和生活状态与本国民族文化和主导意识形态的一致性来进行衡量，而对外文化软实力则可以通过考察一国在国际社会的话语权、该国民族品牌在国际社会的认可度以及该国在国际社会中的国家形象来进行衡量。

在探讨了文化软实力的相关理论后，我们再来探讨文化软实力与国家文化安全的关系问题，而这需要将二者放在不同的国际文化秩序中进行考察。首先，如果国际社会拥有公平、合理的国际文化秩序，在这种体现国际正义的国际文化秩序中，各个国家无论贫富与强弱，其国家文化利益都不会受到侵害，国家文化安全问题也就不会产生。在这样的国际文化秩序中，文化软实力仅仅作为各个国家相互借鉴的参照对象而存在。正如习近平总书记所指出的："文明因交流而多彩，文明因互鉴而丰富。文明交流互鉴，是推动人类文明进步和世界和平发展的重要动力"②；"只有交流互鉴，一种文明才能充满生命力。只要秉持包容精神，就不存在什么'文明冲突'，就可以实现文明和谐"③。其次，如果世界处于不公平、不合理的国际文化秩序中，即世界上存在文化霸权或文化扩

---

① 方长平. 中美软实力比较 [M]. //门洪华. 中国软实力方略. 杭州：浙江人民出版社，2007：165.
② 蔡国英. 自觉增强舆论斗争意识 [J]. 求是，2013 (23)：55-56.
③ 习近平. 在联合国教科文组织总部的演讲 [N]. 人民日报，2014-03-28 (3).

张，那么国家文化安全问题就会产生，这时一个国家的文化软实力便成为维护该国国家文化安全的基础。从长远来看，一个国家的国家文化安全程度与该国文化软实力的强弱呈正相关关系。

三、国家文化安全战略

国家文化安全战略是国家安全战略在文化领域的体现，所以我们在探讨国家文化安全战略前先要弄明白什么是国家安全战略，而在探讨国家安全战略前，有必要对"战略"的来源与含义进行梳理。

无论是在西方还是在中国，"战略"作为一种观念都有着悠久的历史。英语中的"strategy"（战略）一词是由古希腊语"strategos"（将军）一词演化而来的，是"将道"或"将兵术"的意思。而现代意义上的"战略"概念是作为一个军事术语而存在的，1777年法国军事理论家梅齐乐在其著作《战争理论》中将"战略"定义为作战指导。到19世纪时，"战略"已成为欧洲的通用词语。我国古代文籍的战略也基本为军事术语，如"谋""方略""兵略"等。《孙子兵法》和《战国策》是春秋战国时期出现的两部集中探讨和研究战略谋划的军事杰作。由此可见，无论是在中国还是西方国家，"战略"最初都是被作为一种军事术语来探讨的。随着社会的不断发展，"战略"一词的应用领域也在不断扩展，内涵也越来越丰富，除了最初的军事战略外，经济战略、政治战略、文化战略等概念已得到广泛应用。因此，现代意义上的战略是指主体为了在客观存在的竞争角逐中达到维护自身利益的目的，在对自身状况和所处内外环境进行评估预测的基础上进行的长远性、全局性谋划。

"国家安全战略"的概念是英国著名军事理论家里德尔·哈特在其《历史中的决定性战争》中提出的。美国《军语及相关术语辞典》对国家安全战略进行了明确界定，指出国家安全战略是"为达到巩固国家安全目标而发展、运用和协调国力的各部分（包括外交、经济、军事和信息等）的艺术和科学。也称国家战略或大战略"①。我国学术界也结合中国实际对国家安全战略的概念进行了界定，如刘跃进认为"国家安全战略是一定主体确立的关于一定国家的国家安

---

① 军事科学院世界军事研究部. 美国军事基本情况 [M]. 北京：军事科学出版社，2004：56-57.

全目标及实现这些目标的途径和手段的全局性和持久性的计划和方案"①；杨毅认为"国家安全战略就是主权国家动用各种战略资源来消除、减弱或控制自身所受威胁而进行的战略谋划、战略设计、战略实施的全过程"②。2004 年，"国家安全战略"这一概念首次出现在我国官方文件中，即党的十六届四中全会通过的《中共中央关于加强党的执政能力建设的决定》明确指出："针对传统安全威胁和非传统安全威胁的因素相互交织的新情况，增强国家安全意识，完善国家安全战略，抓紧构建维护国家安全的科学、协调、高效的工作机制。"③ 2007年胡锦涛在党的十七大报告中又一次提到"国家安全战略"，即"完善国家安全战略，健全国家安全体制，高度警惕和坚决防范各种分裂、渗透、颠覆活动，切实维护国家安全"④。2013 年党的十八届三中全会审议通过的《中共中央关于全面深化改革若干重大问题的决定》指出要"设立国家安全委员会，完善国家安全体制和国家安全战略，确保国家安全"⑤。2015 年 1 月 23 日中央政治局召开会议审议通过《国家安全战略纲要》，表明成文的国家安全战略文本已经形成，中央开始把国家安全战略放在了国家大战略的高度进行审视。总体国家安全观是当前中国国家安全战略制定与实施的指导思想，因此，国家文化安全是整个国家安全体系的子系统之一，而国家文化安全战略自然成为国家安全战略的重要组成部分。

国家文化安全战略是指一个民族国家在对自身文化安全状况和所处内外环境进行评估与预测的基础上确立的国家文化安全目标以及为实现这一目标所制订的具有全局性和长远性的计划和方案，国家文化安全战略的核心是维护国家文化利益不受损害。在考察国家文化安全战略与国家文化安全状态的关系时，我们必须引入国际文化秩序和国家文化软实力这两个因素。在存在文化霸权与文化扩张的不公正、不平等国际文化秩序中，如果一个国家的文化软实力等于甚至超越扩张来源国的文化软实力，并且该国具备合理积极的国家文化安全战略，那么该国国家文化利益就会处于安全状态；如果该国没有积极合理的国家

① 刘跃进. 国家安全学 [M]. 北京：中国政法大学出版社，2004：319.
② 杨毅. 战略机遇期的中国国家安全 [J]. 教学与研究，2006（4）：12-17.
③ 中共中央关于加强党的执政能力建设的决定 [N]. 人民日报，2004-09-27（1）.
④ 高举中国特色社会主义伟大旗帜 为夺取全面建设小康社会新胜利而奋斗：在中国共产党第十七次全国代表大会上的报告 [N]. 人民日报，2007-10-25（1）.
⑤ 中共中央关于全面深化改革若干重大问题的决定 [N]. 人民日报，2013-11-13（1）.

文化安全战略，不能充分利用各种战略资源削弱或控制自身所受到的威胁，那么该国国家文化利益就会被损害，国家文化安全状态就会恶化。如果一个国家的文化软实力弱于扩张来源国，并且该国没有科学合理的国家文化安全战略，那么该国国家文化利益必将受到损害；而如果该国虽然文化软实力处于劣势，但具备积极的国家文化安全战略，能够充分调动一切战略资源控制甚至削弱来自扩张国家的威胁，那么该国国家文化利益就不会受到损害。

第三章

国家文化安全研究的理论基础

面对复杂变化的国际形势和国内社会的快速转型，认真深入研读、理解马克思主义经典作家关于国家文化安全的相关思想，了解当代西方资本主义国家著名学者关于国家文化安全的相关理论，具有非常重要的理论意义。

第一节　马克思主义经典作家关于
国家文化安全的相关理论

国家文化安全思想在马克思主义整个理论体系中有着非常重要的地位，本文主要就马克思主义经典作家即马克思、恩格斯和列宁关于国家文化安全的思想进行梳理和阐释。

一、马恩论著中与国家文化安全相关的思想

马克思、恩格斯并没有在其论著中明确运用国家文化安全的概念，但是在他们关于人与自然、人与社会以及人与人之间关系的论述中蕴含着丰富的国家文化安全思想。

首先，唯物史观是马恩研究文化问题的方法论基础。按照唯物史观的要求，马克思、恩格斯将文化置于整个人类社会发展过程进行了辩证考察。一方面，文化作为社会意识的范畴，是由一定历史阶段的经济基础所决定的，马克思指出："物质生活的生产方式制约着整个社会生活、政治生活和精神生活的过程。

不是人们的意识决定人们的存在，相反，是人们的社会存在决定人们的意识。"① "因而每一时代的社会经济结构形成现实基础，每一个历史时期的由法的设施和政治设施以及宗教的、哲学的和其他的观念形式所构成的全部上层建筑，归根到底都应由这个基础来说明。"② 另一方面，文化具有相对独立性，这种独立性使得文化发展与物质生产方式的发展之间呈现一种不平衡关系，对此，马克思这样论述："对于艺术，大家知道，它的一定的繁盛时期绝不是同社会的一般发展成比例的，因而也绝不是同仿佛是社会组织的骨骼的物质基础的一般发展成比例的。"③ 正是这种不平衡性，使得文化对社会的发展产生促进或阻碍作用。马克思、恩格斯除了重视物质生产与发展对文化的产生和发展具有的决定作用外，还特别强调文化的历史性。马克思曾说："人们创造自己的历史，但是他们并不是随心所欲地创造，并不是在他们自己选定的条件下创造，而是在直接碰到的、既定的、从过去承继下来的条件下创造。"④ 恩格斯在《社会主义从空想到科学的发展》中也讲道："同任何新的学说一样，它（现代社会主义）必须首先从已有的思想材料出发……它是 18 世纪法国伟大的启蒙学者们所提出的各种原则的进一步、似乎更彻底的发展。"⑤ 因此，无产阶级文化应该是吸收了人类历史发展进程中所有文化的优秀成果的先进文化。马克思、恩格斯关于文化产生与发展的历史唯物主义辩证分析方法为我们研究国家文化安全提供了方法论指导。

其次，马恩关于意识形态的理论。马克思、恩格斯的意识形态理论是从阶级分析的角度进行阐述的，马克思认为，阶级斗争是推动阶级社会发展的重要力量。恩格斯在《共产党宣言》的英文版序言中写道："人类的全部历史（从土地公有的原始氏族社会解体以来）都是阶级斗争的历史，即剥削阶级和被剥削阶级之间、统治阶级和被压迫阶级之间斗争的历史。"⑥ 意识形态作为上层建筑，是统治阶级维护自己统治的工具，每个时代的统治阶级都会通过一定的手段将自己的意识形态上升为国家意识形态，统治阶级除了控制物质力量，还要

---

① 马克思，恩格斯. 马克思恩格斯选集：第 2 卷［M］. 北京：人民出版社，1995：32.

② 马克思，恩格斯. 马克思恩格斯选集：第 2 卷［M］. 北京：人民出版社，1995：365.

③ 马克思，恩格斯. 马克思恩格斯选集：第 2 卷［M］. 北京：人民出版社，1995：28.

④ 马克思，恩格斯. 马克思恩格斯选集：第 1 卷［M］. 北京：人民出版社，1995：585.

⑤ 马克思，恩格斯. 马克思恩格斯选集：第 3 卷［M］. 北京：人民出版社，1995：355.

⑥ 马克思，恩格斯. 马克思恩格斯选集：第 1 卷［M］. 北京：人民出版社，1995：257.

在精神层面上主导整个国家的精神力量，从而更好地维护自己的阶级统治。对此，马克思在《德意志意识形态》中做过精辟论述："统治阶级的思想在每一时代都是占统治地位的思想。"① 马克思除了强调物质基础对意识形态的决定作用、经济关系变化是社会变革的根源外，还特别重视意识形态对社会变革与发展的重要影响。对此，他曾做出精辟阐述："理论一经掌握群众，也会变成物质力量"；② "如果从观念上考察，那么一定的意识形式的解体足以使整个时代覆灭"。20世纪90年代苏联的解体即是对马克思该精辟阐述的现实印证。此外，马克思、恩格斯还论述了关于意识形态领导权的问题，不过意识形态领导权思想主要包含在他们关于"理论掌握群众""灌输""占统治地位的思想"等的阐述中。马克思曾明确指出："理论只要说服人，就能掌握群众；而理论只要彻底，就能说服人。所谓彻底，就是抓住事物的根本。"③ 在《〈黑格尔法哲学批判〉导言》中马克思写道："哲学把无产阶级当作自己的物质武器，同样，无产阶级也把哲学当作自己的精神武器；思想的闪电一旦彻底击中这块朴素的人民园地，德国人就会解放成为人。"④ 在这些论述中，马克思使用了"说服""掌握"等词汇，实际上已经蕴含了意识形态对人们的领导权思想。恩格斯也非常重视非强制性的意识形态领导权对于无产阶级革命的重要性，他认为对于无产阶级革命的指导思想马克思主义，"越少从外面把这种理论硬灌输给美国人，越多由他们通过自己亲身的经验（在德国人的帮助下）去体验，它就越会深入他们的心坎"⑤。

再次，马克思、恩格斯从全球化视角阐释了国家文化安全的威胁来源。他们以历史唯物主义为方法论指导，将人类交往的历史进程分为"被迫交往""自发交往""普遍交往"三个阶段，并指出每个阶段的人类交往形式都是由该阶段的物质生产水平所决定的。马克思认为，资本增值性与扩张性的本质要求资本主义生产向全世界范围扩张，即"创造世界市场的趋势已经直接包含在资本的

---

① 马克思，恩格斯. 马克思恩格斯选集：第1卷 [M]. 北京：人民出版社，1995：99-100.

② 马克思，恩格斯. 马克思恩格斯选集：第1卷 [M]. 北京：人民出版社，1995：9.

③ 马克思，恩格斯. 马克思恩格斯选集：第1卷 [M]. 北京：人民出版社，1995：9.

④ 马克思，恩格斯. 马克思恩格斯选集：第1卷 [M]. 北京：人民出版社，1995：16.

⑤ 马克思，恩格斯. 马克思恩格斯选集：第4卷 [M]. 北京：人民出版社，1995：297.

概念本身中"①。马克思在《共产党宣言》中指出："资产阶级，由于一切生产工具的迅速改进，由于交通的极其便利，把一切民族甚至最野蛮的民族都卷到文明中来了……一句话，它按照自己的面貌为自己创造出一个世界。"② 这段话充分说明了西方资本主义国家的霸权思想，这种霸权思想不仅体现为对其他民族的经济殖民，更体现为对这些民族的文化侵略。正如《共产党宣言》中所述："资产阶级使农村屈服于城市的统治……正像它使农村从属于城市一样，它使未开化和半开化的国家从属于文明的国家，使农民的民族从属于资产阶级的民族，使东方从属于西方。"③ 这种资产阶级文明的单向性的全球扩张，实际上是西方资本主义国家为了实现自己在全球范围的统治霸权。对其他民族而言，文化侵略比经济殖民的危害更大，对此，马克思说："'奴隶贸易'比起'鸦片贸易'来，都要算是仁慈的。我们没有毁灭非洲人的肉体，因为我们的直接利益要求保护他们的生命；我们没有败坏他们的品格，腐蚀他们的思想，也没有毁灭他们的灵魂。可是鸦片贩子在腐蚀、败坏和毁灭了不幸的罪人的精神存在以后，还杀害他们的肉体。"④ 全球化时代，这种文化霸权的存在使得越来越多的国家意识到了国家文化安全的重要性。

最后，马克思还从全球化视角提出了文化共性与个性协调发展的思想。马克思指出，"随着资产阶级的发展，随着贸易自由的实现和世界市场的建立，发展着的工业生产以及一直与之相适应的生活条件的趋于一致，各国人民之间的民族隔绝和对立日益消失"⑤。在资本主义世界市场体系形成过程中，"资产阶级挖掉了工业脚下的民族基础……各民族的精神产品成了公共财产。民族的片面性和局限性日益成为可能，于是由许多种民族的和地方的文学形成了一种世界的文学"⑥，这里所讲的"世界的文学"实际上就是指在文化全球化过程中所形成的文化共性。马克思在强调文化共性的同时，也非常重视世界各种文化存在的多样性。马克思曾严正指出："你们赞美大自然悦人心目的千变万化和无穷无尽的丰富宝藏，你们并不要求玫瑰花和紫罗兰散发出同样的芳香，但你们为

---

① 马克思，恩格斯. 马克思恩格斯全集：第46卷上［M］. 北京：人民出版社 1979：391.
② 马克思，恩格斯. 马克思恩格斯选集：第1卷［M］. 北京：人民出版社，1995：276.
③ 马克思，恩格斯. 马克思恩格斯选集：第2卷［M］. 北京：人民出版社，1995：277.
④ 马克思，恩格斯. 马克思恩格斯选集：第1卷［M］. 北京：人民出版社，1995：714.
⑤ 马克思，恩格斯. 马克思恩格斯选集：第1卷［M］. 北京：人民出版社，1995：291.
⑥ 马克思，恩格斯. 马克思恩格斯选集：第1卷［M］. 北京：人民出版社，1995：276.

什么却要求世界上最丰富的东西——精神只能有一种存在形式呢？"在马克思看来，民族文化应该是世界文化的重要组成部分，每一个民族文化都对世界文化的发展做出了自己特有的贡献，"凡是民族作为民族所做的事情，都是他们为人类社会而作的事情，他们的全部价值仅仅在于：每个民族都为其他民族完成了人类从中经历了自己发展的一个主要的使命（主要方面）"①。其实，马克思所希望构建的世界文化是在各民族文化交流发展过程中所形成的超越民族特性的、全面自由的共产主义文化。在这种文化形态中，文化共性与个性能够共存并协调发展，这为未来国际文化新秩序的构建指明了方向。

二、列宁论著中与国家文化安全相关的思想

列宁在坚持马克思唯物史观的基础上，将马克思主义基本原理与俄国的革命实践与社会主义建设相结合，形成了列宁主义。在列宁的诸多论著中蕴含着丰富的国家文化安全思想。

列宁在其著作中并没有直接使用"文化领导权"这个概念，但他的诸多论著都渗透着关于文化领导权的思想。列宁认为，无论是苏俄革命还是社会主义建设都应该加强无产阶级文化领导权的建设。在十月革命胜利以后，列宁指出："苏联共产党的任务是要战胜资本家的一切反抗，不仅是军事上和政治上的反抗，而且是最深刻、最强烈的思想上的反抗。"② 可以看出列宁对于苏联共产党在思想文化领域掌握和巩固领导权的重视。那么苏联共产党应该如何掌握和巩固文化领导权呢？在列宁看来，第一，共产党应加强马克思主义理论灌输。列宁曾经指出，"没有思想的组织性是毫无意义的，它实际上会把工人变成掌权的资产阶级的可怜仆从"，③ 无产阶级的文化领导权也就无法实现。因此，列宁认为只有通过理论灌输，才能实现苏联共产党在思想文化领域的领导权，苏联共产党要将马克思主义理论"从工人同厂主的关系范围外面灌输进去"④，这样才能有效激发工人的自觉意识。第二，苏联共产党应该加强对新闻出版等文化活动的领导和监督。列宁非常强调新闻出版等文化活动的党性原则，他曾经指出：

---

① 马克思，恩格斯. 马克思恩格斯全集：第42卷［M］. 北京：人民出版社，1979：257.
② 列宁. 列宁全集：第39卷［M］. 北京：人民出版社，1990：406.
③ 列宁. 列宁全集：第14卷［M］. 北京：人民出版社，1988：121.
④ 列宁. 列宁专题文集：论马克思主义［M］. 北京：人民出版社，2009：53.

"社会主义无产阶级应当提出党的出版物的原则，发展这个原则，并且尽可能以完备和完整的形式实现这个原则。"① 为此，"写作事业应当成为社会民主党有组织的、有计划的、统一的党的工作的一个组成部分"，"出版社和发行所、书店和阅览室、图书馆和各种书报营业所，都应当成为党的机构，向党报告工作情况"。另外，在电影放映方面，列宁强调对电影的组织管理实行制度化监督。对此，他曾明确规定："教育人民委员部应当对所有影片的放映组织监督，并形成制度。在俄罗斯联邦上映的所有影片，都应在教育人民委员部登记编号。"②第三，苏联共产党文化领导权的巩固必须依靠群众。列宁认为："先锋队只有当它不脱离自己领导的群众并真正引导全体群众前进时，才能完成其先锋队的任务。"③ 第四，重视知识分子在苏联共产党建设文化领导权中的作用。"无论什么时候什么地方，一个阶级的领袖永远是该阶级最有知识的先进代表人物。"④因此，列宁特别强调知识分子在传播无产阶级文化方面的作用，认为知识分子是苏联共产党掌握并巩固文化领导权的主体力量。

第二节　西方学术界关于国家文化安全的相关理论

西方学术界虽然没有直接使用"国家文化安全"这样的表述，但是他们的研究中包含着很多与"国家文化安全"相关的理论，这些理论可以为我们研究中国的国家文化安全问题提供很多可资借鉴的思想与方法，对我们当前进一步健全和完善中国国家文化安全战略体系具有非常重要的参考价值。

一、葛兰西的"文化领导权"理论

安东尼奥·葛兰西是意大利共产党的领导人，是 20 世纪早期西方马克思主义的代表人物之一。与其他思想家、学者不同，他的大部分著作是在狱中写作完成的，《狱中札记》就是他的代表作。《狱中札记》将马克思和列宁的理论思

① 列宁. 列宁全集：第 12 卷 [M]. 北京：人民出版社，1990：93.
② 列宁. 列宁全集：第 42 卷 [M]. 北京：人民出版社，1987：383.
③ 列宁. 列宁全集：第 43 卷 [M]. 北京：人民出版社，1987：23.
④ 列宁. 列宁全集：第 4 卷 [M]. 人民出版社，1984：277.

想与意大利的无产阶级革命现实相结合，并借鉴西方其他学者如马基雅维利、拉布里奥拉、克罗齐等的思想，形成了著名的"文化领导权"理论。

葛兰西把国家分为政治社会和市民社会两个层面。他认为在一个国家内，作为统治阶级的社会阶级应该采取一定的方式方法，将自己的文化作用于被统治阶级，从而使得被统治阶级自觉地认同统治阶级的文化。"一个社会集团的霸权地位表现在以下两个方面，即'统治'和'智识与道德的领导权'。"① 葛兰西关于"领导权"的定义包含两个方面：一个是通过武力而实现的在政治社会的强制性领导权，另一个是通过柔化手段实现的"智识与道德的领导权"，也就是在市民社会取得"文化领导权"。葛兰西认为一个社会阶级应该在夺取政权以前就掌握对于市民社会精神领域的文化领导权，只有这样才能在夺取政权以后维持其统治的长久性。

由于葛兰西对"文化领导权"非常重视，因此他也特别注重知识分子在一个社会阶级夺取并维持其统治过程中的作用，他认为知识分子在一个国家中扮演着使统治阶级文化合法化即在市民社会中构建文化领导权的政治角色。对知识分子作用的强调使得葛兰西非常重视国家的教育功能。在他看来，建立一个伦理国家、文化国家是国家的主要任务，"事实上，必须把国家看作是'教育者'，因为国家的目标就是建立新型的文明或达到新的文明水平"②，因此，对公民进行教育就成为国家的重要职能之一，国家"最重要的职能就是把广大国民的道德文化提高到一定的水平，与生产力的发展要求相适应，从而也与统治阶级的利益相适应"。③ 一个国家的统治阶级文化领导权建设是否取得成功的标志就是"市民社会无须'法律约束'或强迫的'义务'就能运转，但是照常可以带来集体压力，并且通过风俗的演化、思想和行为方式以及道德风尚等产生客观效果"④。另外，葛兰西还将他的"文化领导权"理论应用扩展到世界范围，"'领导权'的每一种关系必然地是一种教育，而且不仅发生在一个民族之

① ［意大利］安东尼奥·葛兰西. 狱中札记［M］. 曹雷雨，等译. 北京：中国社会科学出版社，2000：38.

② ［意大利］安东尼奥·葛兰西. 狱中札记［M］. 曹雷雨，等译. 北京：中国社会科学出版社，2000：202.

③ ［意大利］安东尼奥·葛兰西. 狱中札记［M］. 曹雷雨，等译. 北京：中国社会科学出版社，2000：214.

④ ［意大利］安东尼奥·葛兰西. 狱中札记［M］. 曹雷雨，等译. 北京：中国社会科学出版社，2000：198.

内，发生在组成这个民族的各种不同力量之间，也发生在国际的和世界的范围
内，发生在各种民族的以及各种大陆的文明复合体之间"①。

二、亨廷顿的"文明冲突论"

美国著名国际政治学家、哈佛大学教授塞缪尔·亨廷顿是"文明冲突论"
的缔造者，他于 1996 年出版的《文明的冲突与世界秩序的重建》一书从文明的
角度对冷战结束后的世界格局变化趋势和主要矛盾做出了全新解释，他认为随
着苏联的解体和东欧的巨变，原来冷战时期那种社会主义意识形态和资本主义
意识形态的二元对峙格局已经彻底结束。随着经济全球化的快速发展和科学技
术的不断进步，未来世界的主要矛盾将主要体现为各种不同文明之间的冲突，
即"人民之间最重要的区别不是意识形态的、政治的或经济的，而是文化的区
别"②。

亨廷顿在《文明的冲突与世界秩序的重建》一书将文明理解为："文明是一
种文化实体……由语言、历史、宗教、习俗和制度等客观因素以及人们主观上
的自我认同这两个方面的因素共同界定，是民族之间的最高文化组合及最广泛
层次的文明认同。"③ 根据这个定义，亨廷顿将世界文明大概分为七种。即西方
文明、中华文明、伊斯兰文明、日本文明、印度文明、斯拉夫文明即东正教文
明、拉丁美洲文明，而非洲文明则作为一种可能形成的共同体成为第八种文明。
他认为某一种文明的主体可能是一个由多民族组成的国家，如中华文明，也可
能是几个国家，如西方文明、拉丁美洲文明，也有可能是单一民族国家，如日
本文明。未来世界的主要矛盾就表现为这七个或者八个文明的竞争与冲突，而
最有可能对西方文明造成挑战与威胁的是中华文明与伊斯兰文明。这种文明间
的冲突具有两种形式："在宏观层面上表现为发生在不同文明的主要国家之间的
核心国家的冲突，在微观层面上表现为发生在属于不同文明的邻近国家之间、
一个国家中属于不同文明的集团之间，或者想在残骸之上建立起新国家的集团

---

① ［意大利］安东尼奥·葛兰西. 狱中札记［M］. 曹雷雨，等译. 北京：中国社会科学出
版社，2000：262.

② ［美］塞缪尔·亨廷顿. 文明的冲突与世界秩序的重建［M］. 周琪，等译. 北京：新华
出版社，1999：6.

③ ［美］塞缪尔·亨廷顿. 文明的冲突与世界秩序的重建［M］. 周琪，等译. 北京：新华
出版社，2002：213.

之间的断层线冲突"。①

在亨廷顿看来，当今世界已经进入一个"各国人民都以文化界定自己"的时代，他承认世界未来发展的多元文化趋势，并在此基础上对"普适文化"进行了批判，认为普适文化不可能成立的根源是每一种文明之间的天然差异性，因此，西方文明对非西方文明的侵蚀，"可能是造成多文明世界中的不稳定和潜在全球冲突的最危险的因素"②。针对未来世界文明的冲突，亨廷顿提出各个国家集团应该通过遵守"避免原则"和"共同调节原则"来维护未来世界的和平。

三、福山的"历史终结论"

日裔美籍学者弗朗西斯·福山在其著作《历史的终结及最后之人》中宣称："西方的民主自由战胜了共产主义成为人类共同追求的普世价值，人类社会政治领域发生的一切问题都是因为没有充分实现民主自由原则而导致的，今后人类的一切努力就是要在政治上实现充分的民主自由。"③

20世纪80年代末90年代初，随着苏联的解体和东欧的巨变，长达几十年的社会主义意识形态与资本主义意识形态二元对峙局面宣告结束，资本主义阵营的首要代表美国成为世界唯一的超级大国，于是，冷战后的国际形势将如何变化成为西方学者和政治家们所关注的焦点。在这样的时代背景下，弗朗西斯·福山提出了著名的"历史终结论"。在福山看来，冷战的结束标志着资本主义意识形态的最终胜利，长达近半个世纪的国家间的意识形态斗争将不复存在，西方的自由民主制度将是整个人类社会最终的政治制度。他甚至认为整个人类社会的发展历史就是一部"以自由民主制度为方向的人类普遍史"，人类社会意识形态的发展将以自由民主制度的确立为终结，"构成历史最基本的原则和制度

① ［美］塞缪尔·亨廷顿. 文明的冲突与世界秩序的重建［M］. 周琪，等译. 北京：新华出版社，1999：229.
② ［美］塞缪尔·亨廷顿. 文明的冲突与世界秩序的重建［M］. 周琪，等译. 北京：新华出版社，1999：361.
③ ［美］弗朗西斯. 福山. 历史的终结及最后之人［M］. 黄胜强，许铭原，译. 北京：中国社会科学出版社，2003：1.

可能不再进步了，原因在于所有真正的重大问题都已经得到了解决"①。

从 20 世纪 90 年代到 2014 年，国际社会形势渐趋复杂，以美国为首的资本主义发达国家挑起的局部战争时有发生，2008 年的金融危机更是令美国政府束手无策，而作为社会主义国家的中国则经过改革开放几十年的发展成为世界第二大经济体，"中国模式"一时成为世界聚焦的对象。对此，福山不但没有改变自己对"历史终结论"的态度，而且通过发表《民主依然挺立在"历史的终结处"》② 一文来阐释"历史终结论"并没有过时的观点。文中，福山强调自己的"历史终结论"的根本思想仍然是基本正确的，"在观念领域，自由民主仍没有真正的对手"③，并且预测五十年后中国在政治上将更像美国和欧洲。文章最后福山指出"纵然我们会质疑要多久之后全人类才能抵达那个终点，但我们不应怀疑某种社会形态就挺立在历史的终结处"④。

四、约瑟夫·奈的软实力理论

"软实力（Soft Power）"概念最早是由美国著名国际关系专家、哈佛大学教授约瑟夫·奈于 20 世纪 80 年代末 90 年代初提出来的。20 世纪 80 年代末 90 年代初，随着苏联解体和东欧剧变，持续近半个世纪的冷战宣告结束。冷战后，美国虽然仍然是世界唯一的超级大国，但随着日本、德国等国家经济的快速发展，美国的国际地位已经相对衰落。耶鲁大学教授保罗·肯尼迪就是"美国衰落论"的代表人物，他在 1988 年出版的《大国的兴衰》中写道："大国兴起，起于经济和科技发达，以及随之而来的军事强盛和对外征战扩张；大国之衰，衰于国际生产力重心转移，过度侵略扩张并造成经济和科技相对衰退落后"；⑤ "从最广泛的意义上讲，对美国能否保持其现有的地位这一引起公众日益广泛争论的问题的唯一回答，只能是否定的，因为历史从来不曾赋予任何国家永久地

---

① ［美］弗朗西斯·福山. 历史的终结及最后之人［M］. 黄胜强，许铭原，译. 北京：中国社会科学出版社，2003：代序1-3.

② 此文最早刊登于 2014 年 6 月 6 日的《华尔街日报》上，共识网予以转载。

③ ［美］弗朗西斯. 福山. 民主依然挺立在"历史的终结处"［N］. 华尔街日报，2014-06-06.

④ ［美］弗朗西斯. 福山. 民主依然挺立在"历史的终结处"［N］. 华尔街日报，2014-06-06.

⑤ ［美］保罗·肯尼迪. 大国的兴衰［M］. 陈景彪，等译. 北京：国际文化出版公司，2006.

超越其他社会的权利"①。为了反驳这种"美国衰落论",约瑟夫·奈于1990年在《外交政策》上发表文章《软实力》,首次提出"软实力"(Soft Power)概念。同年,他的专著《美国注定领导世界?——美国权力性质的变迁》出版,书中对"美国衰落论"进行了反驳,并就美国软实力进行了分析。后来,约瑟夫·奈又出版了《硬实力和软实力》《软力量:世界政坛成功之道》《软实力:世界政治中的成功之道》等一系列著作,随着这些著作的完成,他的"软实力"理论也逐渐走向系统化。

在约瑟夫·奈看来,软实力"是一种依靠吸引力而非通过威逼或利诱的手段来达到目标的能力"②,而"这种吸引力源于一个国家的文化(在其能发挥魅力的领域)、政治理念或政治价值观(无论在国内外都能付诸实践)和外交政策(当其被视为合法,并具有道德权威时)"③。要将这种资源转化为软实力则需要充分发挥民间力量的作用,"美国的大部分软实力是由好莱坞、哈佛大学、微软、迈克尔·乔丹等制造的"④。进入21世纪后,美国单边主义做法的推行使得国际社会反美情绪加剧,2008年爆发的金融危机更是让美国软硬实力都遭受重创,美国模式的吸引力遭到质疑,"美国衰落论"再次出现于国际舆论界。对此,约瑟夫·奈多次提出要修复美国软实力,2004年他在《外交》期刊上发表文章《美国软实力的衰落——华盛顿应该为此感到忧虑》,一方面指出"美国的软实力——美国政策的合法性及其所体现的价值观对其他国家产生的感召力和吸引力——正在衰落"⑤,另一方面认为美国可以利用有效的公共外交,通过"多种途径可使软实力的资源永不枯竭,并营造实现民主的各种条件",从而修复美国软实力。2008年他在英国《生存》期刊上发表文章《修复美国的领导能力》,建议美国政府改变单边主义政策,认为"在国际关系中,征服或赤裸裸的胁迫并非领导,而只是发号施令。非同一般的实力有时被称为'霸权',它虽说

---

① [美] 保罗·肯尼迪. 大国的兴衰(下) [M]. 王保存,等译. 北京:中信出版社,2013:274.
② [美] 约瑟夫·奈. 软实力 [M]. 马娟娟,译. 北京:中信出版社,2013:序,12.
③ [美] 约瑟夫·奈. 软实力 [M]. 马娟娟,译. 北京:中信出版社,2013:12、16.
④ [美] 约瑟夫·奈. 软实力 [M]. 马娟娟,译. 北京:中信出版社,2013:23.
⑤ [美] 约瑟夫·奈著. 肖欢、王茜译. 美国软实力的衰落:华盛顿应该为此感到忧虑 [J]. 国外社会科学文摘,2004(10):33-35.

与领导有关联，但即使对霸主来说，价值和意识形态的吸引力也极为重要"①。由此我们可以看出，约瑟夫·奈所提出的修复美国软实力的相关措施都强调软实力和硬实力的同时运用，而真正将二者统一起来的则是"巧实力"概念的提出。约瑟夫·奈认为："最有效的领导是能够将'硬实力'和'软实力'在不同的情况下按不同的比例相结合。如果能够将'软实力'和'硬实力'有效结合，就能得到'巧实力'。"②

综上所述，我们不难看出，约瑟夫·奈的"软实力"理论和"巧实力"理论都是为美国国家利益服务的，其出发点都是为了维护美国的世界霸权与领导地位，但是，"软实力"理论作为一个对国际社会产生重要影响的系统理论，对我国国家文化安全的维护与国家文化软实力的建设具有深刻的启示作用。

五、哈贝马斯的大众文化批判理论

尤尔根·哈贝马斯是德国著名的哲学家和社会学家，是法兰克福学派的第二代领军人物。哈贝马斯对大众文化的批判是从资产阶级公共领域入手的，也就是我们看到的《公共领域的结构转型》一书中对公共领域的大众文化所进行的批判。按照哈贝马斯的理解："资产阶级公共领域是一个对社会事务和政治权力进行公开讨论和批判的场所，文化在其中起着培养作为公众的私人批判意识的功能。"③ 哈贝马斯认为，在资本主义早期阶段，大众文化只是一种诠释性文化，以报纸、杂志、小说等形式存在，它通过资产阶级公共领域对资产阶级国家的公权力进行批判。对此，哈贝马斯指出："通过阅读小说，也培养了公众；而公众在早期咖啡馆、沙龙、宴会等机制中已经出现了很长时间，报刊杂志及其职业批评等中介机构使公众紧紧地团结在一起。"④ 文化的普遍化必然会对市场产生依赖，但是在资本主义早期阶段，"市场的功能仅限于分配文化商品，以及将它们从资助人和贵族鉴赏者手中解放出来。交换价值对商品质量本身并没

---

① ［美］约瑟夫·奈著，周岳峰译. 修复美国的领导力 [J]. 国外社会科学文摘，2008（11）：19-22.

② 于盈，约瑟夫·奈：从"软实力"到"巧实力" [J]. 南风窗，2009（13）：28-31.

③ 魏艳芳，姚燕. 哈贝马斯大众文化批判的多重维度 [J]. 甘肃理论学刊，2011（11）：25-28.

④ ［德］尤尔根·哈贝马斯. 公共领域的结构转型 [M]. 曹卫东，等译. 上海：学林出版社，1999：55.

有影响……文化商品与商品形式之间仍存在着一种不和谐关系"①，正是这种不和谐关系使得这个时期的大众文化具有了对国家公权力的批判反思意识。

随着资本主义经济的快速发展，市场规律在大众文化商品领域广泛蔓延，到晚期资本主义阶段，"市场规律已经深入作品之中，成为创作的内在法则。在消费文化的广阔领域，不再只是作品的传播和选择、作品的装潢和设计，甚至还包括作品的生产都依据销售策略进行"②。这导致资产阶级公共领域中的大众文化由批判武器成为文化消费品，而大众成了文化消费的大众。市场规律主宰下的大众文化不论是形式上还是内容上都深深打上了商品的烙印。正如哈贝马斯所说："大众文化这一可疑名称之由来就在于，它试图迎合教育水平较低的消费集体的娱乐和消闲需求，以增加销售，而不是将大众导向一种实质未受损害的文化。"③ 因此，晚期资本主义的大众文化在经济上已经沦落为资本家营利的工具，而在政治上则成为各个利益集团争权夺利的竞技场。

哈贝马斯在考察科学技术对大众文化的影响时，继承了法兰克福学派一直以来将科技作为意识形态工具进行批判的观点，指出："自十九世纪末叶以来……技术和科学便成了第一位的生产力。"④ 在哈贝马斯看来，科学技术已经超越对经济发展的决定作用而成为一种自下而上的新的意识形态，这种新的意识形态必然导致技术至上主义的出现，而"技术统治论的命题作为隐形意识形态，甚至可以渗透到非政治化的广大居民的意识中，并且可以使合法性的力量得到发展，这种意识形态的独特成就就是，它能使社会的自我理解同交往活动的坐标系以及同以符号为中介的相互作用的概念相分离，并且能够被科学的模式代替。同样，在目的理性的活动以及相应的行为范畴下，人的自我物化代替了人对社会生活世界所做的文化上既定的自我理解"⑤ 这种技术至上主义使得

---

① ［德］尤尔根·哈贝马斯. 公共领域的结构转型 ［M］. 曹卫东，等译. 上海：学林出版社，1999：191.

② ［德］尤尔根·哈贝马斯. 公共领域的结构转型 ［M］. 曹卫东，等译. 上海：学林出版社，1999：191.

③ ［德］尤尔根·哈贝马斯. 公共领域的结构转型 ［M］. 曹卫东，等译. 上海：学林出版社，1999：191.

④ ［德］尤尔根·哈贝马斯. 作为"意识形态"的技术与科学 ［M］. 李黎，郭官义，译. 上海：学林出版社，1999：62.

⑤ ［德］尤尔根·哈贝马斯. 作为"意识形态"的技术与科学 ［M］. 李黎，郭官义，译. 上海：学林出版社，1999：63.

文化产品从内容选择到生产和销售都完全依赖于科学技术，从而导致了大众文化的文化贫瘠。随着全球化进程的不断推进，哈贝马斯进一步指出："全球市场以及大众消费、大众交往和大众旅游等，使得大众文化的标准化产品传播到了世界的每一个角落。"①

哈贝马斯的大众文化批判理论从资产阶级公共领域入手分析了大众文化在资本主义国家的发展历程。我国大众文化是在改革开放尤其是进入 20 世纪 90 年代后快速发展起来的，经过几十年的发展，我国大众文化取得了很大成就，但是不得不承认，由于受西方价值观的影响和我国市场经济的快速发展，我国大众文化还存在很多不能忽视的问题，而这种存在问题的大众文化一旦进入公共领域就会在次国家层面上影响我国国家文化安全。因此，哈贝马斯的大众文化批判理论对我国大众文化的健康发展和公共文化安全的有效维护都具有非常重要的借鉴意义。

第三节　中国传统文化中与国家文化安全有关的思想

中国有着五千年源远流长的传统文化，在古代，虽然尚不存在现代意义上的国家文化安全问题，但是以儒家为首的传统文化在教化民众、维护封建国家统治等方面起着非常重要的作用。积极探索中国传统文化之于国家统治的作用机理对于当前我国国家文化安全的维护具有借鉴意义。

一、以礼仪为抓手的儒学价值观制度化分析

公元前 139 年，董仲舒"罢黜百家，独尊儒术"的建议被汉武帝采纳，这标志着儒学在中国传统文化中的统治地位得以确立，并且成为整个中国古代的官方意识形态，即儒学得以制度化。礼仪则成为儒学制度化的抓手，儒教被人们称为礼教。

中国古代是一个家国同构、家国一体的宗法社会，家庭是社会结构的最基本单元。在家庭关系中形成了以血缘关系为基础，以父权、夫权为中心的家庭

---

① ［德］尤尔根·哈贝马斯. 后民族结构［M］. 曹卫东，译. 上海：上海人民出版社，2002：87.

权力结构，孝、顺、慈、悌则成为家庭伦理关系的要点。以家庭关系为中心向外推衍就形成以君臣关系为主轴的社会关系，君臣伦理关系的核心为忠信。家庭伦理关系和君臣社会关系中的忠孝伦理原则，实际上是象征处于不同等级的人对权力的支配关系，而礼就是在各种不同的血缘等级关系基础上形成的以权力分配为核心的支配关系与等级秩序。所以《礼记·郊特牲》中写道："礼之所尊，尊其义也。失其义，陈其数，祝史之事也。故其数可陈也，其义难知也。知其义而敬守之，天子之所以治天下也。"

孔子在《论语·为政》中说"道之以德，齐之以礼"，讲的就是要以礼治国。儒家之礼内容非常丰富，既包含国家政治制度、法律典范、宗教仪式、家庭伦理，也包含婚嫁仪式、丧葬仪式、祭祀之礼等日常行为规范，社会的不同阶层、不同利益集团的人都可以根据自己的需要找到适用的礼仪，这正是儒家价值观能够长期占据官方意识形态地位的主要原因，而礼仪则成为儒家价值观得以落实的重要抓手。

二、制度化儒学对封建国家政治统治的维护作用

儒家思想自汉武帝时期被确立为官方意识形态后，便成为中国两千多年封建社会的正统思想。汉朝是继秦朝之后的大一统王朝，汉朝初期经过汉文帝和汉景帝倡导"无为而治"的休养生息政策后，多年战争带来的巨大破坏被逐渐修复，社会经济也取得很大发展，实现"文景之治"。这时，农民与地主阶级的矛盾上升为社会主要矛盾，中央集权的封建专制制度急需加强，统治者需要通过对民众思想的控制来维护自身的政治统治。儒家思想正好适应了这种统治需要，为封建君主专制提供了合法性依据，从而确保其统治的有序性和合理性。自此，儒家思想开始被制度化，并承担起维护封建君主统治的重任。

那么儒家思想是如何发挥其对封建统治的维护作用的呢？我们可以将儒家思想分为两个层面：第一个层面是相对于统治者而言的统治思想，第二个层面是相对于被统治者而言的顺从思想。儒家思想中的统治思想为封建君主专制提供了合理性解释。儒家的"君权神授"思想是封建政治统治合理性的最根本依据。"巍巍乎，唯天为大，唯尧则之"，① "道之将行也与，命也；道之将废也

---

① 杨伯峻. 论语译注［M］. 北京：中华书局，1980：83.

与，命也"，① 这些言语中都蕴含着孔子的天命思想。孟子则更直接地肯定了"君权神授"思想。《孟子·万章上》载，"万章曰：'尧以天下与舜，有诸?'孟子曰：'否。天子不能以天下与人。''然则舜有天下也，孰与之?'曰：'天与之'"②。汉武帝"罢黜百家，独尊儒术"之后，董仲舒更是对君权神授理论进行了更加彻底的论证："天者，百神之大君也";③ "受命之君，天意之所予也，故号为天子者，宜事天如父，事天以孝道也"。④在汉代以后的封建王朝中统治者都将君权神授思想作为自己政治统治合理性和合法性的重要依据。另外，相对于被统治者而言的顺从思想则是对封建政治统治的有力支持。儒家认为人生而不平等，强调"忠君孝廉""内圣外王"。儒家以礼义为抓手构建社会规章制度与个人日常行为规则，强调尊卑有序，积极推崇三纲（君为臣纲，父为子纲，夫为妻纲）五常（仁、义、礼、智、信）的家庭社会伦理秩序。这些主张实际上是统治者利用儒家思想对被统治者进行的教化活动，通过教化，民众能够自愿接受统治阶级的统治。

　　在中国古代几千年的封建专制统治中，由于儒家思想与统治阶级利益的一致性，儒家思想一直被视为中国古代社会的官方意识形态，对于中央集权的君主专制制度起着非常重要的维护作用。

---

① 杨伯峻. 论语译注 [M]. 北京：中华书局，1980：157.
② 杨伯峻. 孟子译注 [M]. 北京：中华书局，1962：201-202.
③ 董仲舒. 春秋繁露·二十二子 [M]. 上海：上海古籍出版社，1985：801.
④ 董仲舒. 春秋繁露·二十二子 [M]. 上海：上海古籍出版社，1985：792.

第四章

新中国成立以来国家文化安全形势的
演变轨迹

　　1949 年中华人民共和国的成立标志着我国成为一个独立的社会主义国家而屹立于世界民族之林。这一时期资本主义制度与社会主义制度的同时存在使得国际社会呈现出以美国为首的资本主义阵营和以苏联为首的社会主义阵营的对峙状态。中国作为新成立的社会主义国家自然成为社会主义阵营的重要一员，同时也成为美国资本主义意识形态扩张的主要对象。自此，中国的国家文化安全问题开始形成并逐渐凸显出来，并且随着国际局势的变化和我国社会的发展，在不同阶段呈现出不同特点。

　　根据列宁的时代理论，时代是作为主体的人从全球视野做出的关于整个世界形势变化发展的本质性判断。在时代的分界线问题上，列宁指出："这里的分界线也同自然界和社会中所有的分界线一样，是有条件的、可变的、相对的，而不是绝对的。我们只是大致地以那些特别突出和引人注目的历史事件作为重大的历史运动的里程碑。"[1] 在这里，列宁将"特别突出和引人注目的历史事件"作为时代变更的标志。因此，本书在对新中国成立以来中国国家文化安全形势的演变轨迹进行阶段性梳理时，引用列宁以"特别突出和引人注目的历史事件"作为时代分界线的理论，将新中国成立以来国际国内社会发生的重大事件作为阶段划分的主要依据，进而从历史纵向视角对新中国成立以来中国国家文化安全形势的演变轨迹进行动态考察，总结其演变规律，从而为科学合理地判断当前及未来中国国家文化安全形势提供参考。

---

　　① 列宁. 列宁全集：第 26 卷 [M]. 北京：人民出版社，1988：144.

第一节　1949—1978 年：改革开放前
中国的国家文化安全形势

1949 年中华人民共和国的成立，标志着中国作为一个独立的民族国家出现在世界的东方，领导中国革命的共产党自然成为执政党，而指导中国革命的理论——马克思主义则自然成为新中国的主导意识形态。以下笔者将对 1949 年新中国成立到 1978 年改革开放前的中国国家文化安全形势进行分析。

一、国际社会呈现社会主义与资本主义意识形态的二元对峙格局

第二次世界大战后，国际政治格局呈现出以苏联为首的社会主义国家和以美国为首的资本主义国家两大阵营之间的严峻对峙局面。1949 年成立的中华人民共和国，由于社会制度和意识形态与苏联具有一致性，采取了"一边倒"的外交战略，成为社会主义阵营的一员而与以美国为首的资本主义阵营形成对抗格局。1950 年朝鲜战争爆发后，中国出于国家安全考虑决定抗美援朝，这进一步强化了中美之间的对抗局面。"战争的结果，一方面使南北朝鲜分治的局面固定下来，一方面也使中美之间的敌对状态在相当时期之内固定下来。"① 从 1949 年新中国成立到 1972 年尼克松总统访华前，中美关系一直处于非常紧张的状态。在这样的历史环境中，中国媒体宣传中的美国是洪水猛兽，是穷凶极恶的敌人，美帝国主义是"中国人民的死敌"，"无时无刻不在处心积虑地反对中国人民"，我们"决不要有一刻钟忘记这一当面的敌人"②。"美帝国主义这个凶恶的敌人就在我们身边，日日夜夜地威胁着我们。我们必须认真对待。"③ 而美国媒体报道中的中国形象则大多与"独裁""好战""输出革命"等联系在一起。中美双方媒体对对方国家形象歪曲描述的深层次原因是两国意识形态的截然对立。在这个时期，两大阵营的成员国在考虑本国国家利益时是不能违背同盟的整体利益的，也就是成员国的国家利益必须从属于同盟意识形态。

---

① 陶文钊. 中美关系史（1949—1972）[M]. 上海：上海人民出版社，1999：79.
② 反对美帝攫夺台湾的阴谋（社论）[N]. 人民日报，1950-01-04（01）.
③ 中国人民一定要解放台湾（社论）[N]. 人民日报，1965-06-27（01）.

20 世纪 60 年代末，美苏两国实力对比发生变化，中苏同盟关系破裂，西欧国家和日本经济稳定发展并逐步调整对华政策。面对这样的状况，美国政府意识到必须调整自己的外交战略以缓和与中国的关系。尼克松曾说："在我同苏联人进行对话时，我也可能需要在中国问题上为自己找个可以依靠的有利地位。"① 1972 年，尼克松总统应毛泽东之邀访华，标志着中美关系长期以来的"坚冰"开始打破。按照基辛格的说法，中美两国以此为标志建立了"心照不宣的战略同盟关系"。之后，中国媒体所报道的美国形象有所柔化，但是中美关系的正常化进程由于受到各种因素影响而出现停滞，加之中国国内正处于"文化大革命"阶段，双方意识形态的对峙局面并没有发生实质性改变。

二、马克思主义在意识形态领域的指导地位得以确立

"十月革命一声炮响，给我们送来了马克思列宁主义。"② 当前我国以马克思主义为指导的社会主义意识形态的历史逻辑起点就是俄国十月革命后马克思列宁主义的传入，而中国共产党的成立则标志着马克思主义从理论层面迈向了实践层面，中国共产党领导下的新民主主义革命的胜利标志着马克思主义在中国的胜利。

中华人民共和国成立后，领导中国新民主主义革命取得胜利的中国共产党自然成为执政党。1949 年到 1956 年是中国国民经济恢复和社会主义改造时期。这个时期，社会主义公有制的基本经济制度已经确立，按照经济基础决定上层建筑的历史唯物主义观点，必然要求与公有制经济基础相适应的社会主义意识形态获得主导地位。但是，在社会主义改造时期，经济上呈现社会主义公有制与多种所有制成分并存的格局，即国营经济、合作社经济、国家资本主义经济、私人资本主义经济、个体经济五种经济成分并存，其中国营经济居于领导地位。所以在社会思想文化领域也存在着"混合多元"的状态。但是，"领导我们事业的核心力量是中国共产党。指导我们思想的理论基础是马克思列宁主义"③，因此，这个时期在经济上要实现对生产资料私有制的社会主义改造，在思想文化

---

① ［美］尼克松. 1999：不战而胜［M］. 王观声，译. 北京：世界知识出版社，1997：222.

② 毛泽东. 毛泽东选集：第 1 卷［M］. 北京：人民出版社，1991：303.

③ 毛泽东. 毛泽东文集：第 6 卷［M］. 北京：人民出版社，1999：350.

上则要确立马克思主义在意识形态领域的一元指导地位。为此，中国共产党运用多种方式改造旧的意识形态，批判一切非无产阶级思想，以确立马克思主义在意识形态领域的指导地位。

经过几年的整合与改造，经济上，纯粹的单一公有制形式逐步形成，思想上，非马克思主义意识形态被逐渐消解，马克思主义在意识形态领域的一元指导地位得以确立。此时，国际社会资本主义与社会主义意识形态的二元对峙局面愈演愈烈，马克思主义作为我国主导意识形态逐步影响到了我国的经济、政治、文化以及国民的日常生活。国家为了继续维护马克思主义意识形态的统一性和纯洁性，采取了一系列管控措施。

三、中华传统文化的传承与发展遭遇障碍

19世纪末20世纪初，马克思主义传入中国并得到一定程度的传播，1919年五四运动的爆发促进了马克思主义在中国的传播，"构成了中国文化近现代化历史进程中由'破'到'立'的历史转折点"①。"破"即对统治中国两千多年的儒家伦理道德的反思与批判，"立"则指将马克思主义确立为中国革命的指导思想。自此，在中国的革命与实践中，马克思主义便成为中国共产党的指导思想并且得到广泛传播。直到1949年新中国成立，马克思主义理所当然上升为国家意识形态。

1949年新中国成立后，为了确立马克思主义国家意识形态在社会思想领域的统治地位，作为执政党的共产党对知识分子展开了全面思想改造运动，以帮助他们树立正确的阶级观点和阶级立场。这个时期的全面思想改造运动主要以整风方式进行，知识分子在经过一段时间的理论与实践学习后再进行自我检视，形成文章并予以刊登。1951年10月，毛泽东《在全国政协一届三次会议上的讲话》中指出："知识分子的思想改造是民主改革和工业化的重要条件。"② 随后，思想改造运动扩展到了科技界、文艺界等各界知识分子中。这个时期的知识分子改造运动对于马克思主义意识形态在知识分子中的培育和固化起到了积极的作用，但另一方面也使得中华传统文化的传承与发展遭遇障碍。

---

① 李翔海. 五四新文化运动与民族文化传统关系问题再探讨：以20世纪儒家思想的新开展为例 [J]. 教学与研究，2003（10）：30-36.
② 毛泽东. 毛泽东文集：第6卷 [M]. 北京：人民出版社，1999：184.

　　1956 年随着社会主义改造的基本完成，社会主义基本政治经济制度得以建立，随后，中国进入社会主义建设时期，知识分子在社会主义建设中的作用越来越凸显出来。毛泽东曾说："现在叫技术革命、文化革命，革愚昧无知的命，单靠大老粗，没有知识分子是不行的。中国应该有大批知识分子。"① 为此，中央出台了一系列关于调整与知识分子之间关系的政策。如 1956 年周恩来在"全国知识分子问题会议"上指出："知识分子中间的绝大部分已经成为国家工作人员，已经为社会主义服务，已经是工人阶级的一部分。知识分子已经成为我们国家的各方面生活中的重要因素。"② 之后，中国共产党又提出"百花开放，百家争鸣"的文化方针，并且"双百"方针是在符合共产党意识形态的价值体系和评判机制已经基本构建起来的基础上提出的，整个国家的文化生态都处于马克思主义意识形态的一元指导下。因此，"双百"方针的实施旨在让知识分子在马克思主义意识形态的指导下发挥自身的最大作用。"双百"方针符合文化发展的规律，调动了知识分子的创造性、积极性，文艺创作和学术研究都呈现出相当活跃的状态，满足了人民群众对各种文化形式的需求。

　　1957 年，中国共产党发动新中国成立后的第二次整风运动，毛泽东把这次整风运动定义为"普遍的马克思主义的教育运动"③。但是，在整风运动过程中出现了少数右派分子散布反党反社会主义的言论，加之国际社会中社会主义阵营内部发生了一些暴动，此外以美国为首的西方资本主义国家对我国的"和平演变"战略从未停止，使得中央的整风运动演变为一场声势浩大的"反右派"斗争，大量人民内部矛盾被视为阶级矛盾。1966 年"文化大革命"的爆发更是将阶级斗争扩大到极致，知识分子被扣上"反党反社会主义"的帽子，成为"臭老九""牛鬼蛇神"，中华传统文化被视为"四旧"进行破除。在这个特殊的历史时期，"以阶级斗争为纲"的政治意识形态斗争已被扩大化，中华民族传统文化的延续与发展遭到了严重阻碍。

① 中共中央文献研究室. 周恩来年谱（1898—1976）[M]. 北京：中央文献出版社，1998：680.
② 周恩来. 关于知识分子问题的报告 [M] //建国以来重要文献选编：第 8 册. 北京：中央文献出版社，1994：14，16.
③ 毛泽东. 在中国共产党全国宣传工作会议上的讲话 [M] //毛泽东文集：第 7 卷. 北京：人民出版社，1996：274.

四、党的意识形态工作由理性逐渐误入非理性向度

第二次世界大战结束后，国际上出现了以苏联为首的社会主义阵营和以美国为首的资本主义阵营的严峻对峙局面。1949 年社会主义新中国成立后，自然成为社会主义阵营的一员，中国对外采取"一边倒"的外交政策。在这样的历史背景下，中国共产党非常重视马克思主义意识形态建设工作，而这也是与当时中国的单一公有制与计划经济体制相适应的。

从 1949 年中华人民共和国成立到 1956 年社会主义改造基本完成，这一阶段中国共产党除了对经济领域多种所有制成分的并存格局进行了社会主义公有制改造外，在思想文化领域也实行了从有限度到系统化的马克思主义意识形态改造。1956 年以后，随着中国社会主义改造的基本完成，单一的公有制经济结构基本形成，中国社会逐步走向单一化，党的工作重心也逐步转移到了经济建设上来。这个时期，意识形态领域依旧存在着一些斗争，而中国共产党对这些斗争的回应基本是理性的、合乎实际的。如中国共产党第八次全国代表大会通过的《中国共产党章程》中明确指出："党在自己的活动中坚持马克思列宁主义的普遍真理同中国革命斗争的具体实践密切结合的原则，反对任何教条主义的或者经验主义的偏向。"① 毛泽东在《关于正确处理人民内部矛盾的问题》中理性地将人民内部矛盾和敌我矛盾做出了划分。但是，进入 20 世纪 60 年代以后，随着国内外形势的风云变幻，中国共产党的意识形态工作开始出现偏向，1960年，陆定一在全国文教群英大会上说："在共产主义社会建成以前，文化革命的内容，是社会主义和资本主义之间在意识形态方面谁胜谁负的斗争。"② 人民日报也发表社论指出："必须自觉地把思想领域里的阶级斗争进行到底，这是文化革命的基本核心。"③ 这标志着原本属于思想文化领域的文化普及和知识分子的思想改造开始向阶级斗争的方向演变，中国共产党的意识形态工作开始误入非理性向度。直到 1966 年，"文化大革命"正式启动，思想文化完全被卷入了以阶级斗争为纲的极左革命大潮中。"无产阶级专政下继续革命"的思想与任务成

---

① 中共中央文献研究室. 建国以来重要文献选编：第 9 册［M］. 北京：中央文献出版社，1994：314.

② 陆定一同志代表中共中央和国务院在全国文教群英大会上的祝词［N］. 人民日报，1960-06-02（1）.

③ 迎接新的更大的文化革命高潮［N］. 人民日报，1960-06-01（1）.

为中国共产党在"文化大革命"时期的工作中心和重心。

从 1949 年新中国成立到 1978 年改革开放前，中国共产党的意识形态工作对于对抗以美国为首的西方发达资本主义国家的"和平演变"战略无疑起到了很大作用，但 20 世纪 60 年代后非理性的以阶级斗争为纲的革命意识形态工作一方面阻碍了中国当时的经济建设，另一方面切断了中国优秀传统文化的传承路径。

第二节　1979—1991 年：改革开放初期中国的国家文化安全形势

1978 年到 1991 年，是我国从改革开放政策确立到社会主义市场经济体制建立之前的时期，这个时期被称为改革开放初期。这个时期，我国实行的是"公有制基础上的有计划的商品经济"①，国际社会则随着中苏联盟的破裂和中美关系的建立而进入冷战后期。这种国家政策的调整和国际格局的变化势必会对我国的国家文化安全形势产生新的影响。

一、意识形态二元对峙的国际格局出现缓和

1972 年尼克松总统访华标志着中美关系的"坚冰"开始打破，也标志着社会制度与意识形态完全不同的中美两国为了维护各自的国家利益开始建立一种新型的国家关系。经过几年的努力，1978 年 12 月 16 日，《中华人民共和国和美利坚合众国关于建立外交关系的联合公报》正式签署并发表，两国宣布双方自 1979 年 1 月 1 日起互相承认并正式建立外交关系，这标志着中美关系从隔绝状态走向正常化，中美宣布正式建交。这个时期，虽然国际社会仍然处于美苏争霸的冷战状态，但是随着中美关系的正常化，原来社会主义与资本主义二元意识形态对峙的格局已经被打破，国家利益成为一个国家处理外交关系的决定性因素。

1978 年 12 月，中国共产党第十一届三中全会做出了改革开放的重大决策，将全国的工作重点由改革开放前的阶级斗争转移到经济建设上来。对外开放政

---

① 中共中央关于经济体制改革的决定 [N]. 人民日报，1984-04-21（1）.

策的实施使得中国与世界的联系更加密切，各国之间经济的相互依存明显加深。到 20 世纪 80 年代中期，缓和与合作成为国际格局的主流，一方面，美国与苏联的关系明显缓和，另一方面，随着西欧、日本等主要国家的发展，加之中国在国际格局中的地位和作用得到显著提升，世界多极化的趋势更加明朗，而经济因素在国际关系中的作用得到明显提升。

二、中华传统文化的传承与发展得以恢复

1978 年中共十一届三中全会做出了"改革开放"的重大决策，将全党工作的重点转移到社会主义现代化建设上来。改革开放后，"解放思想、实事求是"成为党的基本思想路线，实践成为检验真理的唯一标准。与此同时，知识分子摆脱了"文革"时期的政治枷锁而成为"工人阶级的一部分"①，"对于学术上的不同意见，必须坚持百家争鸣的方针，展开自由的讨论"②。重获"自由"的知识分子将自己视为"文化英雄和先知"，非常渴望可以通过文化启蒙参与社会主义现代化建设。20 世纪 90 年代初期，中国共产党一方面面临如何有效抵御资产阶级自由化思潮的问题，另一方面面临在市场经济发展引起的价值观多样化背景下如何凝聚人心的问题。在这样的背景下，中国共产党开始重新定位中华传统文化。基于中国共产党对于中华传统文化的肯定与支持态度，社会领域与学术界对于中华传统文化的重新认识与反思性研究也逐渐浮出水面。

首先，20 世纪 80 年代的"寻根文学"是作家们对传统意识、民族文化心理的挖掘，是"返回传统"的典型代表。韩少功在《文学的"根"》中声明："文学有'根'，文学之'根'应深植于民族传统的文化土壤中，根不深，则叶难茂。"③ 郑义指出："民族文化修养的欠缺，却使我们难以征服世界。"④ 阿城则更为直接地指出："若使中国小说能与世界文化对话，非要能浸出丰厚的中国文化。"⑤ 这个时期的寻根文学虽然在对中华传统文化的价值判断上持模棱两可的暧昧态度，但是，作为 80 年代的一种文学思潮，寻根文学强化了民族文化传统与意识，复活了国民对中华传统文化的认同。

---

① 邓小平. 邓小平文选：第 2 卷 [M]. 北京：人民文学出版社，1994：89.
② 邓小平. 邓小平文选：第 2 卷 [M]. 北京：人民文学出版社，1994：98.
③ 韩少功. 文学的"根"，载于完美的假定 [M]. 北京：作家出版社，1996：2.
④ 郑义. 跨越文化断裂带 [N]. 文艺报，1985-07-13.
⑤ 阿城. 话不在多 [N]. 文汇报，1985-04-22.

其次，儒学开始复位与重建。在 20 世纪 80 年代前半期，由于资产阶级自由化思潮的冲击，传统文化还未正式复苏。到 1986 年，学术界关于中国传统文化的研究正式浮出水面。1986 年 1 月 6 日到 1989 年初，光明日报开设"传统文化讨论"专栏，专门刊登知名学者如庞朴、冯友兰、汤一介等关于传统文化的文章。光明日报"传统文化讨论"专栏被视为儒学复兴的重要理论阵地。随着研究的深入，20 世纪 90 年代，儒学发展成为一种回归传统的文化思潮。改革开放初期，学术界产生了很多关于儒学的研究成果。据统计，1985 年，儒学期刊文章的数量为 59 篇，占中国哲学文章数量的 18.55%，到 1992 年，儒学期刊文章的数量上升至 231 篇，已占中国哲学文章数量的 27.70%①。此外，还出现了很多儒学的研究团体和组织机构，如以李泽厚为代表的大陆新儒家、1984 年成立的中国孔子基金会、1986 年创办的《孔子研究》以及各种关于儒学研究的学术研讨会等。儒学在民间的复兴则体现为民间书院的建立与恢复，如中国文化书院、岳麓书院等。

最后，《周易》研究热的兴起。1973 年 12 月，帛书《周易》在湖南长沙马王堆汉墓出土，但当时我国正处于"文化大革命"时期，帛书《周易》从出土到整理发表经历了漫长的过程。直到 1984 年，帛书《周易》经文即《马王堆汉墓帛书〈六十四卦〉》才在《文物》第 3 期发表。改革开放后，思想的解放为中华传统文化的复兴提供了可能，作为中华传统文化精髓的《周易》成为学术界研究的重要对象，并产生了很多论著。著作类成果主要有《周易通义》《周易新论》《周易浅述》《周易集义》等，关于《周易》的研究文章数目则从 1985 年的 25 篇上升到 1992 年的 139 篇②。与此同时，还产生了很多专门从事《周易》研究的组织机构，如 1989 年成立的中国周易研究会、1991 年成立的上海社会科学院周易研究中心等，并且关于《周易》的文化交流也逐渐增多，如 1984 年以来的《周易》学术交流会等。

---

① 才爽. 改革开放后传统文化热研究 [D]. 沈阳：辽宁大学，2011：14.
② 才爽. 改革开放后传统文化热研究 [D]. 沈阳：辽宁大学，2011：17.

三、执政者和平发展的时代观及其以"建"促"防"的国家文化安全思想

20 世纪 70 年代末，随着中国改革开放历程的开启和国际形势的变化，以邓小平为首的中国共产党人敏锐地洞察出世界局势的新变化，逐步形成了"和平与发展是时代主题"的新理论。改革开放前夕，邓小平曾在多个场合明确阐述了"战争可以延缓"的论断，并明确表态"中国不希望发生战争"。改革开放后，邓小平认识到国际社会中维持世界和平的力量在不断增长，提出了"战争打不起来"的论断。1984 年 10 月 31 日，邓小平在会见缅甸总统时说："国际上有两大问题非常突出，一个是和平问题，一个是南北问题。"① 邓小平这里所说到的"南北问题"实际上就是发展问题。1985 年 3 月邓小平在会见日本工商会议防化团时对这两个问题做了进一步说明："现在世界上真正的大的问题，带全球性的战略问题，一个是和平问题，一个是经济问题或者说是发展问题。和平问题是东西问题，发展问题是南北问题。概括起来就是东西南北四个字，南北问题是核心问题。"② 至此，邓小平和平与发展的时代观基本明确，1987 年党的十三大将和平与发展确认为当代世界的主题，1992 年党的十四大正式提出和平与发展是当今的时代主题。

邓小平认为改革开放初期我国国家安全既面临外部威胁也面临内部威胁，外部威胁主要是来自美苏两个超级大国的霸权主义，"霸权主义是世界最危险的战争策源地，是危害世界和平安全和稳定的根源"③。20 世纪 80 年代资产阶级自由化思潮在中国的泛滥就是美国霸权主义指导下"和平演变"战略的反映。关于我国国家安全的内部威胁，邓小平认为是中国自身经济的落后。正是基于这样的认识，加之国际格局"和平与发展"已成为时代主题，党的十一届三中全会便将党的工作重心进行了根本性调整，即将工作重心转移到了社会主义经济建设上来。之后，邓小平一再强调以经济建设为中心，发展才是硬道理。根据历史唯物主义的观点，经济基础决定上层建筑，因此，经济建设构成中国国家文化安全建设的物质基础。同时，邓小平还提出了"物质文明建设与精神文

---

① 邓小平. 邓小平文选：第 3 卷［M］. 北京：人民出版社，1993：96.
② 邓小平. 邓小平文选：第 3 卷［M］. 北京：人民出版社，1993：105.
③ 邓小平. 邓小平文选：第 3 卷［M］. 北京：人民出版社，1993：104.

明建设两手抓"的重要理论，强调精神文明在社会主义现代化建设中的重要作用，认为精神文明建设是社会主义中国实现四个现代化的重要保证。邓小平对物质文明建设与精神文明建设的高度重视，反映了他以"建"促"防"的国家文化安全思想。

第三节　1992—2008 年：金融危机前
中国的国家文化安全形势

　　1991 年 12 月 25 日，苏联国旗从克里姆林宫上空缓缓降下，苏联宣告解体，长达半个世纪的冷战在以美国为首的资本主义阵营的胜利中宣告结束，世界格局发生翻天覆地的变化。在中国，经过改革开放后十几年的快速发展，1992 年党的十四大明确了中国经济体制改革的目标是建立社会主义市场经济体制，这实际上解决了中国改革过程中的一个关键性问题，自此，中国改革开放的进程进一步加快。在 2008 年全球金融危机爆发以前，经济全球化进程几乎完全由以美国为首的西方发达资本主义国家所主导，与此相对应，意识形态领域的话语权也被代表资产阶级利益的各种社会思潮所掌握，马克思主义在世界范围内陷入低潮。

一、国际社会呈现一超多强背景下的美国文化独霸格局

　　冷战结束后，苏联作为世界上唯一可以与美国相抗衡的超级大国已经不复存在，美国凭借其无可匹敌的军事力量和雄踞世界的经济实力成为世界唯一的超级大国，成为全球化进程的唯一主导力量，而美国主导的全球化实际上是美国自由主义经济与民主政治价值观的全球化，也就是说，这个时期的全球化是美国按照自己的意愿所进行的世界秩序重构，是作为世界唯一超级大国和权力中心的美国向全世界输出其意识形态与文化价值观的国家文化秩序。正如小布什政府所言，美国对外战略的目标就是要打造"美国治下的世界和平"。对此，日裔美籍学者弗朗西斯·福山曾断言民主将是"人类意识形态发展的终点"，资本主义社会将是人类社会形态发展的终点，即著名的"历史终结论"。但是，战后经过几十年的发展，西欧、俄罗斯、印度、韩国、中国等国家的经济实力逐

步复苏并获得较大发展，这些国家不同于美国模式的发展道路与发展模式瓦解了美国对全球化过程的一元化、单向度主导，这进一步促进了世界格局的多极化发展趋势。

与此同时，美国越来越重视软实力在其对外战略中的作用，并试图通过文化扩张与文化霸权来实现自己用美国价值观统一全世界进而充当世界领袖的梦想。美国的对外文化扩张是通过政府部门的政治文化扩张和非政府部门的大众文化扩张两个层面的双向驱动来实现的。首先，美国政府通过对外输出民主战略来促进其他国家构建以美国民主模式为标准的政治发展模式，从而实现美国领导下的世界和平。1992年威廉·杰斐逊·克林顿竞选总统时曾对外宣称，当选后将更加重视美国民主与人权在全球范围内的传播，并提出将"实现全球民主化"作为美国外交政策的总纲领。其次，美国还积极通过大众文化产品的对外输出来实施其文化扩张战略。美国正是通过这种携带有美国文化与价值观的大众文化产品的全球性贸易来传播自己的生活方式和价值观念，从而实现美国文化对世界文化的统治。

国际社会也开始对经济全球化过程中以美国为首的发达资本主义国家为追求利益最大化而采取的文化扩张战略进行反思。2001年联合国教科文组织第31届全体大会通过了《世界文化多样性宣言》，该宣言旨在"保护文化的多样性，将其视为一个有生命的可以更新的财富，是一个保证人类生存的过程。它将文化多样性上升到人类'共同遗产'的高度"①。2005年10月20日联合国教科文组织第33届大会通过《保护文化内容和艺术表现形式多样化公约》（简称《文化多样性公约》）。这表明，进入21世纪后，文化多样性已经获得国际社会的正式承认，而《文化多样性公约》在一定意义上具有国际法律文书的性质。但是与美国主导的经济全球化驱动下的大规模文化扩张相比较，世界文化多样化却在曲折中发展。

二、国内市场经济逐步完善，大众文化兴起并发展

1992年党的十四大确立了社会主义市场经济体制的改革目标，这是中国改

---

① 联合国教科文组织文化政策与跨文化对话司司长卡特瑞娜·斯泰谱的致辞［M］//关世杰. 世界文化的东亚视角：中国哈佛—燕京学者2003北京年会暨国际学术研讨会论文集. 北京：北京大学出版社，2004：致辞5.

革开放和社会转型的又一个重要起点。自此，中国的改革开放进入了一个新的发展时期，我国的国民经济发展真正走上了稳定、快速的发展轨道。与此同时，随着冷战的结束，国际社会呈现出全球化的发展趋势。在这样的历史背景下，我国的大众文化悄然兴起并迅速发展。

1978 年，中国政治界和思想理论界开展了关于真理标准的大讨论，这一思想解放运动打破了中国长期以来一元意识形态的僵局，使海外大众文化随之流入。如牛仔裤在中国当时年轻一代人中的流行，卷发成为 20 世纪 80 年代中国女性的时尚发型，等等。这个时期中国的大众文化仅仅处于萌芽状态。1992 年，社会主义市场经济体制的确立为大众文化的快速发展提供了经济基础。首先，市场经济的实行使得中国人民的物质生活水平得到极大提高，支付能力不断上升，文化消费需求成为国民日常消费的重要组成部分，这为大众文化的迅速扩张提供了市场空间。其次，市场经济的快速发展打破了传统计划经济体制下的原有社会结构，阶层化社会结构日益形成，而不同阶层对文化消费的需求也不同，大众文化的多层次性正好适应了这种多层次的文化消费需求。最后，市场经济体制下，我国的大众传媒技术得到突飞猛进的发展。1994 年 4 月 20 日中国全功能接入互联网，中国与世界的联系更为紧密，网络传播给国民的生产、工作、学习、生活、交往、娱乐等带来深刻的变化。进入 21 世纪后，网络信息技术获得快速发展，这为大众文化的生产、流通、消费创造了更为广阔的平台。

从 1992 年到 2008 年全球金融危机爆发前，国内社会市场化、现代化、城市化快速发展，国际社会全球化浪潮快速推进，我国的大众文化发展呈现出快速发展的态势。这一方面丰富了我国国民的日常生活；另一方面，大众文化的泛"娱乐化"特征将国民生活带入了一个消费主义时代，给中国国民尤其是年轻人的思想观念带来诸多负面影响。

三、马克思主义受到各种社会思潮挑战

改革开放后尤其是 1992 年社会主义市场经济体制的改革目标确立后，经济全球化迅速发展，我国社会转型不断推进，在这样的时代背景下，中国民间出现了各种具有不同价值取向的"反马克思主义"的社会思潮，这些社会思潮对马克思主义在我国意识形态领域的指导地位和我国的改革开放进程造成了较为严重的干扰，具体如下。

第一，新自由主义思潮。20世纪90年代以后，资产阶级自由化思潮在中国的传播陷入低潮，但随着中国改革开放进程的加快与国际社会全球化进程的推进，资产阶级自由化思潮又以新自由主义思潮的面目浮出水面。新自由主义思潮是来自西方发达资本主义国家的代表国际垄断资本主义利益的工具。新自由主义以个人主义为其哲学基础，认为个人利益优先于国家利益和社会利益，个人权利神圣不可侵犯。在经济上，新自由主义主张"三化"，即绝对自由化、彻底私有化和全面市场化，反对社会主义公有制；在政治上，新自由主义攻击中国的人民民主专政，倡导三权分立基础上的西方政党制度与选举制度；在国际战略上，新自由主义积极推行全球一体化战略。这实际上是以美国为首的国际垄断资本企图统治全球的制度安排。如20世纪90年代初"华盛顿共识"的炮制及其出炉，就是世界银行、国际金融组织和美国政府为了促进贸易和金融自由化以实现资本在全球范围内的增值而共同提出的，以新自由主义学术为理论依据的政策主张。新自由主义思潮的本质是西方发达资本主义国家企图运用现代西方资本主义国家的经济、政治和文化模式来改变中国。20世纪90年代以来，新自由主义在中国已经形成了系统性与逻辑性很强的学术思潮，并且拥有了一定的社会基础，这对马克思主义在我国意识形态领域的一元指导地位构成了严重的威胁。

第二，民主社会主义思潮。20世纪80年代末90年代初，东欧巨变，苏联解体，世界社会主义运动陷入低潮。我国社会经过十几年改革开放的发展，形势较改革开放前发生了很大变化，民主社会主义思潮在我国不断蔓延，迅速泛滥。2007年前后，随着一批理论家对民主社会主义的鼓吹和一些报刊、杂志、论坛对民主社会主义言论的发表，民主社会主义思潮对中国的影响达到了最高潮。民主社会主义在经济领域的基本立场是建立以私有制为主要成分的兼有公有制和私有制的多元混合经济；在政治领域的基本立场是鼓吹多党制，主张建立多党制的议会共和国；在思想领域的基本立场是主张指导思想多元化，反对把马克思主义作为指导思想；在社会政策领域的基本立场是主张建设福利国家，通过构建完善的社会保障制度来实现社会主义。民主社会主义实际上是一种具有鲜明的反共产主义指向的资产阶级改良主义，是资产阶级意识形态的体现。如果在社会主义社会推行民主社会主义，将导致社会主义制度的解体与资本主义制度的复辟，苏联即是在戈尔巴乔夫推行人道的民主社会主义路线中迅速走向瓦解的。因此，20世纪90年代以来尤其是进入21世纪后，民主社会主义思潮在中国的泛起与升温，给马克思主义在我国意识形态领域的一元指导地位带来很大挑战。

第三，历史虚无主义思潮。历史虚无主义思潮是新自由主义思潮和民主社会主义思潮在历史文化领域的工具和帮手。晚清著名思想家龚自珍说："灭人之国，必先去其史；隳人之枋，败人之纲纪，必先去其史；绝人之材，埋塞人之教，必先去其史；夷人之祖宗，必先去其史。"①历史虚无主义是一种典型的唯心主义历史观，它经常以学术研究的形式来竭力贬损和否定革命，从而表达自己的政治诉求，主要指"对中国人民革命的历史，特别是中国共产党领导的反帝反封建的新民主主义革命、社会主义革命和建设以及改革的历史加以歪曲、否定"②，以否定共产党执政的历史必然性，消解马克思主义在我国意识形态领域的一元指导地位，从而达到推翻社会主义制度的目的。

20 世纪 90 年代以后，随着国际形势与国内环境的变化，历史虚无主义开始在历史研究、文艺影视研究及教育等领域全面泛起。与此同时，21 世纪以来中国快速发展的互联网信息技术为历史虚无主义思潮的传播提供了新的平台。历史虚无主义的网络传播具有标题化、碎片化、隐蔽性、弱辨析性和时机针对性等特点，这种具有裂变式"蝴蝶效应"的网络传播会对中国普通民众产生更大的迷惑性与欺骗性，因此，可以说，网络媒体在一定意义上是历史虚无主义思潮更加泛滥的助推器。代表资产阶级利益的历史虚无主义思潮在中国的泛滥一方面混淆了民众的思想，消解了马克思主义意识形态的社会认同；另一方面动摇了我国长期坚持的"四项基本原则"和中国特色社会主义道路。

第四，新左派思潮。20 世纪 90 年代，随着全球化进程的快速发展和我国市场经济改革的不断推进，我国一系列社会矛盾与问题凸显出来。社会民众层面，贫富差距不断拉大，社会阶层日益分化，而在政府层面则出现了一些权力滥用、贪污腐败的现象，这使得新自由主义的主张受到质疑，正是在这样的社会背景下，新左派思潮粉墨登场。1998 年前后，新左派与新自由主义展开激烈论战，呼吁可以解决公平正义问题的"二次分配"。进入 21 世纪后，新左派继续一路前进，甚至将自己的观点立场鲜明地表达出来。新左派思潮的主要观点有以下

---

① 龚自珍. 龚自珍全集：上册 [M]. 北京：中华书局，1959：22.
② 梅荣政，杨瑞. 历史虚无主义思潮的泛起与危害 [J]. 思想理论教育导刊，2010（1）：67-69.

几个方面：第一，新左派思潮认为改革开放和市场经济是中国各种社会问题出现的根源，中国社会在实质上已经属于资本主义世界体系；第二，新左派思潮肯定"文化大革命"的"积极作用"，提出应从"文化大革命"中吸取群众运动的经验；第三，新左派思潮认为全球化是西方发达资本主义国家的陷阱，对全球化持质疑或否定态度，反对中国加入WTO（世界贸易组织）；第四，面对中国在改革开放进程中凸显出来的种种问题，新左派思潮主张平均主义是解决这些问题的基本选择。新左派思潮的出现和流行是对中国在改革开放中出现的一系列问题的现实关照，其主张在一定程度上反映了底层民众的需求，同时也对我们具有一定的警示意义。但需要引起我们重视的是，相较于马克思主义，新左派作为一种"异质性"力量的存在使得我国意识形态领域的情况更加复杂，这为我国主导意识形态安全带来了一定挑战。

第五，大陆新儒家思潮。20世纪90年代，随着国际形势与国内环境的变化，受港台与海外新儒家的"反哺"，我国大陆也出现了形式多样的公开高举现代新儒学旗号的"大陆新儒家"。他们对儒学的现代意义与价值给予高度评价，主张复兴儒学，将儒学再度制度化，甚至建立"儒教"。这些思想主张实际上是要用儒学来取代马克思主义在中国意识形态领域的主导地位。大陆新儒家对中国的公有制经济、人民民主专政的政治制度以及中国的教育、文化政策都进行了全面的批判和否定。大陆新儒家作为一种反马克思主义的社会思潮在中国社会广泛传播，无疑对马克思主义在我国意识形态领域的一元指导地位构成了威胁。

四、中华传统文化获得理性思考与价值重估

1992年以来，随着我国市场经济体制改革目标的确立和全球化分工与合作的深化，中国共产党对中华传统文化的支持立场更加鲜明，传统文化热延续20世纪80年代的步伐再次在学术界与民间社会徐徐升温。1992年邓小平"南方谈话"和党的十四大指出社会主义市场经济体制的确立，使得中国社会由原来的单极社会迈向多元社会，而中国经济的快速增长和全球化进程的不断推进直接导致了中国民众思想观念的多元化与无序性。正是在这样的环境下，中华传统文化得到了国家与社会的理性思考与价值重估。

1992年10月，江泽民在党的十四大报告中明确指出："我们要继承和发扬中华民族优良的思想文化传统……"①，这说明中国共产党对中华传统文化的认识实现了由"破"到"立"的转变。1996年10月，党的十四届六中全会通过了《中共中央关于加强社会主义精神文明建设若干重要问题的决议》，在谈到如何加强社会主义精神文明建设时，着重强调要"弘扬祖国传统文化精华"，"继承和发扬民族的优秀文化传统和党的优良传统"，并将"中华民族优秀传统"作为"新时期爱国主义教育的主要内容"之一。这表明中国共产党对中华传统文化的价值做出了重新评估，"重在建设"的态度也更为具体。1997年9月，江泽民在党的十五大报告中明确提出，中国特色社会主义文化"渊源于中华民族五千年文明史，又植根于有中国特色社会主义的实践，具有鲜明的时代特点"②，要"建设立足中国现实、继承历史文化优秀传统、吸取外国文化有益成果的社会主义精神文明"③。2002年11月，江泽民在党的十六大报告中再次强调："必须立足中国现实，继承民族文化优秀传统，吸取外国文化有益成果，建设社会主义精神文明……"④ 2007年10月，胡锦涛在党的十七大报告中说："要全面认识祖国传统文化，取其精华，弃其糟粕，使之与当代社会相适应、与现代文明相协调，保持民族性，体现时代性。"⑤ 国家领导人的这些论述旗帜鲜明地肯定了中华传统文化在构建中国特色社会主义文化中的重要地位与作用，同时，也表明了中国共产党对中华传统文化的价值认识越来越全面深刻。

在党对中华传统文化全面支持的态度影响下，传统文化热悄然兴起。有学者指出，20世纪90年代以来的传统文化热是"学者积极倡导、媒体推波助澜、高校设院办班、民间跟风呼应、官方倾向支持五个方面综合的结果"⑥。1992

---

① 江泽民. 加快改革开放和现代化建设步伐，夺取有中国特色社会主义事业的伟大胜利：在中国共产党第十四次全国代表大会上的报告（1992年10月12日）[J]. 求实，1992（11）：1-16.

② 江泽民. 高举邓小平理论伟大旗帜，把建设有中国特色社会主义事业全面推向二十一世纪：在中国共产党第十五次全国代表大会上的报告 [J]. 求是，1997（18）：2-23.

③ 江泽民. 高举邓小平理论伟大旗帜，把建设有中国特色社会主义事业全面推向二十一世纪：在中国共产党第十五次全国代表大会上的报告 [J]. 求是，1997（18）：2-23.

④ 江泽民. 全面建成小康社会，开创中国特色社会主义事业新局面：在中国共产党第十六次全国代表大会上的报告 [N]. 人民日报，2002-11-18（1）.

⑤ 胡锦涛. 高举中国特色社会主义伟大旗帜，为夺取全面建设小康社会新胜利而奋斗：在中国共产党第十七次全国代表大会上的报告 [N]. 人民日报，2007-10-25（01）.

⑥ 王彦坤. 国学热的持续升温与值得思考的几个问题 [J]. 暨南学报（哲学社会科学版），2009（1）：138-145.

年，中国传统文化研究中心在北京大学宣告成立，《人民日报》《光明日报》、中央电视台等官方媒体都对其进行了报道。2000年，北京大学的中国传统文化研究中心更名为国学研究院，并于2002年开始招收国学研究的博士研究生。2001年7月9日，中央电视台科教频道《百家讲坛》开播，由国内著名学者以通俗易懂的语言教授中国历史与中国文化，从而达到传播中国优秀传统文化的目的。与此同时，各种少儿读经班、国学总裁班等相继出现。在学术界，关于中华传统文化的研究也呈现出明显的上升趋势。笔者在中国知网以"传统文化"为关键词进行搜索，结果显示1992年共有251篇关于"传统文化"的学术文章，到2007年则上升到2887篇；以"儒学"为关键词进行搜索，结果显示1992年共有103篇研究"儒学"的学术文章，到2007年则上升至580篇；以"道家"为关键词进行搜索，结果显示1992年共有37篇关于"道家思想"的学术文章，到2007年上升至310篇；以"墨家"为关键词进行搜索，结果显示1992年共有7篇关于"墨家思想"的学术文章，到2007年上升至48篇；以"法家"为关键词进行搜索，结果显示1992年共有2篇关于"法家思想"的学术文章，到2007年上升至55篇。由此可见，学术界对于中国传统文化研究的深度与广度均呈现不断增强的趋势。

五、执政者的新安全观及其对国家文化安全的重视

自20世纪90年代以来，国际形势呈现出多样化、复杂化的态势，和平与发展依然是世界的时代主题，经济全球化以现代科学技术的迅猛发展为契机获得更快速的发展，世界上越来越多的国家被纳入世界市场体系中，正如江泽民所说："造成一种包括发达国家和发展中国家在内的各国经济你中有我、我中有你的相互交织的复杂局面。"[①] 国家间的竞争演变为以经济实力与科技发展为核心的综合国力的竞争。与此同时，以美国为首的发达资本主义国家的霸权主义和强权政治依然是威胁世界和平的主要因素。在这样的背景下，以江泽民为核心的党的第三代中央领导集体提出了以互信、互利、平等、协作为核心的"新安全观"。

新安全观认为"一个国家对于世界是否构成威胁，不在于它的国力是否强

---

① 江泽民. 江泽民文选：第2卷［M］. 北京：人民出版社，2006：198.

大，而在于它奉行什么样的内外政策"①。由此可见，新安全观认为威胁国家安全的根源是一个国家是否有在国际社会扩张、侵略、称霸并企图干涉别国内政的动机。新安全观是共同安全、综合安全、合作安全、多边安全等的综合体，"互信、互利、平等、协作"构成新安全观的核心要素。"互信"侧重于安全环境的构建，指处于国际社会的各个民族国家应该摈弃意识形态和社会制度的差异，相互信任、相互尊重、坦诚相待，言而有信，为实现共同安全提供良好的政治环境。"互利"是指处在经济全球化时代的各个民族国家应该相互尊重对方的利益，并且在相互尊重的基础上寻求共同利益，从而实现共同安全。"平等"主要是针对国际社会的安全主体即各个民族国家而言，强调安全应该是各个民族国家的普遍安全，即世界范围内的每个民族国家不论大小、强弱、贫富，都是国际社会的成员，彼此间应该相互尊重并且享有平等的安全权利。"协作"是新安全观积极提倡的解决国际争端、维护国家安全的重要手段。

新安全观特别强调经济发展对于国家安全的重要作用，认为各国经济持续发展，经济交流合作不断扩大，从而加深了各国利益的相互依存，这为地区安全提供了坚实的经济基础。江泽民曾经把经济安全提高到关系国家安全的核心战略地位，他曾多次强调经济发展与安全的重要性："世纪之交，世界经济的全球化和区域化正在成为决定世界经济状况的重要因素。同时，各国经济相互依赖已发展到了必须将保护主权国家的经济安全列为最迫切的问题的阶段"②；"经济是基础，解决中国所有的问题，归根结底要靠经济的发展"③。这些讲话一方面明确了经济发展在中国的核心作用；另一方面确立了经济安全在中国国家安全体系中的核心地位。

另外，由于这个时期国际国内环境的巨大变化，以江泽民为核心的党的第三代中央领导集体也非常重视文化的作用。江泽民曾强调："当今世界激烈的综合国力竞争，不仅包括经济实力、科技实力、国防实力等方面的竞争，也包括文化方面的竞争"④，而"总体上处于弱势地位的广大发展中国家，不仅在经济

---

① 江泽民. 为建立公正合理的国际新秩序而共同努力：在俄罗斯联邦国家杜马的演讲（1997 年）［N］. 人民日报，1997–04–23（1）.

② 世纪之交的中俄关系（中俄高级会晤结果联合声明）（1998 年）［N］. 人民日报，1998–11–23.

③ 江泽民. 解决中国的所有问题要靠经济的发展［EB/OL］. 人民网，1996–03–03.

④ 江泽民. 江泽民文选：第 3 卷［M］. 北京：人民出版社，2006：399–400.

发展上面临严峻挑战，在文化发展上也面临严峻挑战"①。由此我们可以看出，以江泽民为核心的党的第三代中央领导集体一方面已经将文化视为一国综合国力的重要组成部分，另一方面已经非常警惕和重视中国的国家文化安全问题。在提到中国的文化产业发展时，江泽民强调作为为国民提供精神产品的文化产业"必须把社会效益摆在首位，在这个前提下讲求经济效益，实现社会效益和经济效益的正确结合"②。另外，江泽民还积极倡导平等和谐的国际文化新秩序的构建，但是，这个时期我国的主要任务依然是发展经济。因此，这个时期执政者对中国特色社会主义文化的重视更多侧重于其对国家经济建设的服务功能。

第四节　2008 年至今：后金融危机时代
中国的国家文化安全形势

2008 年，由美国次贷危机引发的金融风暴席卷全球，但次贷危机只是导致美国金融危机的直接原因，而自由主义、个人主义、功利至上、享乐主义的消费文化价值观则是全球金融风暴的根源，因此金融危机从根本上说是美国等西方国家的价值观危机。全球金融危机的发生使得西方国家越来越多的人开始重视马克思主义的重要价值。2009 年 4 月 15 日，哈罗德·迈耶森在《华盛顿邮报》上发表文章《社会主义开始受美国年轻人青睐》，指出"美国拉斯穆森民意调查机构上周公布的民调结果显示，30 岁以下的美国人中，37% 更喜欢资本主义，33% 更喜欢社会主义，30% 未做选择"③。西方左翼学者和各国的共产党也通过报刊网站、专著、访谈和研讨会等形式运用马克思主义基本理论对这次全球性金融危机做出分析。这标志着马克思主义意识形态在世界范围内获得关注，而以马克思主义为主导意识形态的中国道路也获得了国际社会越来越多的关注。

---

① 江泽民. 江泽民文选：第 3 卷［M］. 北京：人民出版社，2006：399-400.
② 江泽民. 论"三个代表"［M］. 北京：中央文献出版社，2000：93
③ 转引自：陈曙光. 国际金融危机后的"马克思现象"透视［J］. 中国浦东干部学院学报，2011（6）：60-67.

一、世界文化格局迎来"百年未有之大变局"

2008 年全球金融危机以后，美国的经济实力和国际权力都从顶峰开始跌落，美国主导国际事务的能力有所削弱，新兴市场国家不断崛起，世界多极化趋势不可逆转。2017 年之后在西方国家大选中频出的"黑天鹅"事件，美国总统特朗普的"美国优先"外交政策、退出巴黎气候协定等一系列政策，特别是 2020 年抗击新冠肺炎疫情过程中西方国家领导人及其政府的种种表现，使得西方文化尤其是西方价值观的影响力与吸引力呈现下降态势。但是，国家间的战略均势还远未形成。美国模式虽然在全球金融危机期间及金融危机后暴露出了诸多弊端，并受到西方社会的质疑，但是由于美国模式长期以来累积的巨大影响与其很强的自我调节能力，美国模式的活力依然可以继续。进入知识经济时代，美国文化扩张战略主要通过文化产品内容创意和世界领先的信息产业技术来实施。经济与合作发展组织（OECD）发布的《互联网经济展望（2012）》显示："全球前 250 家信息通信产业公司中美国占 82 家，排名第二的日本只有 49 家；在前 50 家互联网公司当中美国占 30 家，日本和中国分别只占 6 家和 4 家，美国遥遥领先。"[①]　"在国际文化市场上，美国文化产业贡献值占 31.65%，日本占 12.43%，德国占 6.24%，中国占 6.11%，其他国家占 43.58%。"[②] 世界知识产权组织的数据显示，2013 年，全球文化产业增加值占 GDP 的比重平均为 5.26%，其中，美国最高，达 11.3%[③]。这些携带有美国文化和价值观的文化产品在世界范围的广泛推广一方面使美国企业获得了巨额商业利润，另一方面使美国文化与价值观得以在全球范围内获得推广。正如古巴总统卡斯特罗所言："这些东西对每个人的灵魂、人们的思想的渗透是难以想象的。"[④]

与此同时，2008 年金融危机后，随着新兴市场国家在经济领域的群体性崛

---

① 转引自：曹永福. 美国信息技术二次革命影响经济走向 [N]. 上海证券报，2014-06-18（A04）.

② 向勇. 国际文化格局中的中国推广策略 [N]. 中国文化报，2012-05-19（1）.

③ "世界主要经济体文化产业发展现状研究"课题组. 世界主要经济体文化产业发展状况及特点 [EB/OL]. 中华人民共和国国家统计局网，2014-12-08.

④ 王晓德. 关于冷战后美国对外文化战略的思考 [J]. 社会科学战线，2000（1）：148-158.

起，这些国家的文化也在全球化加速发展的时代背景下逐步成长起来，他们都试图运用文化的力量来塑造国家形象、改变国际地位。中国作为世界第二大经济体，文化软实力已获得显著提升，在世界文化格局中所占的权重也在不断增强，正如美国学者迈克尔·巴尔所指出的那样："中国崛起不仅是一个经济事件，还是一个文化事件。"① 另外，一些拉美国家和非洲国家等民族国家的文化意识已经觉醒，这些国家都积极采取了一些政策措施来对抗美国文化的入侵。虽然这些国家的文化发展现状在短期内还无法取代美国的文化优势，但这些国家文化战略的积极运用与文化产业的快速发展将给当前依然由美国占优势的国际文化格局带来地缘性转变。

二、马克思主义在意识形态领域的一元指导地位受到挑战

2008 年全球金融风暴给以美国为首的西方发达资本主义国家带来了巨大冲击，于是，软实力便成为美国等西方国家对外战略的重要武器，携带有美国意识形态的各种社会思潮和文化产品纷纷涌进中国。与此同时，随着中国改革开放进程的加快和社会主义市场经济的发展，社会结构逐步阶层化，各种利益集团逐步形成，利益诉求不同的各个阶层与利益集团的思想观念逐步呈现出多元多样态势。国内外各种因素的影响使得马克思主义意识形态之于中国社会现实的解释力呈现下降趋势，马克思主义意识形态的社会认同呈现不理想状态，马克思主义在意识形态领域的一元指导地位受到一定程度的挑战。

"一般而言，意识形态安全与否主要取决于两个方面：一是意识形态本身是否先进，二是意识形态建设是否科学。"② 马克思主义意识形态无疑是一种先进的意识形态，马克思主义是马克思、恩格斯在继承前人优秀理论成果的基础上，在客观分析资本主义生产方式与社会矛盾的前提下提出的关于全世界无产阶级和全人类彻底解放的学说，马克思主义是先进生产力发展方向和先进文化的代表，它将实现人的全面自由发展作为根本宗旨。正是马克思主义理论本身的科

---

① ［美］迈克尔·巴尔，中国软实力：谁在害怕中国［M］. 石竹芳，译. 北京：中信出版社，2013：前言.
② 张传泉. 全球化背景下中国共产党意识形态安全［J］. 理论月刊，2015（5）：22-26，40.

学性与先进性使得 2008 年金融危机期间及以后的西方国家开始重新关注马克思主义。与此同时，马克思主义理论的科学性与先进性使得马克思主义意识形态安全成为可能，要将这种"可能"变为"现实"，则取决于马克思主义意识形态建设的科学性，而马克思主义意识形态建设的科学性实质上指向基于社会客观现实变化的意识形态创新。在全球化与社会转型过程中，马克思主义在我国社会意识形态领域的一元指导地位之所以会受到挑战，归根结底是因为我国的意识形态创新没有紧跟我国社会转型实践的变化。

三、中华民族文化认同与现代化转换面临难题

2008 年的全球金融危机归根结底是以美国为首的西方文化与价值观的危机。金融危机后，东方文化在一定范围内受到了西方社会的关注，但是这次金融风暴在短期内并不能改变美国对于国际经济秩序的主导地位；与此同时，美国更加注重运用软实力战略来达到其领导世界的目的，在这样的背景下，文化扩张依然是美国对外文化战略的主要内容。

首先，美国在网络信息技术发展上的绝对优势地位为美国文化扩张提供了新的平台。金融危机后，美国借助其在网络信息技术方面的世界领先优势积极开展文化扩张与渗透，加之美国对其强大的传统媒体力量的合理运用，使得大量携带有美国文化与价值观的文化产品与内容涌入中国市场，这种异质文化的入侵对于中华民族文化的社会认同构成巨大挑战。

其次，2008 年金融危机后，伴随着新型市场国家的异军突起，世界多元文化趋势得到进一步发展，中华民族文化作为其中的重要一元存在于全球文化场中，这一方面消解了传统民族文化的孤立性演化，为我国民族文化发展注入了新的活力，另一方面也增加了我国传统民族文化现代化转换的难度。

最后，全球金融危机后，跨国公司纷纷追加在中国的投资，更多的区域性总部迁入中国，并且有很多跨国公司的研发中心也向中国集聚。这种具有母文化性质的跨国公司在中国的快速发展削弱了员工对于中华民族利益共同体的依赖感。跨国公司对员工之于公司忠诚的强调使得员工的个人生活与民族国家出现分离状态，而这将大大削弱员工的民族意识，降低其对中华民族文化的认同度。

四、公共文化发展偏离"真、善、美"的价值导向

公共文化的主体是作为国家公民的每一个个体,公共文化安全指向大众文化的生产与消费进入公共领域,因此,在全球化快速发展的今天,公共文化安全主要通过大众文化产品的生产与消费来实现。

首先是大众文化产品生产方面。后金融危机时代,一方面,美国的大众文化产品依然是世界文化市场的主流;另一方面,随着中国社会主义市场经济的快速发展,利益最大化成为我国文化产业发展的主要衡量标准,大众文化产品生产出现"庸俗、低俗、媚俗"的"三俗"趋势。市场导向下的文化产品生产模式使得生产文化产品越来越像生产麦当劳汉堡一样,对每一步都进行持续的合理性设计,让每一步都实现高效率,具有可计算性、可预测性和实现全程的有效控制。这种基于商业利润最大化的生产模式生产出来的文化产品成了迎合受众心理与口味的日常消费品,文化产业应坚持的社会效益原则被其对经济利益的狂热追求所掩盖。

其次是大众文化产品消费方面。"真、善、美"是公共文化安全的价值底线,但是,在全球化与我国社会转型加快发展的今天,在追求商业利润最大化的文化产业发展的导向下,消费文化与物质主义已成为社会的主导价值观,具体表现为"相当普遍的对物质欲望、身体快感的单向度追求,以及对个人内心隐秘经验的单向度迷恋"①。这种偏离"真、善、美"价值导向的大众文化消费倾向一旦进入公共领域,便会产生公共文化安全问题,进而对国家文化安全构成威胁。

五、执政者形成关于国家文化安全的战略认知

党的十六大以后,中央的各项文件中便反复出现"文化安全",并将文化安全视为国家安全的保障,而文化安全有着国际国内双重指向,其在内容上已突破新安全观所指向的对外安全与国际安全。胡锦涛非常强调文化对于一个国家的重要性,并对国家文化安全问题非常警惕。2011 年 10 月,党的十七届六中全

---

① 陶东风. 畸变的世俗化与当代大众文化 [J]. 文学评论,2015(4):146-154.

会通过的《中共中央关于深化文化体制改革、推动社会主义文化大发展大繁荣若干重大问题的决定》强调："当今世界正处在大发展大变革大调整时期，世界多极化、经济全球化深入发展，科学技术日新月异，各种思想文化交流交融交锋更加频繁，文化在综合国力竞争中的地位和作用更加凸显，维护国家文化安全任务更加艰巨，增强国家文化软实力、中华文化国际影响力要求更加紧迫。"①

　　2012年党的十八大提出要增强文化实力和竞争力，扎实推进社会主义文化强国建设，从而维护我国国家文化安全。应该说到党的十八大召开时，包含国家文化安全在内的事实性的总体国家安全观雏形已经基本形成。2014年4月15日，习近平总书记在中央国家安全委员会第一次会议上正式提出"总体国家安全观"的概念。与"新安全观"相比，总体国家安全观完整、全面、系统地涵盖了当前中国所面临的传统安全问题和非传统安全问题，并且对各种安全问题做出了辩证的理解与阐释。总体国家安全观将文化安全作为国家安全体系的一个重要组成部分提出来，强调文化安全之于国家安全的重要性。习近平总书记非常重视文化安全，并形成了自己的文化观。首先，习近平总书记非常强调中华民族优秀传统文化的重要性，认为中华民族优秀传统文化是中国特色社会主义文化建设的根基和命脉，并将弘扬中华民族优秀传统文化提升到战略任务的高度。其次，习近平总书记非常强调社会主义核心价值观之于国家文化软实力的重要性，强调社会主义核心价值观对我国特色社会主义文化发展的引领作用。最后，习近平总书记非常强调主导意识形态安全的重要性。2013年8月19日，习近平总书记在全国宣传思想工作会议上发表讲话时强调："意识形态工作是党的一项极端重要的工作"②，"我们必须把意识形态工作的领导权、管理权、话语权牢牢掌握在手中，任何时候都不能旁落，否则就要犯无可挽回的历史性错误"③。

---

①　中共中央关于深化文化体制改革、推动社会主义文化大发展大繁荣若干重大问题的决定［N］.人民日报，2011-10-26（1）.

②　人民日报评论员：把宣传工作做得更好：一论学习贯彻习近平总书记8·19重要讲话精神［N］.人民日报，2013-08-21（1）.

③　王伟光.牢牢掌握意识形态工作领导权管理权话语权［N］.人民日报，2013-10-08（7）.

　　综上所述，全球金融危机之后，随着国际形势的风云变幻和国内社会转型的快速发展，文化对于一个独立的民族国家的意义越来越重要，国家文化安全对于整个国家安全体系的重要性也越来越突出，以习近平同志为核心的党中央对国家文化安全战略地位与重要作用的认识也越来越清晰，并将国家文化安全作为国家安全的重要组成部分提出来，这无疑对于维护我国国家文化安全具有重要的意义。但是，截至目前，我们对于国家文化安全的认知还仅仅处于理念层面，而国家文化安全战略的构建与实施依然处于缺位状态。

第五章

当前中国国家文化安全面临的主要问题

国家文化安全系统由主导意识形态安全、民族文化安全、公共文化安全三个子系统构成，因此，本书在分析我国国家文化安全所面临的主要问题时也从这三个子系统存在的主要问题展开。

第一节　中国主导意识形态安全面临的主要问题

2009 年 12 月，由《人民论坛》策划的"中国未来十年十大挑战"的大型社会调查结果显示，"主流价值观①边缘化危机"已成为中国未来十年所要面临的严峻挑战之一。在中国社会现代化进程不断推进的过程中，由于受到国内外各种威胁因素的影响，我国的主导意识形态——以马克思主义为指导的社会主义意识形态的安全状态呈现出一种不容乐观的趋势。

一、主导意识形态认同呈现一定程度的弱化趋势

认同是"主体对他者的自觉自愿的认可、接受、赞同、同意乃至尊崇"②，是作为主体的人的一种心理过程。主导意识形态认同是指一个国家的民众对国家所倡导的、在社会中占统治地位的意识形态的认可、接受、支持和拥护。一国国民对该国主导意识形态的认同程度会对执政党的政权合法性与社会稳定性

---

① 这里的"主流价值观"是指由党和国家倡导马克思主义及其相关的思想、价值体系和精神指向等，亦即本书所说的主导意识形态。

② 聂立清. 我国当代主流意识形态认同研究 [D]. 广州：中山大学，2009：19.

产生直接影响。我国主导意识形态认同就是指我国公民对以马克思主义为指导的社会主义意识形态的认可、接受、支持与拥护。

改革开放以来，经过40多年的发展，我国的经济建设已经取得了举世瞩目的成就，2010年我国经济总量超过日本跃居世界第二，人民生活水平得到了很大提高，但是以马克思主义为指导的社会主义意识形态由于受到来自国内国外各种风险因素的威胁，其社会认同在一定程度上呈现出淡化或弱化趋势。

首先，人民群众总体上坚持对主导意识形态的政治信仰，但也存在一些不容忽视的问题。根据笔者于2019年6月至7月对来自6所高校的1521位大学生进行的问卷调查数据显示，大学生对社会主义核心价值观的整体认知情况不尽如人意。在被访者中，对社会主义核心价值观非常了解的大学生只占37%，50.1的学生表示比较了解，11.5%的学生表示比较不了解，还有1.4%的学生表示完全不了解。在对社会主义核心价值观具体内容的知晓上，只有54.08%的学生表示能完整说出社会主义核心价值观的内容，36.64%的学生表示可以说出一部分，8.49%的学生表示听过但一个也说不出，0.86%的学生表示完全没听过。并且，相较于非党员群体，党员群体对社会主义核心价值观的认知程度并无明显优势。在党员与非党员群体中，表示非常了解社会主义核心价值观的学生分别占36.69%和37.06%，比较了解的分别占53.25%和49.7%，比较不了解的分别占9.47%和11.76%，完全不了解的分别占0.59%和1.48%；在回答"您能完整说出社会主义核心价值观的内容吗？"这一问题时，选择"能"的分别占51.84%和54.36%，选择"可以说一部分"的分别占37.87%和36.46%，选择"听过但一个也说不出"的分别占10.65%和8.22%，选择"完全没听过"的分别占0%和0.96%。由中国社会科学院马克思主义研究院侯惠勤教授负责的我国文化安全蓝皮书的调研数据显示①，在对待马克思主义的态度上，有69.07%的被访者认为马克思主义没有过时，要始终坚持马克思主义的指导地位，仅有11.77%被访者不认同此观点。杨建科的论文《青年群体意识形态安全的现状与问题——基于2015年度陕西省青年的思想动态调查》数据显示②，77.7的青年认为坚持社会主义"道路自信、制度自信、理论自信、文化自信"符合我们

① 黄明理. 当前我国意识形态文化安全现状探究 [J]. 党政研究，2015（4）：102-109.
② 杨建科，赵丰艺，李昱静. 青年群体意识形态安全的现状与问题：基于2015年度陕西省青年的思想动态调查 [J]. 理论导刊，2018（2）：19-26.

的发展需求，71.9%的青年认为马克思主义是我们应坚持的政治信仰。可见，在我国，绝大多数人都信仰马克思主义，马克思主义依然具有很好的民众基础，但值得我们引起重视的是，有极少部分人对马克思主义态度较为模糊或持否定态度。也就是说，在全球化与我国社会转型过程中，作为我国主导意识形态的以马克思主义为指导的社会主义意识形态认同在一定程度上呈现出弱化趋势。

其次，主导意识形态认同中可能存在部分虚假认同。虚假认同是行为主体为了达到个人的暂时性功利目的而做出的一种对主导意识形态的表面认同，是一种表面与内心相分离的心理上的自我防御，即拟剧理论中所讲的拟剧性忠诚。如吉林大学博士研究生姜地忠于2007年对长春市居民所进行的"当前我国主流意识形态认同现状"的调查结果显示①，被调查对象中对马克思列宁主义的了解率只有12.4%，而认同率为44.4%，对毛泽东思想的了解率为21.6%，而认同率为75.6%，对邓小平理论的了解率为49.2%，而认同率为85.6%，对社会主义核心价值体系的了解率为27.6%，而认同率为71.2%。笔者于2019年6月至7月进行的关于大学生社会主义核心价值观认知认同状况的问卷调查数据显示，被调研对象在被问到对"社会主义核心价值观"是否认同时，53.1%的大学生表示非常认同，35.24%的大学生表示认同，合计88.34%，但只有54.08%的大学生表示能完整说出社会主义核心价值观的内容。尤其是某专科院校，被调研对象中只有28.4%的学生表示能完整说出社会主义核心价值观的内容，但对社会主义核心价值观的认同度却高达87.45%。按照正常逻辑推理，知晓应该是认同的前提，人们对某种思想理论的认同程度应该与其对该思想理论的知晓程度呈正相关。但是从以上数据我们可以看出，被调查对象对我国主导意识形态的认同率远远高于知晓率，因此，在人们对主导意识形态的高认同率中可能存在部分虚假认同。

最后，主导意识形态建设中认同与践行存在一些相互脱节现象。《多元文化时代的价值引领》一书中的调查显示②，在对"提倡社会主义核心价值体系的必要性"的调查中，37.9%的人认为非常有必要，57%的人认为有一定必要性，合计94.9%；而在回答"在你的学习和生活中，是否能够自觉践行社会主义核

---

① 姜地忠. 当前我国主流意识形态认同问题研究——以维护社会秩序稳定为出发点 [D]. 长春：吉林大学，2009.

② 李建华. 多元文化时代的价值引领：社会主义核心价值体系建设与社会思潮有效引领研究 [M]. 北京：人民出版社，2012：411，429.

心价值体系的基本精神"时，选择"完全能够"的居然为0%，仅有27.9%的人选择"基本能够"，50%的人选择"不能够"，还有22.1%的人选择"不知道"。《青年群体意识形态安全的现状与问题——基于2015年度陕西省青年的思想动态调查》一文中的数据显示①，92.4%的青年认同社会主义核心价值观对国家发展意义重大，但只有70.6%的青年认为社会主义核心价值观对自己的思想和行动发挥了作用。《"90后"大学生主流意识形态认同现状研究——基于河南省10所高校的调查》一文的数据显示②，被访者中85%的大学生表示接受马克思主义指导思想，但仅有63.3%的大学生认同"马克思主义与实际学习、生活、工作有密切联系"。笔者于2019年6月至7月进行的关于大学生社会主义核心价值观认知认同状况的问卷调查数据显示，88.34%的大学生表示认同社会主义核心价值观，但只有68.44%的大学生认为社会主义核心价值观可以用来指导人们的思想与言行。以上数据说明，民众对社会主义核心价值观具有很高的认同度，但还没有完全把社会主义核心价值观融入自己的思想与行为，即作为主导意识形态的社会主义核心价值观对人们社会实践活动的价值指导作用还未形成。

二、群体意识形态对主导意识形态的偏离迹象

群体意识形态是指"各种阶级或阶层或者利益共同体在对社会经济状况、政治制度和文化生活等进行自觉反映时所运用的思想观念、价值体系、心理认知、精神指向和理论学说等的总称"③，它是一种不同于国家主导意识形态的民间意识形态。改革开放以来，在我国经济制度与经济体制变革以及产业结构的调整过程中，原来"两个阶级、一个阶层"的社会结构随着工人阶级与农民阶级的内部分化逐步走向解体。与此同时，社会结构的阶层化趋势却越来越明显。时至今日，经过40多年的改革发展，我国现代社会的阶层结构业已初步形成。历史唯物主义认为："不是人们的意识决定人们的存在，相反，是人们的社会存

---

① 杨建科、赵丰艺、李昱静. 青年群体意识形态安全的现状与问题：基于2015年度陕西省青年的思想动态调查 [J]. 理论导刊，2018（2）：19-26.

② 马福运，杨晓倩."90后"大学生主流意识形态认同现状研究：基于河南省10所高校的调查 [J]. 思想教育研究，2017（11）：115-118.

③ 牟成文. 群体意识形态的概念、特点和功能 [J]. 江西师范大学学报（哲学社会科学版），2009（6）：28-34.

在决定人们的意识。"① 所以，当前中国社会结构的阶层化态势必然会促使人们的思想价值观念发生相应变化。由于处于同一阶层的人的利益诉求具有一致性，同一阶层的人在思想观念上便会趋于接近，进而形成符合本阶层诉求的群体意识形态。相较于主导意识形态的一元化，群体意识形态具有多样性，而群体意识形态的这种多样性特征不可避免地会在一定程度上冲击马克思主义主导意识形态的一元指导地位，形成"社会离心力"，从而使得各个社会阶层对主导意识形态的认同产生不同程度的偏离。学术界关于当前中国的社会阶层结构持有不同的观点，本书在借鉴这些不同观点的基础上，立足于主导意识形态安全的研究目的，以所有制形式、利益诉求、职业、社会地位等多重要素组成的综合标准为依据，将当前中国的社会结构划分为国家管理者阶层、知识分子阶层、新兴社会阶层、农民阶层和弱势群体阶层五个阶层，下面笔者将对各个阶层对国家主导意识形态认同的偏离迹象做出具体分析。

第1，国家管理者阶层对主导意识形态认同的偏离迹象。国家管理者阶层包括党政机关公务员、参照《公务员法》管理的事业单位和社会团体的工作人员以及国有企业工作人员。这个阶层属于社会主义国家的体制内阶层，在整个社会阶层结构中处于明显的优势地位。按照正常逻辑，属于体制内的国家管理者阶层理应对国家主导意识形态保持高认同度，那么现实是否如此？笔者将通过几组数据分析得出结论。首先，对马克思主义指导思想的认同和态度上。樊浩主持的"当前我国思想道德文化多元多样多变的特点和规律研究"课题组的调研结果显示②：在回答"在中国当前思想界，您认为对人们思想影响最大的是哪种"时，有 56.7% 的人选择"传统的儒家思想"，49.5% 的人选择"马列主义"，48.5% 的人选择"功利主义思想"，20.6% 的人选择"佛教、基督教等思想"。《基层青年公务员主流意识形态认同及引导机制建设——基于重庆市调查样本的分析》一文的调研数据显示③，被访者在回答"您认为哪些思想对当前人们的思想影响力较大"时，选择"马克思主义思想"的占比为 65%。《青年群体意识形态安全的现状与问题——基于 2015 年度陕西省青年的思想动态调

---

① 马克思，恩格斯. 马克思恩格斯选集：第 2 卷［M］. 北京：人民出版社，2012：2.
② 樊浩. 中国大众意识形态报告［M］. 北京：中国社会科学出版社，2012：497.
③ 刘冬梅. 基层青年公务员主流意识形态认同及引导机制建设：基于重庆市调查样本的分析［J］. 重庆理工大学学报（社会科学），2019（4）：136–144.

查》的数据显示①，在对"马克思主义是我们的政治信仰"的认同态度作答时，国企青年中 28.8%的人表示非常同意，46.1%的人表示同意，合计 74.9%，党政机关和事业单位青年中 43.1%的人表示非常同意，40%的人表示同意，合计 83.1%。由这些数据可以看出，面对纷繁复杂的国内外环境，以公务员为首的国家管理者阶层对马克思主义指导思想的认同度总体较高，但也存在一定程度的偏离与动摇。其次，对社会主义制度的态度上。樊浩主持的"当前我国思想道德文化多元多样多变的特点和规律研究"课题组的调研结果显示②，被调查对象在回答"您对社会主义制度的看法"时，有 58%的人选择"社会主义比资本主义好"，而选择"只要能过上好日子，哪种制度都可以"的有 24%，选择"从现实的制度实践来看，资本主义制度比社会主义制度优越"的有 15%，还有 3%的人认为"两者差不多"。《基层青年公务员主流意识形态认同及引导机制建设——基于重庆市调查样本的分析》一文的调研数据显示③，被访者在回答"对社会主义制度优越性的自我感受"时，回答"感受较多"的占 29.8%，回答"有点感受"的占 49.2%，回答"感受不到"的占 7.6%，回答"不存在优越性"的占 2.8%，回答"难以说清楚"的占 9.3%。同时，被访者中有 9.5%的人认为"只要中国经济能发展，管它是哪种主义"。这说明公务员等国家管理者阶层中有少部分人对我国社会主义制度的情感认同出现了复杂分化的迹象。综上所述，存在于中国特色社会主义国家体制内的国家管理者阶层中有少部分人对国家主导意识形态认同出现了一些偏差，这给我国以马克思主义为指导的社会主义意识形态安全带来了一定的威胁。

第二，知识分子阶层对于国家主导意识形态认同的偏离迹象。知识分子是指"从事精神文化研究、生产和传播的社会成员"④，本书所探讨的作为当前中国社会阶层之一的知识分子阶层主要包括高校及科研机构中从事教育工作与科学研究的教师及科研人员和在高校及科研机构学习的大学生。20 世纪 90 年代以

---

① 杨建科，赵丰艺，李昱静. 青年群体意识形态安全的现状与问题：基于 2015 年度陕西省青年的思想动态调查 [J]. 理论导刊，2018（2）：19-26.

② 樊浩. 中国大众意识形态报告 [M]. 北京：中国社会科学出版社，2012：479，493.

③ 刘冬梅. 基层青年公务员主流意识形态认同及引导机制建设：基于重庆市调查样本的分析 [J]. 重庆理工大学学报（社会科学），2019（4）：136-144.

④ 阚和庆. 当代中国社会阶层变迁与政治稳定 [M]. 北京：中国社会科学出版社，2012：68.

来，在快速发展的全球化与我国社会转型和教育体制改革的过程中，知识分子阶层的作用越来越凸显出来，但随着社会利益格局的变革与多元思想文化的影响，知识分子阶层对国家主导意识形态的认同也出现了一定程度的偏离。首先，我们来考察教师对于国家主导意识形态的认同状况。《高校青年教师马克思主义信仰教育的现实审视》一文中的调研数据显示①，"37.78%的青年教师对马克思主义半信半疑或者不信仰，22.22%的青年教师认为共产主义是难以实现的目标，14.44%的青年教师认为加强高校青年教师的马克思主义信仰教育没有意义"。《内蒙古高校青年教师意识形态状况分析与工作对策——以某高校为例》一文的调研数据显示②，被访者中有51%的青年教师表示信仰马克思主义，20.8%的青年教师表示有点信仰，9.4%的青年教师表示不信仰，还有18.8%的青年教师表示没有体会。由此可见，在我国教师群体中依然有少部分人对马克思主义信仰持怀疑或模糊态度。此外，近年来，我国高校引进了大量海归留学人才，这些海归人才视野开阔、思维活跃，并且拥有很强的进取心。但是，由于他们长期接受西方国家的教育，在一定程度上缺乏对马克思主义意识形态的认同。2015年8月，人民日报记者通过对我国20多所高校的采访调研发现："青年教师群体是高校党建的难点之一。在高学历、高层次，特别是具有海外学历背景的学术带头人和中青年骨干教师中发展党员有一定困难。"③《基于上海市7所高校海归青年教师政治认同的研究》一文的调研结果显示④，被访海归青年教师中有75.1%的人对社会主义核心价值观持赞同态度，50.9%的人认为共产主义最终可以实现；同时，70.3%的人对西方社会思潮持赞同态度，41.8%的人对历史虚无主义持赞同意见。这些数据说明，部分海归教师在信仰与价值认同上受西方影响较大，应引起足够重视。其次，我们来考察大学生对于国家主导意识形态的认同状况。柯健等对广东大学生的调查结果显示⑤，被调查对

① 张霞，邓淑华. 高校青年教师马克思主义信仰教育的现实审视 [J]. 学校党建与思想教育，2016 (8): 60-63.
② 李向阳、刘惠. 内蒙古高校青年教师意识形态状况分析与工作对策: 以某高校为例 [J]. 内蒙古工业大学学报 (社会科学版), 2017 (1): 1-5.
③ 本报记者. 高校党建护航立德树人 [N]. 人民日报，2015-08-20 (1).
④ 赵昕，于爱涛. 基于上海市7所高校海归青年教师政治认同的研究 [J]. 云南民族大学学报 (哲学社会科学版), 2017 (9): 152-156.
⑤ 柯健，殷梅霞. 广东高校大学生对社会主义核心价值观认同程度调查分析: 基于广州若干所大学的样本 [J]. 广东省社会主义学院学报，2015 (2): 90-94.

象在回答"你的信仰是什么？"时，有 53.72% 的人选择"社会主义、共产主义"，其他人则选择佛教、基督教、伊斯兰教等。濮云涛等对南京大学生的调查结果显示①，被调查对象中仅有 31.1% 的人认为"共产主义是历史发展的必然趋势，最终能实现"，有 42.13% 的人选择"信仰社会主义"，合计 73.23%。国家社科基金项目"马克思主义魅力及马克思主义信仰的理论与实证研究"课题组的调研结果显示，在被调查对象中，明确表示自己信仰马克思主义的仅占 41.7%②。《当代大学生主流意识形态认同的现状分析与引领》一文的调研结果显示③，被访大学生在面对"你是否信仰马克思主义"的问题时，有 11.4% 的人选择"信仰"，65.4% 的人选择"不信仰"或者"没体会信不信仰"，23.2% 的人选择"有点信仰"。《当代大学生马克思主义信仰状况调查分析——以重庆市 6 所高校为例》一文的调研结果显示④，被访对象中有 44.6% 的大学生表示始终信仰马克思主义。

　　《青年群体意识形态安全的现状与问题——基于 2015 年度陕西省青年的思想动态调查》一文的调研数据显示⑤，高校青年对"马克思主义是我们的政治信仰"的认同态度回答中，30.3% 的人表示非常同意，42.9% 的人表示同意，合计 73.2%。《当代大学生政治信仰现状分析及培育》一文的调研结果显示⑥，被调研对象中有 59.3% 的大学生信仰社会主义，14.8% 的同学信仰个人主义，11.8% 的学生信仰理想主义，6.4% 的学生信仰资本主义，7.7% 的学生信仰集体主义。由以上几组数据可以看出，处于社会转型期的当代中国大学生对马克思主义意识形态的认同与信仰在一定程度上存在弱化现象。因此，我国知识分子

---

① 以下数据来源：濮云涛，周显信，李成. 大学生主流意识形态的认同研究：基于南京地区高校大学生的综合调查［J］. 赤峰学院学报（汉文哲学社会科学版），2015（12）：249-253.

② 以下数据来源：黄明理，冯茜. 我国 90 后大学生马克思主义信仰状况研究［J］. 河海大学学报（哲学社会科学版），2014（1）：6-13，32，89.

③ 以下数据来源：于海军，周志强，李森. 当代大学生主流意识形态认同的现状分析与引领［J］. 社科纵横，2016（3）：13-17.

④ 张梅，黄蓉生. 当代大学生马克思主义信仰状况调查分析：以重庆 6 所高校为例［J］. 探索，2014（4）：118-122.

⑤ 杨建科，赵丰艺，李昱静. 青年群体意识形态安全的现状与问题：基于 2015 年度陕西省青年的思想动态调查［J］. 理论导刊，2018（2）：19-26.

⑥ 潘星容. 当代大学生政治信仰现状分析及培育［J］. 宁夏社会科学，2016（3）：253-256.

阶层对马克思主义意识形态的认同出现了一定程度的偏离迹象。

第三，农民阶层对于国家主导意识形态认同的偏离迹象。本书所指的农民阶层的外延等同于陆学艺"十大阶层论"中的农业劳动者阶层，是指"承包集体所有的耕地进行家庭经营，以农（林、牧、渔）业为唯一或主要职业以及收入来源的农民"①。20 世纪 90 年代以来，在我国社会转型过程中，市场经济与城市化的快速发展对农民阶层的思想观念也产生了很大的冲击，再加上国家对很多农村地区意识形态管理的严重疏忽，很多宗教借机而入，使得农民阶层对国家主导意识形态的认同产生了一定程度的模糊与偏差。首先，农民阶层对我国社会主义制度的理解与认同出现淡化迹象，下面通过几组数据说明。樊浩主持的"当前我国思想道德文化多元多样多变的特点和规律研究"课题组的调研结果显示②，被调查对象在面对"您认为我们是在走社会主义道路吗"这一问题时，47.5%的人选择"是"，35.5%的人选择"说不清"，还有 17%的人选择"不是"；在"农民对社会主义制度的看法"上，认为"社会主义比资本主义好"的占 41.7%，有 30.9%的人认为"只要能过上好日子，哪种制度都可以"，还有 15.2%的人认为"从现实的制度实践来看，资本主义制度比社会主义制度优越"，11.5%的人认为"两者差不多"。《农民政治信仰问题研究——以河南省 X 镇为例》的调研结果显示③，当被调研对象被问到"社会主义或共产主义是否会实现"时，选择"会实现"的占 52%，选择"不确定"的占 37%，持怀疑或否定态度的占 11%。其次，农民阶层对马克思主义信仰产生了一定程度的动摇。樊浩主持的"当前我国思想道德文化多元多样多变的特点和规律研究"课题组的调研结果显示④，被调查者在回答"在中国当前思想界，您认为对人们思想影响最大的是什么？"时，有 27.6%的人选择了"马列主义"，选择"功利主义思想"的高达 61.2%，选择"传统儒家思想"的占 38.8%，还有 13.3%的人选择宗教。《社会主义核心价值体系知晓与认同状况的调查研究——以江苏省

---

① 阚和庆. 当代中国社会阶层变迁与政治稳定 [M]. 北京：中国社会科学出版社，2012：76.

② 樊浩. 中国大众意识形态报告 [M]. 北京：中国社会科学出版社，2012：521，522.

③ 闫丽丽. 农民政治信仰问题研究：以河南省 X 镇为例 [D]. 郑州：郑州大学，2019：23.

④ 樊浩. 中国大众意识形态报告 [M]. 北京：中国社会科学出版社，2012：551.

七城市为例》的调研结果显示①，在被调查的农业劳动者中有 40.2% 的人认同马克思主义的指导地位。《我国农民马克思主义信仰问题的研究》一文的调研数据显示②，被调研的农民中有 33.2% 的人表示信仰马克思主义，16.3% 的人表示信仰宗教，45.7% 的人表示无任何信仰。综上所述，在当代中国社会转型过程中，农民阶层对社会主义制度与马克思主义信仰的坚持产生了一定的动摇，对国家主导意识形态的认同出现了一定程度的偏差。

第四，新社会阶层对于国家主导意识形态认同的偏离迹象。新社会阶层是改革开放以来随着社会主义市场经济的发展而产生并不断壮大起来的。本书以主导意识形态认同为研究目的，认为当前中国的新社会阶层主要包括个体工商户、民营企业的管理与技术人员、中介组织的从业人员、受聘于外资企业的管理与技术人员、私营企业主、自由职业者六个职业群体。新社会阶层是随着全球化浪潮的不断推进与中国改革开放进程的快速发展而形成并迅速发展起来的，他们为中国经济的腾飞及其发展做出了巨大努力与贡献，但是由于受到国内外复杂社会环境的影响，他们的思想观念呈现出多元化态势，下面笔者将通过几组数据加以说明。樊浩主持的"当前我国思想道德文化多元多样多变的特点和规律研究"课题组的调研结果显示③，被调查对象在回答"您认为当今马克思主义与思想观念的关系是怎样的?"时，只有 45% 的人认为马克思主义"对其他思想观念的存在和发展起到了引导作用"，而认为"对其他思想观念的存在和发展起到了限制作用"的有 23%，认为"既不能引导也不能消除其他思想观念对社会现实的影响"的有 17%，认为"相互背离，导致人们思想观念混乱"的有 15%；在回答"您怎样评价当今社会的发展阶段"时，有高达 27% 的人选择"名义上的社会主义，实质上的资本主义"，23% 的人选择"封建主义占很大比重"，45% 的人选择"社会主义的初级阶段"，5% 的人选择"新民主主义过渡时期"。《非公有制经济人士意识形态状况调查——基于武汉市非公有制经济人士

---

① 李文辉，王振伟. 社会主义核心价值体系知晓与认同状况的调查研究：以江苏省七城市为例 [J]. 江苏技术师范学院学报，2011（12）：97-101.

② 纪咏梅. 当代中国农民马克思主义信仰培育研究 [D]. 青岛：中国石油大学，2017：56.

③ 以下数据来源：樊浩. 中国大众意识形态报告 [M]. 北京：中国社会科学出版社，2012：572、150.

的问卷调查》的调查结果显示①，在被调查对象中，只有53.7%的人选择信仰共产主义；当面对"中国特色社会主义与资本主义的区别"时，58.7%的人认为"二者有本质区别"，33%的人认为"没有必要纠结概念"，5.5%的人选择"无所谓，不关心"。山东省工商联年轻一代民营企业家研究课题组的调研数据显示②，被访民营企业家中有78.5%的人表示愿意加入中国共产党，12.8%的人打算加入民主党派，并且有少数企业家的入党动机呈现多元化特点。由以上几组数据可以看出，改革开放浪潮中成长起来的新社会阶层对国家主导意识形态的认同存在一定程度的偏离状态。

　　第五，弱势阶层对于国家主导意识形态认同的偏离迹象。本书所探讨的弱势阶层与社会学领域所关注的弱势群体在内涵与外延上具有一致性，主要包括产业工人、农民工和城市失业或半失业人员等。弱势阶层是在当代中国改革开放进程中利益相对受损的、处于社会底层的那部分人员，在中国社会阶层结构趋于固化的过程中，弱势阶层向上流动的机会与概率越来越小。与此同时，他们的思想观念又极易受到多元文化价值观的巨大冲击，这些因素混合在一起导致弱势阶层对我国以马克思主义为指导的社会主义意识形态认同产生了一定程度的偏离。下面通过几组数据说明。吴春梅、郝苏君于2011年对河南新乡70名新生代农民工的访谈交流结果显示，在被访谈对象中，仅有32.9%③的人表示自己"把以马克思主义为指导思想的主流意识形态作为一种信仰来尊崇"。《外来务工人员对社会主义核心价值观认同的研究——以广东省中山市为例》一文的调研数据显示④，被调查者在被问到关于对社会主义核心价值观的了解程度时，65.3%的人表示浅显知道，30.2%的人员表示不知道社会主义核心价值观具体指什么；4.5%的人表示不知道有社会主义核心价值观这个概念。《新生代农民

---

①　以下数据来源：谷玉良，任树正. 非公有制经济人士意识形态状况调查：基于武汉市非公有制经济人士的问卷调查［J］. 中共南京市委党校学报，2016（1）：29-39.

②　山东省工商联年轻一代民营企业家研究课题组. 山东省年轻一代民营企业家思想动态及引导策略研究［J］. 山东省社会主义学报，2017（2）：63-71.

③　吴春梅，郝苏君. 新生代农民工主流意识形态的认同研究：基于河南新乡70位新生代农民工的访谈调查［J］. 科学社会主义，2012（2）：96-99.

④　王燕. 外来务工人员对社会主义核心价值观认同的研究：以广东省中山市为例［D］. 成都：电子科技大学，2017：37.

工马克思主义信仰教育研究》的调研结果显示①，被调查对象在被问到对马克思主义的了解程度时，17.64%的人表示了解，61.91%的人表示不太了解，20.14%的人表示不了解。在被问到关于马克思主义信仰时，有52.27%的人认为"人人都需要"，25%的人认为马克思主义信仰"是一种科学"，20.45%的人选择"不清楚"。当问到树立马克思主义信仰对自身的帮助时，有39.47%的人认为"有些帮助"，31.57%的人选择"很有帮助"，18.42%的人的选择"一般"，10.52%的人选择"没有帮助"。因此，在当代中国社会转型过程中产生的弱势群体对国家主导意识形态的认同呈现出一定程度的偏离。

综上所述，在全球化进程与中国社会转型过程中所生成的各个社会阶层虽然绝大部分人都认同以马克思主义为指导的国家主导意识形态，但值得我们重视的是，各个社会阶层对国家主导意识形态的认同都发生了不同程度的偏离，这种认同上的偏离如果任其发展将会危及我国的主导意识形态安全，进而危及我国国家文化安全。

三、主导意识形态对客观现实的解释力有待提高

"大凡成功的意识形态必须是灵活的，以便能得到新的团体的忠诚拥护，或者作为外在条件变化的结果而得到旧的团体的忠诚拥护。"② 马克思曾指出："人们的观念、观点和概念，一句话，人们的意识，随着人们的生活条件、人们的社会关系、人们的社会存在的改变而改变。"③ 这些论述一方面说明意识形态作为一种社会意识是对社会存在的反映，另一方面也说明了意识形态会随着社会存在的变化而变化，也就是说，意识形态与社会现实之间应保持一种动态的适应性与契合度；这种适应性与契合度越高，意识形态对社会现实的解释力越强，意识形态的社会认同度也就越高。

改革开放以来，在全球化进程的不断推进与我国社会主义市场经济的不断发展中，我国的经济建设取得了举世瞩目的成就。与此同时，随着中国社会的转型，社会结构阶层化趋势日益明显，个人利益追求的合法化与多元利益格局

---

① 黄俞静. 新生代农民工马克思主义信仰教育研究 [D]. 南宁：广西大学，2018：24-25.
② [美] 道格拉斯·C·诺斯. 经济史中的结构与变迁 [M]. 陈郁，罗华平，等译. 上海：上海人民出版社，1997：58.
③ 马克思，恩格斯. 马克思恩格斯选集：第1卷 [M]. 北京：人民出版社，1995：291.

的形成使得各个阶层的利益诉求出现差异化，加之经济全球化导致的文化全球化，使得西方意识形态对中国民众的思想产生了一定影响。但是作为我国主导意识形态的马克思主义意识形态的创新与发展却没能紧跟改革开放以来我国社会实践的发展，从而使得国家主导意识形态对社会现实的解释力①有所下降。

四、马克思主义在部分领域呈现被"边缘化"倾向

2016年5月17日习近平总书记在哲学社会科学座谈会上的重要讲话中一针见血地指出："在实际工作中，在有的领域中马克思主义被边缘化、空泛化、标签化，在一些学科中'失语'、教材中'失踪'、论坛上'失声'。"② 下面我们来具体分析马克思主义在部分高校被边缘化的具体表征。

首先考察课程设置与课时要求。改革开放至今，我国高校本科马克思主义理论课程的开设在不同阶段有不同的内容，具体变化状况见表4-1：

表4-1：改革开放以来我国高校本科马克思主义理论课课程与课时设置概况

时间	课程设置	课时（文）	课时（理工农医）
1978年	中国共产党党史、政治经济学、辩证唯物主义历史唯物主义、国际共产主义运动史（文科开设）	≥420	≥210
1986年	中国革命史、中国社会主义建设、马克思主义原理、世界政治经济与国际关系（文科开设）	350	250
		马克思主义基本原理为140课时	
1995年	中国革命史、中国社会主义建设、马克思主义原理、世界政治经济与国际关系（文科开设）	≥250	≥200

① 从社会学的角度看，解释力是社会理论对社会存在解释的科学性和准确性，能够预见、说明并指导社会的发展。李芳云，李安增. 马克思主义的当代解释力 [J]. 当代世界与社会主义，2013（1）：45-49.
② 习近平. 在哲学社会科学工作座谈会上的讲话 [N]. 人民日报，2016-05-19（2）.

续表

时间	课程设置	课时（文）	课时（理工农医）
		250	200
1998 年	马克思主义哲学原理（54 课时）、马克思主义政治经济学原理（理工 40 课时、文科 36 课时）、毛泽东思想概论、邓小平理论概论、当代世界经济与政治（文科开设）、思想道德修养、法律基础、形势与政策	马克思主义哲学原理为 54 课时，马克思主义政治经济学原理文科为 36 课时，理科为 40 课时	
2005 年	马克思主义基本原理（3 学分），中国近现代史纲要（2 学分），毛泽东思想、邓小平理论和"三个代表"重要思想概论（6 学分），思想道德修养与法律基础（3 学分）	通常按照每个学分折算为 15 到 18 个课时计算，总课时大概为 250 个左右	
2007 年	马克思主义基本原理（3 学分）、中国近现代史纲要（2 学分）、毛泽东思想和中国特色社会主义理论体系概论（6 学分）、思想道德修养与法律基础（3 学分）		

改革开放以来我国高校本科马克思主义理论课课程设置的演变发展适应了党在不同历史时期的根本任务，但是在课时安排上总体呈现出逐步减少的态势，尤其是马克思主义基本原理的课时从"86 方案"的 140 个课时减少为"98 方案"的 90 到 94 个课时，再减少到"05 方案"的 45 到 54 个课时。

另外，我们再来考察中国高校财经类学科建设的现状。本书以 A 大学经济学院为考察对象，其课程安排如表 4-2 所示。

表 4-2：A 大学经济学院"国家经济学基础人才培养基地（本科）"经济学课程安排

课程性质	课程名称	课时
大学科基础课	政治经济学（上）	48
	微观经济学	48
	宏观经济学	48
专业必修课	政治经济学（下）	48
	经济思想史	48
	国际经济学	48

课程性质	课程名称	课时
经济学理论与 方法方向课	《资本论》选读	48
	中级微观经济学（英文）	48
	中级宏观经济学（英文）	48

由表4-2我们可以清楚地看到，在国家经济学基础人才培养基地（本科）关于经济学课程的设置中，马克思主义经济学的课程共3门，课时合计为144，西方经济学课程共4门，课时合计为192。《经济思想史》中虽然有部分马克思主义经济思想史，但大部分篇幅用来介绍西方经济学领域各个流派及其代表人物的思想观点。《国际经济学》是以一般的经济理论来研究国际经济活动和经济关系的一门课程，但是这里所运用的"一般经济理论"几乎全部都是西方经济学的理论，涉及政治经济学理论的仅占很小一部分。因此，A大学"国家经济学基础人才培养基地（本科）"所开设的经济学课程中，西方经济学的比例远远超过了政治经济学。

我们再看该学院政治经济学专业与西方经济学专业的硕士与博士课程设置，可以发现，政治经济学专业以中级微观经济学、中级宏观经济学和高级微观经济学、高级宏观经济学作为学科基础课。当然这对于拓宽学生知识面、提高学生跨学科研究的能力而言非常必要，但值得我们注意的是在西方经济学专业硕士、博士的课程设置中却没有看到与政治经济学相关的课程。

在硕士毕业论文的选题上，笔者通过中国知网搜索获得2014届政治经济学专业硕士、博士研究生毕业论文共28篇，只有4篇论文的选题与内容是以马克思主义经济学为理论基础来完成的，而其他论文在选题与内容上都体现了西方经济学的理论与模型，甚至有些只把西方经济学作为其论文写作的理论基础。

从以上分析可以得知，A大学经济学院在其学科建设中更偏向于西方经济学，这也是财经类高校普遍存在的问题，而理工类高校学生对国家主导意识形态的了解与认知基本依靠马克思主义理论课的学习。结合前文笔者指出改革开放以来我国高校马克思主义理论课在课时安排上总体呈现逐步减少的态势，可以得出：马克思主义在我国部分高校中呈现出被"边缘化"的态势。

其次，考察师资配置。按照2020年教育部印发的《新时代高等学校思想政治理论课教师队伍建设规定》的要求，"高等学校应当根据全日制在校生总数，严格按照师生比不低于 1∶350 的比例核定专职思政课教师岗位"①。但是目前我国很多高校的思想政治理论课教师数量还远未达到这个标准。另外，高校思想政治理论课教师的地位也不高。一方面，思想政治理论课教师本身对自己的专业不自信。诚如北京大学马克思主义学院执行院长孙熙国所言，"一些马克思主义研究者羞于承认自己的马克思主义研究者身份"②；另一方面，其他专业的老师与学生对思想政治理论课教师缺乏认可与尊重。

再次，考察马克思主义理论课在硕博招生及培养中的比重。清华大学马克思主义学院的朱安东在"治国理政新思维新实践·圆桌对话"中指出："在一些学科中，马克思主义被边缘化，同时西化倾向严重。"③ 在一些财经类高校的博士生招生考试中，除了招收名额很少的政治经济学专业外，其他经济管理类专业都不需要考马克思主义经济学，相反却要考西方经济学，并且西方经济学占很大比重。在管理经济类硕士和博士研究生的培养方案中，马克思主义经济学无论从课程设置还是课时安排上都比较少，正如有学者指出的那样，"马克思主义在有些教材中已经到了全面失守的程度"④，而西方经济学却成了很多高校硕士研究生与博士研究生学习与考核的重要课程，以至于"很多学生自觉不自觉地把西方经济学看成我国的主流经济学"⑤。

最后，考察科研与教师考核标准。第一，我们来看科研情况，笔者通过考察由中国社会科学院经济研究所主办的，具有高学术研究水平的全国性综合经济理论刊物《经济研究》的 2015 年总目录发现，《经济研究》下设以下子栏目：①理论经济学；②宏观经济学、经济增长与波动；③财政、税收与政府；④货币政策；⑤金融与资本市场；⑥国际经济学；⑦微观经济学、企业理论与公司治理；⑧人力资本、收入分配、社会保障与福利；⑨产业与区域经济学；⑩能

① 新时代高等学校思想政治理论课教师队伍建设规定［EB/OL］.中华人民共和国教育部网，2020-01-16.
② 邓晖.让马克思主义发出时代最强音：学习贯彻习近平总书记在哲学社会科学工作座谈会上重要讲话［N］.光明日报，2016-06-02（7）.
③ 邓晖.让马克思主义发出时代最强音：学习贯彻习近平总书记在哲学社会科学工作座谈会上重要讲话［N］.光明日报，2016-06-02（7）.
④ 邓晖.让马克思主义发出时代最强音：学习贯彻习近平总书记在哲学社会科学工作座谈会上重要讲话［N］.光明日报，2016-06-02（7）.
⑤ 刘国光.对经济学教学与研究中一些问题的看法［J］.高校理论战线，2005（9）：23-29.

源与环境经济；⑪经济史；⑫会议综述；⑬书评及其他。从这些子栏目的设置可以清晰地看到，作为我国主导经济学的马克思主义经济学并没有设置专栏。再仔细观察每个子目录下的文章，可以发现，关于研究马克思主义经济学的文章很少，子栏目"理论经济学"中有 1 篇，"会议综述"中有 1 篇。通过浏览《经济研究》2019 年总目录发现，其子栏目中增加了"政治经济学"一栏，但全年发文仅有 14 篇，较 2015 年有所增加，却远远低于其他子栏目发文量。另一个高水平经济学期刊《经济学》（季刊）2015 年居然没有一篇与马克思主义经济学相关的文章。而通过考察人大复印报刊资料《理论经济学》2015 年总目录发现，在其全年所发表的文章中，仅有 25.6% 的文章与马克思主义经济学相关。2019 年《理论经济学》中与马克思主义经济学相关的论文比例略有上升，为26.67%。由此可见，在科研上，马克思主义经济学在一定程度上呈现出被"边缘化"趋势。第二，我们来考察高校教师考核标准。2016 年 4 月教育部学位中心发布的"A 类期刊"名单引发学界一片热议与质疑，最后不得不取消。从"A 类期刊"名单来看，社会科学类中文期刊有 156 种，而外文期刊却有 180种，并且其中 109 种为美国期刊，这种以西方核心期刊标准来评估中国人文社会科学论文的做法，明显违背了马克思主义对中国人文社会科学发展的指导原则。"A 类期刊"的风波过去了，但是我国高校对教师的考核标准并没有摆脱西方的评价标准。就我国目前的高等学校而言，对教师科研能力的要求远远高于对教学能力的要求已属常态。在这样的评价考核体系下，很多青年教师尤其是海归教师鉴于国内学术机制的复杂性而将目标转向了国际学术期刊，美国科学信息研究所创建的 SSCI（社会科学引文索引）便成为我国高校普遍采用的学术评价标准。这样的教师学术评价标准势必导致中国高等教育越来越西化，导致中国高校中关于马克思主义的研究越来越边缘化。综上所述，1978 年改革开放以来，在全球化进程快速发展和我国社会转型不断加快的过程中，随着中国高等教育体制改革进程的不断推进，马克思主义在我国部分领域存在被"边缘化"倾向。

主导意识形态安全与否的标准是看主导意识形态"是否能够支持人们开展有利于社会发展的社会实践，同各种社会意识形态是否能够存异求同地开展沟通对话，为思想文化的和谐与繁荣提供一种健康向上的价值信念基础"①。通过

---

① 刘少杰. 当代中国意识形态变迁［M］. 北京：中央编译出版社，2011：237-238.

上述分析，依据主导意识形态的安全标准，首先，从马克思主义意识形态与其他社会意识形态的关系来看，当前马克思主义意识形态并没有完全实现对其他社会意识形态的有效引领，也缺乏沟通对话。其次，从价值信念层面来看，由于马克思主义理论创新没能紧跟实践，还不能对中国的社会现实做出深刻而全面的解释，导致其社会认同存在一定程度的弱化，尤其是伴随社会转型而形成的各个社会阶层对马克思主义意识形态的认同出现群体差异，使马克思主义意识形态并不能在思想上有效整合各个社会阶层，这使得马克思主义意识形态对民众社会实践的指导作用也呈现出一定程度的弱化迹象。

第二节　中国民族文化安全面临的主要问题

本书在第一章讨论"民族文化安全"的含义时指出民族文化安全范畴下的"民族文化"指向的是多元一体的中华民族文化。中华民族文化是一个具体的、历史的动态概念。在不同的历史阶段，中华民族文化具有不同的内容，但是中华优秀传统文化是中华民族文化发展与创新的动力源泉。改革开放后尤其是20世纪90年代以后，文化全球化的发展与我国经济体制改革的推进给我国的民族文化安全带来巨大挑战。下面我们来具体分析当前中华民族文化的安全状态。

一、中华文化在"全球场"中处于弱势位

中国作为世界四大文明古国之一，文化源远流长，博大精深。单从文化资源上来看，我国无疑是一个文化资源大国。据中国社会科学院国家竞争力研究中心课题组的研究，我国拥有的非物质遗产数量和世界物质遗产数量都位居世界第一，与在全球范围内推行文化扩张的美国相比，这无疑是强大优势所在。但是，由于历史与现实的原因，中华民族文化的对外辐射力却远远不如美国。在中国古代，由于国力强盛，中华民族文化曾辐射到整个东亚地区，形成以中华文化为轴心的东亚文化圈即中华文化圈。但是1840年鸦片战争后，中国沦为半殖民地半封建社会，原有的传统文化受到种种质疑与拷问，而美国却凭借自身强大的经济实力向全世界推广自己的文化，可以说美国文化的辐射力已经到达全世界，远远超出中华传统文化的辐射力。来自中国社会科学院国家竞争力

研究中心课题组的研究显示，在一项关于文化国际影响力的调研中，中华文化的国际影响力仅处于中等水平，低于美国、法国、意大利、德国、英国等国家。另一项来自首都文化创新与文化传播工程研究院的调查显示①，在被访国外民众中，对孔子的认知度为 2.60，对中国水墨画的认知度为 2.27，对京剧的认知度为 2.19，对春节的认知度为 2.14，对孙子兵法的认知度为 2.03，对敦煌壁画的认知度为 1.65，对天人合一思想的认知度为 1.62。由以上数据可以看出国外民众对于中华传统文化的整体认知度处于相对较低的状态。

我们再来看中华文化在美国的存在状态。据美国芝加哥国际事务研究中心调查②，美国文化对中国的影响力指数为 0.66，而中国文化对美国的影响力指数为 0.56，可见中国文化在美国的辐射力低于美国文化在中国的辐射力，形成文化辐射力逆差。我国著名语言学家罗常培曾说，"语言文字是一个民族文化的结晶"，我们可以通过考察语言文字在他国的影响力来判断该国民族文化在他国的影响力。北京联合大学刘佳的调研显示③，当美国民众被问"您是否对学习汉语有兴趣?"时，选择"有兴趣"的仅占 32.31%；而当被问及对中华传统文化中"仁""义""礼""智""信""中庸""集体主义"等价值观层面的内容是否认同时，选择认同的只有 28.34%。美国百人会发布的《2017 年美中公众认知调查报告》显示，"在美国的普通民众、商业领袖和政策精英群体中，都有约一半人从未看过中国的电影"④。反观中国，近年来盛行的美国留学热，民众对好莱坞大片的热衷，以及麦当劳、肯德基等快餐文化遍布中国的大街小巷等，无不反映出美国文化对中国民众的影响力。

最后，我们来看中美文化软实力的评估与对比状态。文化软实力是指"一国通过非强制性的教化方式，将自身文化符号内化到他国政治、社会或文化体

---

① 于丹，杨越明. 中国文化"走出去"战略的核心命题"供给"与"需求"双轮驱动：基于六国民众对中国文化的认知度调查 [J]. 人民论坛，2015 (24)：72-75.
② "0"代表完全不知道，"5"代表特别熟知. 刘佳. 中国对美文化软实力的优劣势因素及完善思路：以对美国民众调查的实证数据为研究基础 [J]. 中国政法大学学报，2016 (1)：13-23，158.
③ 刘佳. 中国对美文化软实力的优劣势因素及完善思路：以对美国民众调查的实证数据为研究基础 [J]. 中国政法大学学报，2016 (1)：13-23，158.
④ 乔纳森·麦考利，等. 2017 年海外对中国软实力发展的评估 [J]. 国外社会科学，2017 (6)：155-156.

系中，从而获得影响他国政府行为与民众认知的权力资源"①。根据杨竺松、胡明远和胡鞍钢的测算②，2003 年中国文化软实力不足美国的两成，2016 年相当于美国的三分之一，2025 年中国文化软实力将相当于美国的四成，2035 年将达到美国的一半。约瑟夫·奈在接受国务院侨务办公室侨务干校副教授张梅采访时说："我认为近来的民意测验显示，美国的软实力在世界各地的影响大于中国。"③

从以上关于中华文化与美国文化的对比分析可知，无论是在世界范围内的辐射程度还是对对方国家民众的影响程度，美国文化都是一种强势文化，而中华文化却相对处于弱势。

二、形塑华人身份的共识文化依旧缺场

塞缪尔·亨廷顿在《我们是谁？——美国国家特性面临的挑战》中对"我们是美国人"这句话进行分析时提出质疑："我们是'我们'吗？我们是一种人，还是几种人？如果说我们确实是'我们'，那么'我们'和'他们'即美国人以外的人们又区别何在呢？"④ 亨廷顿这里关于"我们是谁"的讨论实际上就是文化认同问题。"文化认同是指特定个体或群体认为某一文化系统（价值观念、生活方式等）内在于自身心理和人格结构中，并自觉循之以评价事物、规范行为。"⑤ 在同质文化之间是不存在认同问题的，只有当异质文化处于同一时空条件、与不同质的文化相互碰撞时，文化认同才成为问题。

近代以前，中国自给自足的农耕经济决定了其基于血缘与地缘基础上的社会结构具有很大的稳定性与封闭性，人们的生产交往活动呈现单一化与固定化的特征，而形成于农耕经济基础上的中华传统文化一直被中国古人认为是世界上最优秀的、最普适的文化。中国古代社会的长期稳定性与封闭性使得中华传

① 杨竺松，胡明远，胡鞍钢. 中美文化软实力评估与预测（2003—2035）[J]. 清华大学学报（哲学社会科学版），2019（3）：155-167，197.
② 杨竺松，胡明远，胡鞍钢. 中美文化软实力评估与预测（2003—2035）[J]. 清华大学学报（哲学社会科学版），2019（3）：155-167，197.
③ 张梅. 中国软实力的现状、发展与新时期的中美关系：访哈佛大学肯尼迪政府学院约瑟夫·奈教授 [J]. 马克思主义研究，2016（5）：12-16.
④ ［美］塞缪尔·亨廷顿. 我们是谁？——美国国家特性面临的挑战 [M]. 程克雄，译. 北京：新华出版社，2005：8.
⑤ 贺彦凤，赵继伦. 全球化时代中国文化认同的建构 [J]. 马克思主义与现实，2007（1）：202-204.

统文化没有机会与异质文化处于同一时空下，因此，在中国传统社会中，人们对以儒家文化为核心的中华传统文化的认同十分牢固，文化认同根本不会成为一个问题。1840年的鸦片战争打开了中国国门，西方文化伴随着资本主义国家的坚船利炮进入中国，传统中国的一切瞬间都成为问题，中国人第一次开始正式面对"我们"之外的"他们"，传统的文化认同开始动摇，文化认同也第一次成为一个问题摆在中国人面前。于是，"师夷长技以制夷""中体西用""全盘西化"等主张纷纷出现，然而却并没有解决未来中国文化的发展路径。"五四"运动以后，中国进入新民主主义革命时期，马克思主义在中国得以传播，激进的反传统主义使得中华传统文化的发展出现了断裂。近代以来形成的半殖民地半封建社会性质的中国在中国共产党的领导下，在马克思主义理论的指导下，经过几十年的革命取得了社会主义革命的胜利。1949年中华人民共和国宣告成立并成为以苏联为首的社会主义阵营的一员，而马克思主义理所当然成为新中国的主导意识形态。由于当时国际社会资本主义阵营与社会主义阵营的二元意识形态对峙格局，新中国奉行"一边倒"的外交政策，异质文化没有机会处于同一时空下，马克思主义意识形态实现了对中国社会的管控。直到1978年改革开放政策的实施，中国国门再次打开，中华传统文化复苏。20世纪90年代以来，全球化进程快速推进，中国的社会主义市场经济不断完善，这一方面使得携带有西方文化的商品大批进入中国，另一方面，也使得中国由传统社会逐步转向现代社会，社会结构逐渐呈现出阶层化趋势。在这样的时代背景下，异质文化由于处于同一时空而相互碰撞，从而使得人们的思想观念与价值取向呈现出多元化、多样化的状态。对此，我们不得不承认，在中国的现代化进程中，"改革"与"开放"在给中国经济带来腾飞的同时，中国传统社会的文化认同模式和格局也发生了很大变化，文化认同问题更加凸显。

亨廷顿在关于"我们是谁"的探讨中对美国国民身份的担忧是："在18世纪，'我们'是殖民地上的'美利坚人'；在19世纪，'我们'是具有盎格鲁——新教文化及自由民主政治信念的'美国人'；在20世纪，'我们'已是说着不同语言、信奉不同信念、体现不同文化的'两栖人'；在21世纪以及更远的将来，'我们'将是上述特点以及另一些可能的特性的'混合物'。"① 他形

① ［美］塞缪尔·亨廷顿. 我们是谁？——美国国家特性面临的挑战［M］. 程克雄，译. 北京：新华出版社，2005.

象的语言背后所折射出的正是在全球化进程中不断凸显的文化认同问题。中华文化是一个历史的、动态的概念，在不同的历史阶段应该具有不同的内涵与外延。纵观中国历史，1840 年鸦片战争以前，"我们"是中华传统文化的代言人；1840 年鸦片战争到 1949 年新中国成立前，"我们"在忍受屈辱与奋力抗争中经受着西方资本主义文化与马克思主义文化的双重影响；1949 年新中国成立到 1978 年改革开放前，"我们"是马克思主义意识形态的代言人；1978 年改革开放尤其是进入 21 世纪以来，"我们"在全球化与改革开放的浪潮中迷失自我，正如有学者指出的那样："在中国面临的各种危机中的核心危机是自性危机。"①中华优秀传统文化无疑应该是构建当今中国文化认同的基础，但是，在中国社会转型与现代化的进程中，传统文化已让位于市场逻辑，传统文化的现代化转换还远未完成，形塑华人文化身份的共识文化依然"缺场"。

三、中华民族文化的社会认同有待进一步增强

民族文化认同是指"民族成员对其文化的承认、认可、赞同，由此产生归属意识，进而获得民族文化自觉的过程"②。上海师范大学王沛教授将民族文化认同结构分为文化符号认同、文化身份认同和价值文化认同三个部分，本书试着从这三个方面来考察中华民族文化在大学生中的认同现状，从而管窥中华传统民族文化的整个社会认同状态。

一是大学生对于中华民族文化的符号认同状况。文化符号认同"旨在观测在意义化实践活动里，人们对不同文化背景的实践过程及其成果的物质形式、语言文字、生活事项等表意符号的态度倾向"③。詹小美在《民族文化认同论》中进行的调研结果显示④：被调研对象在问题"你对孔子熟悉吗？"的回答上，93.4% 的人选择"熟悉"，当继续追问"你了解儒家文化的具体思想吗？"时，只有 9.4% 的人选择"十分清楚"，47.1% 的人选择"比较清楚"，36.4% 的人选择"不太清楚"；当被问及"你了解龙图腾的来历吗？"时，51% 的人选择"了解"，49% 的人选择"不了解"；当被问及"龙的形象能否代表中华民族精神气

---

① 李慎之，何家栋. 中国的道路 [M]. 广州：南方日报出版社，2000：148.
② 詹小美. 民族文化认同论 [M]. 北京：人民出版社，2014：13.
③ 王沛，胡发稳. 民族文化认同：内涵与结构 [J]. 上海师范大学学报（哲学社会科学版），2011（1）：101-107.
④ 詹小美. 民族文化认同论 [M]. 北京：人民出版社，2014：119-121.

质与整体形象"时，64.3%的人选择"赞同"，21.7%的人选择"不完全合适"，还有14%的人表示"不清楚"；而当被问及"你了解长城的来历与修建历史吗?"时，只有12.4%的人选择"非常清楚"，38.6%的人选择"基本了解"，38.5%的人选择"了解一点"，10.5%的人选择"不知道"。姚琳琳的硕士学位论文《西方网络文化背景下大学生民族文化认同研究——以四川省高校为例》的调研数据显示①，受访大学生对民族语言文字认同的分值为72.6，对民族文学艺术认同的分值为62.6，对民族科技成就认同的分值为70，对民族风俗习惯认同的分值为68.13。唐玉娟硕士学位论文《大学生民族精神认同研究》的调研结果显示②，被访大学生对"您是否知道清明节和端午节的时间、典故和民俗?"的问题时，选择"非常了解"的占7.3%，选择"知道一点"的占84.6%，选择"一点也不了解"的占8.1%。程为民和熊建生的论文《当代大学生中华优秀传统文化认同状况分析——基于国内十余所高校700名大学生的问卷调查》的调研数据显示③，对"四大发明"选择"比较了解或熟悉"的比例为41.87%，对戏曲艺术和音律乐器"毫无概念"的比例分别为19.7%和18.07%。《新媒体时代高校大学生对传统文化的认同与接受——以戏曲为例》一文的调研数据显示④，受访大学生中有69%的人表示大学之前没有接触过戏曲，几乎不了解；27%的人表示对戏曲有基本了解；4%的人表示大学前对戏曲深入了解过。从以上几组数据可以看出，当前大学生对中华民族传统文化的符号认知相对比较欠缺，从而导致其符号认同呈现一定程度的不理想状态。

二是大学生对于中华民族的文化身份认同。文化身份认同主要探测"民族成员的民族自我概念、民族身份认同、民族依恋感、民族归属感、民族特征觉知、民族情感关联性及其行为意向等内容"⑤。詹小美的《民族文化认同论》调

---

① 以下数据为百分制得分，数据来源：姚琳琳. 西方网络文化背景下大学生民族文化认同研究：以四川省高校为例 [J]. 南充：西华师范大学，2015：28-29.

② 唐玉娟. 大学生民族精神认同研究 [D]. 长沙：湖南农业大学，2014：32.

③ 程为民，熊建生. 当代大学生中华优秀传统文化认同状况分析：基于国内十余所高校700名大学生的问卷调查 [J]. 教育研究与实验，2016 (4)：68-71，87.

④ 白海英. 新媒体时代高校大学生对传统文化的认同与接受：以戏曲为例 [J]. 艺术教育，2019 (9)：127-129.

⑤ 王沛，胡发稳. 民族文化认同：内涵与结构 [J]. 上海师范大学学报（哲学社会科学版），2011 (1)：101-107.

研结果显示①：在被访大学生中，当被问到"对待重西方节日、轻传统节日的现状的态度？"时，52.1%的人选择"不能理解"，31.2%的人选择"基本理解"，16.7%的人选择"完全理解"；当被问及"外国人对中国人不礼貌，你是否生气？"时，73.2%的人选择"会生气"，19.7%的人选择"看情况"，7.1%的人选择"不会生气"，在回答"与外国人在一起时，你是否有种距离感？"时，66.8%的人选择"是"，33.2%的人选择"否"。《中华民族国家认同状况调研报告》的调研结果显示②，被调查对象在回答"是否同意要同一切危害中华民族利益的行为做斗争？"时，46.6%的人选择"同意"，34.2%的人选择"非常同意"。《大学生中华优秀传统文化认同研究——以四川省为例》一文的调研结果显示③：被访大学生被问到"西方节日和中国传统节日，你更喜欢哪个节日？"时，47.4%的学生表示"喜欢中国传统节日"，49.6%的学生表示"两者都喜欢"，2.1%的学生表示"喜欢西方节日"，0.9%的学生表示"两者都不喜欢"。由以上几组数据可以看出，虽然中国民众具有较强的中华民族身份认同感，但在全球化与中国社会转型过程中，也受到了多元文化价值观的影响，应该引起我们的重视。

三是大学生对于中华民族的价值文化认同。价值文化认同旨在测查"在自我意识（精神）里，人们对特定文化群体的社会规范和文化价值观念的接纳程度"④。唐玉娟的硕士学位论文《大学生民族精神认同研究》的调研结果显示⑤：被访大学生在被问及"您认为学习历史和中国传统文化对学习、工作和生活是否有益？"时，有42.6%的人选择"非常有益"，12.2%的人选择"益处不大"，45.2%的人选择"一点用也没有"；当被问及"有人认为全球化时代的到来使得民族与民族、国家与国家之间的界限模糊了，再强调民族精神有点不合时宜，您的看法是什么？"时，高达53.2%的人选择"比较赞同"，34.1%的人选择"不知道"，只有12.7%的人选择"不赞同"。詹小美的《民族文化认同

① 詹小美. 民族文化认同论 [M]. 北京：人民出版社，2014：124-129.

② 宋新伟，陈占芳. 中华民族国家认同状况调研报告 [J]. 新疆大学学报（哲学·人文社会科学版），2014（3）：80-85.

③ 刘静亚. 大学生中华优秀传统文化认同研究：以四川省为例 [D]. 成都：四川师范大学，2018：25.

④ 王沛，胡发稳. 民族文化认同：内涵与结构 [J]. 上海师范大学学报（哲学社会科学版），2011（1）：101-107.

⑤ 唐玉娟. 大学生民族精神认同研究 [D]. 长沙：湖南农业大学，2014：30，33.

论》的调研结果显示①，受访大学生被问到"你是否会积极主动成为民族文化的弘扬者？"时，只有 23.1% 的人选择"会"，36.2% 的人选择"不会"，40.7%的人选择"不知道"。由以上这几组数据可以看出，大学生对中华民族传统文化与中华民族精神所蕴含的价值观念产生了较大程度的质疑。

综上所述，在全球化与中国社会转型快速进行的过程中，中华民族传统文化在大学生中的符号文化认同、文化身份认同与价值文化认同都呈现出较为不太理想的状态。依此可以管窥，整体民族成员对中华民族文化的认同都有待进一步增强。

第三节　中国公共文化安全面临的主要问题

公共文化安全是国家文化安全在次国家文化单元的表现形式，而次国家文化单元的国家文化利益就表现为"'公共文化'的总体发展状况是否与国家发展目标或国家发展需求相一致，国家文化利益的消长及其引发的国家文化安全问题也就反映在'公共文化'发展的方向上"②。公共文化是通过公民丰富多彩的文化实践活动来体现的。下面笔者就我国公共文化安全的现状进行具体分析。

一、文化产业经营性与文化性相脱节

不同于其他的物质产业，文化产业的生产过程是具有精神生产要素的生产过程，其生产的目的是为消费者提供精神文化产品从而满足他们的精神文化需求。文化产业的生产既要遵循资本逻辑以获得经济效益，又要遵循文化逻辑以满足人类精神需求，因此，文化产业具有经营性与文化性并重的二重属性。

在我国，文化产业是随着全球化进程的快速推进与我国社会主义市场经济的不断完善发展起来的。2018 年我国文化产业增加值为 38737 亿元，占 GDP 的4.3%。就文化产业整体发展来看，2005 年—2018 年我国文化产业增加值年均增

---

① 詹小美. 民族文化认同论 [M]. 北京：人民出版社，2014：124-129.
② 韩源. 国家文化安全引论 [J]. 当代世界与社会主义，2008（6）：90-94.

长 18.9%①。而与此同时，文化产业的文化性却被远远甩在了后面，文化产业呈现出的这种经营性与文化性相脱节的状态已经对我国的公共文化安全构成威胁。文化产业作为一种生产精神文化产品的产业，应该具有积极的、健康的价值导向，从而引导大众的价值取向和社会价值标准。但是，当前的文化产业却为了追求经济利益的最大化而放弃了文化产品的文化属性，并且出现了一些恶俗现象，如模仿抄袭、跟风炒作、篡改历史、解构经典等。在中国社会主义市场经济改革过程中，优胜劣汰的市场法则在一定程度上已经超越经济领域而延伸到了社会生活领域，文化产业的高度商业化也在一定程度上掩盖了其文化属性，而泛娱乐化的社会导向也导致部分文化产业社会责任感的严重缺失。正如天津社科院社会问题专家王来华针对网游导致的一系列严重社会问题所说的那样："从某种程度上来讲，是数以万计因网络游戏支离破碎的家庭，成就了网络游戏开发公司'资本的积累'和'财富的膨胀'，是千千万万个深陷网络游戏不能自拔的青少年，烹制了网络游戏开发公司资本的盛宴。"②

二、国民公共文化生活对世俗社会公共文化价值底线的偏离

"当国家文化安全进一步指向人的精神领域的时候，国家文化安全不仅仅是国家文化主权安全，同时还应当包括一个国家所有人的文化安全。只有当考虑到所有人的文化安全得到保障时，国家的文化安全才有具体的意义，对所有人的文化安全得到保障，即对公共文化安全的关注，也就自然地和逻辑地成为国家文化安全的一部分。"③ 人的文化安全取决于人的精神文化需求得到满足的程度，大众文化产品具有满足人的精神文化需求的价值，所以，大众文化产品的价值取向会对人的文化安全产生直接影响，进而影响公共文化安全。

笔者在第一章关于国家文化安全的基本理论阐释中已经指出国家文化安全视域下的公共文化指向的是进入公共领域的大众文化，所以公共文化安全便指向大众文化产品消费进入公共领域，也就是说引起公共文化安全的原因归根结底在于大众文化产品的性质上。布迪厄的文化生产理论将文化生产场域分为

---

① 林火灿. 文化产业增加值在国民经济中占比逐年提高 [N]. 经济日报，2019-07-26 (1).

② 王斌. 中国文化产业的价值选择 [D]. 沈阳：辽宁师范大学，2007：17.

③ 胡惠林. 中国国家文化安全论 [M]. 上海：上海人民出版社，2005：219.

"有限生产场域"和"批量生产场域"。大众文化生产便属于批量生产场域，生产者的生产是为了迎合大众的娱乐趣味，而支配其生产的则是赤裸裸的经济功利价值。正是人的逐利本能和娱乐本能导致大众文化呈现蔓延趋势。大众文化的产生和发展是基于人的实际的、具体的需要的，在这个意义上，大众文化是世俗社会的产物，是世俗流行文化，因此世俗社会的公民价值应该成为判断大众文化生产和消费的价值标准。真、善、美是任何一种文化形态都应该追求的理想价值目标，是人类对精神生活追求的永恒主题，理应成为大众文化生产和消费所应该坚持的价值底线。但是，我们不得不承认，当代中国大众文化生产和消费在一定程度上已经"违背了世俗公共文化的实实在在的价值底线……很多大众文化的价值观已经降到世俗公民文化的标准之下，已经并正在继续误导国人特别是青少年的思维方式和行为方式"①，有的学者更是用"价值虚无主义"② 来表达当代中国大众文化的特征。例如张艺谋的电影《夜宴》和《满城尽带黄金甲》。《夜宴》是根据威廉·莎士比亚的名剧《哈姆雷特》改编的。《哈姆雷特》是世界著名悲剧之一，创作于 16 世纪末 17 世纪初英国由封建社会向资本主义社会过渡时期，旨在反映文艺复兴时期人文主义理性与英国黑暗的封建制度之间的矛盾，揭示英国封建贵族地主阶级与新型的资产阶级之间为了争夺政权而进行的殊死斗争。《满城尽带黄金甲》改编自曹禺的《雷雨》。《雷雨》是中国话剧现实主义的基石，它通过强烈的戏剧氛围和激烈的戏剧冲突，揭露了旧的封建社会家庭的各种罪恶和地主资产阶级的冷酷、专制与伪善。曾获得高额票房的《夜宴》和《满城尽带黄金甲》除了在某些情节上与《哈姆雷特》和《雷雨》有某些雷同之处外，展示给观众的几乎都是围绕权力与欲望而展开的明争暗斗和通过电脑特技制作的美丽画面，而其中的道德立场和价值观却是空缺的甚至是媚俗的。对于此类问题，习近平总书记曾指出："也不能否认，在文艺创作方面，也存在着有数量缺质量、有'高原'缺'高峰'的现象，存在着抄袭模仿、千篇一律的问题，存在着机械化生产、快餐式消费的问题。在有些作品中，有的调侃崇高、扭曲经典、颠覆历史，丑化人民群众和英

① 陶东风. 当代大众文化价值观研究：社会主义与大众文化 [M]. 沈阳：辽宁教育出版社，2014：130.
② 山东师范大学和磊认为当代中国大众文化在其发展过程中，也形成了明显的虚无主义倾向，尤其是价值虚无主义。和磊. 论当代中国大众文化价值虚无主义的取向路径 [J]. 当代文坛，2015（3）：146-150.

雄人物；有的是非不分、善恶不辨、以丑为美，过度渲染社会阴暗面；有的搜奇猎艳、一味媚俗、低级趣味，把作品当作追逐利益的'摇钱树'，当作感官刺激的'摇头丸'；有的胡编乱写、粗制滥造、牵强附会，制造了一些文化'垃圾'；有的追求奢华、过度包装、炫富摆阔，形式大于内容；还有的热衷于所谓'为艺术而艺术'，只写一己悲欢、杯水风波，脱离大众、脱离现实。"① 这些携带有庸俗、低俗、媚俗内容的大众文化产品一旦进入公共领域便会消解世俗社会的基本价值观与伦理道德，从而危害国家与社会的公共文化安全。

三、国民消费观念呈现一定程度的消费主义倾向

1978 年改革开放以后，个人的合理利益与欲望开始觉醒。随着 20 世纪 90 年代我国社会主义市场经济体制改革目标的确立和经济全球化进程的发展，中国民众的生活水平日益提高，并有一部分人在"鼓励一部分先富起来"的政策导引下发财致富。与此同时，中国社会开始向物质主义与消费主义方向发展。消费主义价值观的特征是"消费的目的不是为了传统意义上实际需要的满足，而是为了不断追求被现代文化（大众文化）制造出来的、被刺激起来的欲望的满足。换句话说，人们所消费的，不是商品和服务的使用价值，而是它们的符号象征意义"②。

中国经过改革开放 40 多年的快速发展，经济方面已取得巨大成绩，人民生活水平得到大幅度提高。与此同时，人们的消费观念由原先对商品使用价值的追求转变为对商品符号意义的追求，而对商品符号意义的追求实际上就是对欲望本身的追求，而欲望在很大程度上却是一种虚幻的、无止境的需求，这便是消费社会的本质所在。消费主义时代的消费需求绝大部分是由大众文化产品的生产者与销售者通过媒体引导与广告宣传创造出来的，而大众文化能够迅速繁荣也正是借助于商品的符号象征意义。这在中国近年来的广告中得到了充分印证。如在汽车的广告宣传中，除了说明产品的使用价值外，广告更乐意宣传的是该品牌在时尚、品味、身份方面的符号意义。还有一些房地产楼盘的广告标语如"纯粹贵族生活"，"帝湖还原"等，更是将房子对于地位与财富的象征意

① 习近平. 在文艺工作座谈会上的讲话 [N]. 人民日报，2015-10-15 (2).
② 陈昕. 救赎与消费：当代中国日常生活中的消费主义 [M]. 南京：江苏人民出版社，2003：7.

义表露无疑。还有一些偶像剧、综艺节目中出现的豪车、名牌、别墅等……这些都在无形中刺激了大众对于品牌消费、符号消费的欲望。这种消费主义文化已经对中国民众的消费观念造成了潜移默化的影响,富裕起来的新阶层群体已经将消费主义观念体现在其现实的购买行为上,而不具备购买能力的人（如大学生）却在观念上呈现出消费主义的价值倾向。

　　国家文化安全视域下的公共文化指向进入公共领域的大众文化,"公共文化安全的度量标准是不同文化实践在内容和形式上所遵循的文化价值底线,即真善美与假恶丑的分界"①。德怀特·麦克唐纳说:"大众文化的花招很简单——就是尽一切办法让大伙儿高兴。"② 进入 21 世纪以来,与全球化进程和我国社会转型相伴而生的大众文化得到前所未有的快速发展,而大众文化对欲望的无限度宣泄将中国的历史进程、革命传统、道德文化等进行了一些无厘头改写,这种欲望化的改写在不知不觉中对中华民族文化根基与主导意识形态形成侵蚀,使得中国民众"不再真正了解自己的传统,不再真正为自己的民族性感到自豪,不再真正信仰自己的国家意识形态和基本价值观"③,这无疑会对中国民众的民族文化认同与主导意识形态认同形成解构。

---

① 韩源. 国家文化安全引论 [J]. 当代世界与社会主义, 2008（6）：90-94.
② [美] 丹尼尔·贝尔. 资本主义文化矛盾 [M]. 蒲隆, 赵一凡, 任晓晋, 译. 北京：生活·读书·新知三联书店, 1989：91.
③ 潘一禾. 文化安全 [M]. 杭州：浙江大学出版社, 2007：72.

第六章

当前中国国家文化安全问题的成因分析

当前中国国家文化安全之所以还存在很多问题，是多方面因素综合作用的结果。"西强东弱"的国际文化秩序对我国国家文化安全构成了重要威胁，而随着我国改革开放进程的不断推进，各种社会不稳定因素与日俱增，加之网络信息技术的快速发展，使得国家文化安全问题日益凸显出来。

第一节 西方文化扩张对中国国家文化安全构成威胁

从国际环境来看，到20世纪90年代，长达半个世纪的冷战以资本主义阵营的胜利而结束。随着科学技术的不断发展，经济全球化成为不可阻挡的历史趋势，以美国为首的西方发达资本主义国家是经济全球化进程的主导者，他们凭借自身在资本、技术、信息、管理、人才、规则制定权等方面的优势成为经济全球化的最大受益者。与此同时，以美国为首的西方国家凭借自己在经济、军事等方面强大的硬实力对外输出其文化与价值观，即对外进行文化扩张。西方学者阿兰·伯努瓦曾指出："一件有利于理解文化全球化性质的新奇事物，即资本主义卖的不仅仅是商品和货物，它还卖标识、声音、图像和联系。这不仅仅将房间塞满，而且还统治着想象领域，占据着交流空间。"① 美国第28任总统威尔逊在谈到作为世界唯一超级大国的美国在世界上的作用时直接指出，"要警惕美国重蹈欧洲个别强国单纯谋取物质强大而失败的覆辙，要保持和发扬

---

① ［美］阿兰·伯努瓦. 面向全球化［A］. 王列，等译. 全球化与世界［M］. 北京：中央编译出版社，1998：10.

《独立宣言》精神，走一条新兴大国成长道路"①。2008 年全球金融危机以后，美国的经济实力和国际权力都从顶峰开始跌落，美国主导国际事务的能力有所削弱，新兴市场国家不断崛起，世界多极化趋势不可逆转。但是，国家间的战略均势还远未形成，美国依然是世界最大的经济体，在国际经济领域依然处于主导地位，并且美国企图领导世界的霸权战略并没发生改变，反映在文化领域，即全球金融危机后的国际文化秩序呈现出美国霸权文化主导下的多元文化共存状态。

再看国内，经过改革开放后 40 多年的快速发展，2010 年我国经济总量超过日本而成为世界第二大经济体，但由于中国的社会主义制度与马克思主义意识形态和以美国为首的西方发达资本主义国家的差异与冲突，中国理所当然地成为以美国为首的西方国家进行文化扩张与文化渗透的主要目标。近年来，美国凭借其强大的经济硬实力与建立在硬实力基础上的强势软实力通过采取多种渠道与手段对我国进行文化扩张与文化渗透，这对我国国家文化安全构成巨大威胁，而中国国内问题的大量存在则成为以美国为首的西方国家文化扩张威胁我国国家文化安全的内在接口。

一、借助文化产品贸易与跨国公司经营传播西方文化

在经济全球化不断推进的过程中，西方国家（尤其是美国）的文化产品借助全球贸易平台大量涌进中国市场，与此同时，西方发达资本主义国家的跨国公司也借助经济全球化的势头在中国境内不断发展壮大。

首先，以美国为首的西方发达资本主义国家凭借其强大的文化产业优势和国内国外统一的市场体系向中国输入以消费主义为核心的大众文化产品。1999 年发表于《华盛顿邮报》的《美国流行文化渗透到世界各地》一文指出"美国最大的出口产品不再是地里的农作物，也不再是工厂里的产品，而是批量生产的流行文化产品，包括电影、电视节目、音乐、书籍和电脑软件等"②。美国的好莱坞大片是其推行文化霸权的重要载体，这些影片所宣扬的个人主义、消费主义、享乐主义等美国文化价值观对中国人特别是中国青年人的世界观、人生

---

① ［美］罗伯特·帕斯特. 世纪之旅：七大国百年外交风云 ［M］. 胡利平，杨韵琴，译. 上海：上海人民出版社，2001：251.
② 朱继东. 全球化的本质及其对中国意识形态的挑战 ［J］. 前线，2015（2）：15-17.

观、价值观产生了很大的负面影响。2011年共有17部引进片票房过亿，全年好莱坞电影在中国获得超38亿元的收入，占据中国国内票房总数的29.06%，其中《变形金刚3》《功夫熊猫2》《加勒比海盗4》和《哈利波特7》（下）的票房均超过4亿①。2012年2月18日，中国和美国就解决WTO电影相关问题的谅解备忘录达成协议，协议规定：中国将在原来每年引进美国电影配额约20部的基础上增加14部仅支持3D或IMAX放映方式的特种电影；美方票房分账比例从13%提高至25%；中国的民营企业将得到发行进口片的机会，过去国有公司垄断进口片发行的局面将被打破等②。2014年共有30部引进电影票房过亿，在2014年度票房收入前十名的影片中有5部为好莱坞影片，《变形金刚4：绝迹重生》更是以19.78亿元的票房位居榜首。此外，英国经典音乐剧《妈妈咪呀！》从2011年7月在上海首演到2011年10月11日，在国内的演出高达11场，共有13万人次观众观看，票房收入4500万元③。2015年和2018年版权引进排在前三位的依次为美国（5251,5047）、英国（2802,3496）和日本（1771,2075），2015年全年我国电视节目进口量为31,109时，进口总额为99,398万元，其中来自欧洲的电视节目总量为6447时，总额为9641万元，来自美国的电视节目总量为5918时，总额为21,659万元；来自日本的电视节目总量为14,063时，总量为38,955万元。2018年电视节目进口量增加到66,341时，进口总额增加到360,621万元，其中从欧洲进口量为4951时，总额为51,882万元；从美国进口量为41,653时，总额为100,856万元；从日本进口量为13,446时，总额为159,743万元④。这些携带有西方消费主义价值观的文化产品大量涌入中国文化市场，对中国民众的人生观、世界观和价值观产生了潜移默化的影响，使得中国民众尤其是青少年在行为（尤其是消费行为）上表现出严重的消费主义与崇洋媚外倾向，这无疑对我国国家文化安全构成了严重威胁。

其次，改革开放以来，为了引进西方国家的先进技术和雄厚资金，我国为

① 中华人民共和国文化部对外文化联络局，北京大学文化产业研究院. 中国对外文化贸易年度报告［M］. 北京：北京大学出版社，2012：183.

② 中华人民共和国文化部对外文化联络局（港澳台办），北京大学文化产业研究院. 中国对外文化贸易年度报告（2014）［M］. 北京：北京大学出版社，2014：2.

③ 以上数据来源：陆杰.《妈妈咪呀！》中文版斩获4500万票房［N］. 北京商报，2011-10-24.

④ 以上数据来源：中华人民共和国统计局网站.

跨国公司入境提供了很多有利条件，许多西方发达资本主义国家的跨国公司在中国落地生根，但是"世界上还没有哪个国家发现一种办法，既进口世界的产品和技术，又能够把国外的思想阻止在边界"①。2015 年我国合同利用外商直接投资项目共 26，575 个，2018 年增加到 60，533 个。2015 年实际利用外资额为12，626，700 万美元，2018 年增加到 13，496，600 万美元②。这些跨国公司为我国经济发展做出很大贡献，但我们却往往忽略了他们的"文化巨人"角色。跨国公司具有厚重的母文化特质，他们通过公司治理、企业文化、员工培训等方式，潜移默化地向中国输入西方文化，从而影响中国民众的价值观念与政治信仰。米歇尔·盖尔特曼曾经指出，"人们因而看到工业国家的某种统一。这种统一主要是消费模式和口味的一致，而且往往是受美国文化的影响。这种统一可以通过跨国公司传送——这时是一种文化模式的传播，或者通过当地公司传送——通过模仿和改变，这时是对一种外来文化的吸纳"③。跨国公司经营过程中所形成的中国民众对西方文化的无意识吸纳对中国社会主义意识形态与中华民族文化的社会认同具有消解作用，而这对我国国家文化安全构成一定的挑战。

二、借助文化教育交流传播西方文化

文化教育交流是"主权国家利用文化手段达到特定政治目的或对外战略意图的一种文化活动，是由政府或者充当公共机构契约协作者的非政府组织向他国国民描绘本国情况的活动"④。以美国为首的西方发达资本主义国家历来都非常重视国际文化教育交流，美国国土安全部首任部长汤姆·里奇提出："在文化领域，安全问题十分重要。我们必须从另外一个角度思考安全问题。恐怖分子不仅是怀揣炸弹的人。思想与文字同样会对我们的安全造成严重影响。"⑤

1946 年由美国政府出资创建的富布莱特项目便是美国典型的国际文化教育交流活动。1979 年该项目进入中国，目前的文化教育交流主要通过由美国专家来华讲学和中国学者赴美研修两种方式实施。除此之外，美国还有很多国际教

---

① Public Papers of the President of the United States, George Bush, 1991, Washington D. C., U. S. Government Printing Office, 1992, p567.
② 数据来源：中华人民共和国统计局网站.
③ ［法］米歇尔. 盖尔特曼. 跨国公司［M］. 尚云上，译. 北京：商务印书馆，1998.
④ 胡文涛. 美国文化外交及其在中国的运用［M］. 北京：世界知识出版社，2008：30.
⑤ 涂成林. 扩张和渗透：美国文化安全战略的本质［N］. 光明日报，2013-11-20 (13).

育交流机构，比较典型的有创建于 1919 年的美国国际教育协会（IIE）、成立于
1947 年的美国国际教育交流协会（CIEE）和成立于 1948 年的国际教育者协会
（NAFSA）。这三个机构的国家教育交流活动主要通过海外交流项目、国际教育
服务、国际教育会议、国际教育研究等形式开展。这些美国国际教育交流机构
在成立时便具有明确的使命和宗旨，而这些使命和宗旨除了体现机构的运行目
标与内容外，更重要的是蕴含了美国的文化和价值观。

　　2008 年金融危机爆发以来，出于经济发展的需要，以美国为首的西方国家
政府对签证等政策做出调整，再加上美国大中学校一系列吸引中国学生赴美留
学的措施，"美国留学热"出现持续升温，并且呈现低龄化趋势。据有关资料显
示①，2008 年，在所有的学生签证中，到美国读本科或高中的学生高达约 40%，
他们将分别需要 4 年和 7 年的时间才能大学毕业拿到本科文凭。假如他们继续
在美国读硕士研究生的话还要再加 2 年。根据启德教育集团 2007 年到 2014 年的
自有客户数据显示，在出国读高中和本科的所有学生中，超过 80% 的同学选择
美国、澳大利亚、加拿大和英国，其中有近 30% 的同学选择美国；在其余 20%
的同学中，选择新加坡的占 3.66%，选择法国的占 3.23%，选择新西兰的占
2.67%，选择德国的占 2.5%，还有少部分选择荷兰、日本等②。在是否愿意未
成年就出国留学的态度上，超过 90% 的学生持积极态度，其中表示非常愿意的
学生占 56%，表示比较愿意的学生占 36%③。另外，国家统计局数据显示，
2018 年我国出国留学人员总数达到 66.21 万人④，是十年前的 3.68 倍。青年学
生的思维活跃，对新事物接受能力强，在长达多年的留学生活中，他们的思想
和价值观必然会受到西方文化的影响。完成学业后，他们会带着对西方文化更
深刻的理解回国，从而影响更多的中国人。1948 年 5 月艾伦指出："这些外国学
生的经历将对世界具有很大的影响。这些学生中的大多数将回到他们本国的负
有责任的领导岗位。他们带回去的对美国的印象被认为……比他们获得的专业

①　廖小健. 金融危机下的"美国留学热"及其发展趋势［J］. 当代中国史研究，2011
　　（2）：70-75，127.
②　以上数据来源：启德教育. 中国低龄留学生研究报告［R］. 2014-06-12，第 4 页.
③　以上数据来源：启德教育. 中国低龄留学生研究报告［R］. 2014-06-12，第 6 页.
④　数据来源：中华人民共和国统计局网站.

知识和技艺更有意义。"①

综上所述，以美国为首的西方发达资本主义国家开展的各种各样的文化教育交流活动根本上是为维护西方国家的国家利益考虑的，旨在通过这些项目活动的实施传播西方文化，培养中国的"香蕉人"，从而使得西方国家的意识形态与生活方式在中国得到更大范围的传播与渗透，与此同时，中国主导意识形态与民族文化的社会认同基础却在一定程度上被削弱了。

三、借助英语的话语霸权渗透西方文化

在全球化进程快速发展的今天，语言已不仅仅是一种单纯的交流工具和符号，更是一个国家维护其国家文化安全的战略武器。冷战的结果是以美国为首的资本主义阵营取得胜利而告终，之后，美国的霸权地位确立，在国际规则和国际制度中占据绝对主导地位，于是携带着西方国家价值观的英语便成为世界各国交流的工具。而随着全球化的快速发展，英语全球化呈现出横向扩张与纵向深化的趋势，英语逐渐取得语言霸权地位，而美国基于安全因素出台的语言政策在某种程度上已对我国国家文化安全构成威胁。我国学者蔡永良曾形象地指出："美国语言政策就像一座北冰洋上的冰山，露出水面的是'语言政策'，藏于水下的是'语言文化'，再下一层是'美国文明'，最坚固庞大、也许还连接着洋底的最底层是'西方文明'。"② 在中国，英语的学习已贯串幼儿园到博士研究生的全过程，据有关部门统计，"3 亿外语学习者中，英语学习者占93.8%"③。对英语学习的狂热催生了一大批英语培训机构，这些培训机构的教师部分由外国人担任，他们在教授中国学生英语的过程中，将西方文化也渗透其中。

近年来，圣诞节、万圣节这样的西方节日在商家以盈利为目的的炒作中已呈现出一发不可收拾的态势。另外，由于美国在互联网技术上占有的绝对优势，英语成为国际互联网的主导性语言，在网上所有信息中，"英语占 90%，法语占

---

① 王晓德. 文化的帝国：20 世纪全球"美国化"研究（上）[M]. 北京：中国社会科学出版社，2011：333.

② 蔡永良. 语言·教育·同化：美国印第安语言政策研究 [M]. 北京：中国社会科学出版社，2003：362.

③ 马月秋，高志怀. 国家安全视阈下的美国语言战略及对我国语言文化安全的启示 [J]. 河北师范大学学报（哲学社会科学版），2015（5）：127-130.

5%，其他世界众多的语言只占5%"①，"只要你一进入交互网络（即国际互联网），你的电脑屏幕上显示的是英语，你进入的讨论组大多数是美国人发起的，讨论的题目是他们想出来的，你看的广告几乎全是美国产品的广告。一句话，进入交互网络，就是进入了美国文化的万花筒"②。语言是一个民族国家的重要标志，我们在接受英语的同时，也就是对西方思维模式的无意识认同。久而久之，我们的世界观、人生观、价值观就会受到以美国为主的西方文化价值观与意识形态的影响，而这最终将对我国国家文化安全构成较大压力。

四、借助媒体优势传播西方文化并歪曲中国国家文化形象

由于以美国为首的西方发达国家对稀缺性世界信息传播资源的掌控，因此国际传播秩序长期处于"西强东弱"的不平衡状态，西方发达国家媒体享有绝对的话语权。西方发达国家的四大主流通讯社（美联社、合众国际社、路透社、法新社）每天的新闻量占据了整个世界新闻发稿量的80%，在世界各地传播的新闻有90%以上由美国等西方发达国家垄断③。以美国为例，美国媒体几乎涵盖了所有主要形式，如电视、广播、报纸、杂志、网络等，目前"美国拥有1500多家日报、8000多家周报、1.22万种杂志、1965家电台和1440家电视台，还拥有美国广播公司、哥伦比亚广播公司、全国广播公司三大电视巨头"④，而媒体的自觉意识为美国文化扩张战略的实施提供了有力支撑，正如美国自由欧洲电台和自由电台委员会副主席本·瓦滕伯格宣称的那样："今天只有美国的民主文化才有基础，只有美国人才拥有使命意识。……我们在历史上是最强有力的文化帝国主义。"美国之音是美国政府推行其国家战略的重要武器，美国政府将它的责任规定为"报道世界各地的新闻，介绍与解释美国的政策、社会情况和各种风俗习惯"⑤。1969年，互联网的出现为美国政府传播信息提供了新手段，正如美国互联网协会主席唐·希思所言："如果美国政府拿出一项全球传播

① 张丽红. 从网络舆情传播的角度谈文化安全 [J]. 社科纵横，2007（2）：129-131.
② 易舟. 我在美国信息高速公路上 [M]. 北京：兵器工业出版社，1997：294.
③ 以上数据来源：胡正荣，关娟娟. 世界主要媒体的国际传播战略 [M]. 北京：中国传媒大学出版社，2011：208.
④ 刘昀献. 当前我国主流意识形态面临的风险和对策研究 [J]. 中国浦东干部学院学报，2015（1）：5-23.
⑤ 刘金质. 美国国家战略 [M]. 沈阳：辽宁人民出版社，1997：350.

美式资本主义和政治自由主义的计划，互联网是最好的传播方式。"① 同时，互联网也加速了信息的全球化流动，但是由于美国在互联网技术上的绝对优势，国际信息呈现单向流动态势：由发达国家向发展中国家流动。美国传统媒体已经通过互联网渗透到中国，美国国务卿奥尔布赖特曾明确指出："中国不会拒绝互联网这种技术，因为它要现代化。这是我们的可乘之机。"② 美国外交事务委员会曾在一份报告中写道："某些外交政策目的最好可以通过直接对付外国的人民，而不是对付其政府来实现。通过运用现代传播工具和传播技术，是有可能触及大部分有影响的国民——给他们提供信息、影响他们的态度……促动他们走上特定的行动方向。"③ 这些言论都充分暴露出美国试图凭借其信息控制力与响力向世界尤其是与其持有不同社会制度意识形态的中国输出西方价值观，进行"文化扩张"以实现政治上"和平演变"的图谋。

在中国，随着互联网的广泛应用，网民数量越来越多，据《中国互联网发展报告2019》显示，截至2019年6月，中国网民规模达到8.54亿人，互联网普及率达61.2%，网站数量518万个。如此巨大规模的网民中，绝大部分为年轻人，并且他们中大部分人拥有高中及以上学历。他们思维活跃，愿意接受新事物，但对外来信息缺乏免疫力和识别力，从而使得他们的思想观念很容易受到大量西方信息所携带的西方价值观的影响。

以美国为首的西方发达国家还凭借自己强大的国际媒体话语权来歪曲中国的国际文化形象。国际文化形象是指国外公众对于一国文化传统、文化制度、文化结构、文化内容、文化创新等方面的综合评价。良好的国际文化形象是一个国家非常重要的无形资产。文化是创造一个国家国际文化形象的结构性力量，跨文化对一国国际文化形象的塑造过程凸显的是本土文化对异国文化基于自我需要的形象再现，而这种对异国文化的形象再现实际上是本土文化与自我需要的外在延伸。因而当代形象学认为"异国形象不再是对异国现实的简单复制式的描绘，而是在自我与他者、本土与异域的文化关系中的一个'想象性再现'，

---

① 周建标. 文化壁垒民族安全：关于国家文化安全之浅议 [J]. 中外文化交流, 2010 (4)：20-25.

② 何国平. 中国对外报道思想研究 [M]. 北京：中国传媒大学出版社, 2009：91-92.

③ [英] 戴维·莫利, 凯文·罗宾斯. 认同的空间：全球媒介电子世界景观与文化边界 [M]. 司艳, 译. 南京：南京大学出版社, 2001：301—303.

在这个想象性再现里，透视出了自我形象"①。由于美国长期以来处于世界霸权地位，美国媒体所构筑的中国文化形象对整个西方社会之于中国的认识起到了非常关键的作用，所以本书主要就美国媒体中的中国文化形象进行阐述。受意识形态的影响，美国对中国文化形象的认识始终存在预设，这导致国际社会对华印象缺乏真实性并具有片面性。

1949 年新中国成立后，由于国际社会社会主义与资本主义二元意识形态的对峙，美国媒体对中国的报道处于完全失真状态，在美国人眼中，"中国是一个野心勃勃、极富侵略性、有称霸全球的企图的政权，而中国的文化形象就等同于暴虐专政用来'清洗'头脑的极端意识形态"②。1978 年改革开放以来，随着中国经济的快速发展，中国在世界上的地位越来越重要，中美贸易关系正常化，美国媒体对中国的报道也逐渐增多，但这并没有改变美国对中国社会主义意识形态的敌对态度。冷战结束后，随着全球化进程的快速发展和我国改革开放进程的不断加快，中国经济进入快速发展阶段，美国认为中国崛起将会对自己形成巨大威胁，于是通过各种途径塑造"中国威胁形象"，"中国威胁论"的声音响遍世界。1993 年，塞缪尔·亨廷顿在美国《外交》杂志上发表文章《文明的冲突？》，随即，"文明冲突论"引起世界普遍关注。塞缪尔·亨廷顿明确指出："中国的历史、文化、传统、规模、经济活力和自我形象，都驱使它在东亚寻求一种霸权地位。这个目标是中国经济迅速发展的自然结果。"③ 进入 21 世纪后，中国正式加入 WTO，中国的对外文化交流活动随之增多，中国文化在世界范围内的影响也越来越大。王凡通过分析 2001 年到 2013 年《纽约时报》头版对中国国家形象的构建得出"《纽约时报》对中国文化领域的报道中隐藏着中国文化影响力的逐渐增强，而这一增强趋势对美国来说无疑意味着是隐藏着的竞争力量"④。因此，美国主流媒体和舆论对中国国家文化形象的报道依然存在大量负面信息，如 2009 年 8 月 17 日发表在《新闻周刊》上的《汉语的"欺诈"：所以你想学习汉语？你最好还是在家学吧》（The Mandarin Scam；So you want to learn

① 杨松芳. 美国媒体中的中国文化形象研究 [D]. 成都：四川大学，2008：21.
② 邓长江. 中国文化形象研究 [D]. 成都：电子科技大学，2007：25.
③ ［美］塞缪尔·亨廷顿. 文明的冲突与世界秩序的重建（修订版）[M]. 周琪，译. 北京：新华出版社，2010：205.
④ 王凡.《纽约时报》头版对中国国家形象的建构研究（2001—2013）[D]. 上海：华东师范大学，2015.

Chinese? Your best bet these days is to stay at home），文章按照《新闻周刊》一贯的写作思路，先是描述了学习中文是一种潮流，同时也是投资方式。接着笔锋一转，就开始介绍中国大学包括世界范围内的孔子学院提供的汉语教学方法是和实际"脱节的"，"只注重听写，而不注重运用"，"是一种创收的方式"①。另外，孔子学院在发展过程中也遭到西方社会的种种质疑，他们认为孔子学院是中国政府的对外宣传工具。2012 年 3 月 28 日，美国国会众议院外交委员会举办的主题为"对华公共外交的价值"（the price of public diplomacy with China）的听证会内容便是对孔子学院质疑的汇集。主持人议员 Dana Rohrabacher 认为，中国在美国到处建孔子学院，可能有其他目的。出席作证的美国人口研究所所长 Steven Mosher 认为，孔子学院不仅与中国政府相关，而且有自己的目标，他们依附于现有的大专院系，受国家汉办领导，学术上受中国教育部管理，在实际操作上又受到中国统战部领导。美国认为中国政府在输出社会主义意识形态，因为孔子学院"归根到底是向中国共产党负责的"②。通过分析新中国成立以来美国媒体中的中国文化形象演变轨迹，我们可以看出：美国媒体下的中国文化形象是美国文化构筑的一套话语体系，是"对西方文化自我认同的隐喻性表达。它将概念、思想、神话或幻想融合在一起，构成西方文化自身投射的'他者'空间"③。美国媒体下的中国文化实际上已成为美国文化的一部分，美国将自身文化强行复制到中国文化上，却掩盖了中国文化自身的特征。

这种由以美国为首的西方发达国家媒体所塑造的失真的中国国际文化形象削弱了中国公民的自我认同。任何一个国家及其国民都希望看到自己的文化得到他国的认同与肯定。首先，从意识形态的角度来讲，"国家形象在国际上的传播，其国内意义可能远远超过国际意义，而成为一种以政治的方式来建构国家认同的途径"④。西方发达国家媒体的新闻理念长期被资本主义意识形态所束缚，所以在美国媒体对中国国家形象的负面报道中，一方面充分展现了以美国为首的西方资本主义国家自认为的文化价值观与意识形态的优越性，另一方面

---

① 朱雪. 美国《新闻周刊》所呈现的中国镜像：对 2008—2013 年涉华报道的框架分析 [D]. 济南：山东师范大学，2014：17.

② STARR D. Chinese Language Education in Europe：the Confucius Institutes [J]. European Journal of Education，2009，44（1），Part I.

③ 周宁. 世界之中国：域外中国形象研究 [M]. 南京：南京大学出版社，2007：7.

④ 刘国强. 国家形象传播：作为国家认同双重机制的考察 [J]. 求索，2010（9）：97-99.

则暗含着对中国社会主义制度与马克思主义意识形态的攻击。这种不切实际的报道在很大程度上会降低中国民众对中国社会主义制度与马克思主义意识形态的认同度。其次，从民族文化的角度讲，失真的国际文化形象导致中国民众对中华民族文化的认同度下降。亨廷顿指出："冷战结束后，中国确立的目标之一就是要成为中华文化的倡导者，成为吸引其他所有华人社会的文明的核心国家。"① 亨廷顿认为随着中华文化在世界上影响的不断扩大，其将会与西方文明产生冲突，即"文明威胁论"。因此，西方媒体在对中国国家文化形象的负面报道中暗含着对中国传统文化的贬低，加之中国自身文化自觉的不足，使得我国传统文化的社会认同度呈现一定程度的下降趋势。

此外，失真的中国国际文化形象降低了中国文化的国际效能。"由于国际社会对中国的国家形象存在不同看法，中国在国际舞台上碰到越来越多的误解和猜疑。"② 西方主流媒体长期对中国文化形象的负面报道和中国文化传播上的严重"赤字"，使得西方国家民众不能真正了解中国、了解中国文化。在西方民众的潜意识里，中国是一个老式的国家："百无聊赖的人民，穿着旧式的服装，抽象、枯燥、生硬、一成不变和难以亲近。"③ 这种在西方民众潜意识里形成的负面的中国文化形象，再加上东西方文化本身的巨大差异，使得世界理解中国文化的难度更大，中国文化产品在国际市场中出现严重的"文化折扣"现象，中国文化在国际社会的传播力和影响力受到严重限制。

五、西方文化扩张战略的未来发展趋势

文化扩张是冷战结束以来以美国为首的西方国家一直使用的对外文化战略。进入 21 世纪后，随着全球化进程与国际贸易的快速发展，以美国为首的西方国家的文化扩张呈现愈演愈烈的态势。

第一，影片进口方面，中国采取进口配额限制政策。2012 年以前，根据《中国入世协定书》规定，中国每年以分账形式引进美国大片 20 部。2012 年中美双方签订《中美双方就解决 WTO 电影相关问题的谅解备忘录》（以下简称

---

① ［美］塞缪尔·亨廷顿：文明的冲突与世界秩序的重建［M］.周琪，等译.北京：新华出版社，1998：182.

② ［美］乔舒亚·库珀·雷默，等.中国形象——外国学者眼里的中国［M］.沈晓雷，等译.北京：社会科学文献出版社，2008：8.

③ 沈若萌.传播力与国家文化形象［J］.北京观察，2008（10）：56-59.

《备忘录》)。《备忘录》规定"中国每年将增加 14 部美国进口大片,以 IMAX 和 3D 电影为主;美方票房分账比例从原来的 13% 升至 25%"①;除了 34 部分账大片外,每年还有很多数量上没有限制的"批片"进入中国电影市场。中国电影市场对美国的进一步开放无疑给美国的文化扩张提供了更多的机会。

第二,国内出现留学热。2013 年启德教育集团美国教育中心总监涂攀在接受记者采访时说:"高中毕业出国的学生每年都以超过 20% 的速度在增长。"② 根据启德教育集团 2007—2014 年自有客户数据显示:"出国读高中和本科的学生,超八成选择美国、澳大利亚、加拿大、英国这四个传统留学目的国。其中,美国的地位不可动摇,有近三成的学生选择。在是否愿意未成年就出国读高中和本科的态度上,超九成学生持积极态度。其中,56% 的学生表示非常愿意,36% 的学生表示比较愿意。美国国土安全局统计数字显示,2005—2006 学年,全中国仅有 65 名中学生持因私护照去美国读中学;而到 2012—2013 学年,美国私立高中有 23795 名中国学生,7 年间增加 365 倍。"③ "教育部统计数据显示,2013 年中国出国留学总人数 41.39 万,比 2012 年增长了 3.58%,报告还显示,本科及以下学历就读人数增长仍然迅猛,且低龄化趋势明显,硕士留学在出国留学总人数中占的比例则明显下降。"④ 2014 年出国留学人数达到 45.98 万人,比 2013 年增长 11.09%,2015 年上升为 52.37 万人,比 2014 年增长 13.9%⑤,2016 年上升为 54.45 万人,2017 年突破 60 万增加到 60.84 万人,2018 年上升为 66.21 万人,比 2017 年增长 8.83%⑥。以上几组数据表明,在过去几年,我国的出国留学人数呈现逐年上升趋势,并且低龄化趋势越来越明显,而随着全球化的不断加速和我国经济发展所带来的人民生活水平的不断提高,未来出国留学人数将会越来越多,低龄化趋势将愈发明显,这意味着未来将有更多的中国青少年受到美国文化与意识形态的影响。

第三,美国采取大数据战略。作为大数据策源地和创新引领者的美国,其

---

① 中华人民共和国文化部对外文化联络局(港澳台办,北京大学文化产业研究院. 中国对外文化贸易年度报告(2014)[M]. 北京:北京大学出版社,2014:2.
② 百万学子为何放弃高考?[N]. 海南日报,2013-06-07.
③ 启德教育集团. 中国低龄留学生研究报告[G]. 2016-06-12.
④ 周满生. 留学热背后是什么?[N]. 光明日报,2014-10-23(15).
⑤ 张宝钰. 留学热背后的冷思考[N]. 青年参考,2016-06-22(18).
⑥ 数据来源:中华人民共和国国家统计局网站.

联邦政府一直以来都非常重视大数据的发展，因此，美国一直都走在大数据发展的全球最前面。2012年3月29日，奥巴马政府宣布启动《大数据研究和发展计划》，同时组建"大数据高级指导小组"，这标志着美国政府已将大数据发展上升到了国家意志和国家战略层面。根据互联网行业报告，全球最具影响力的大数据企业有35家，其中33家在美国。也就是说，"整个世界完全依赖美国的大数据企业来提供相应的搜集工具、储存工具、分析工具、战略预测工具。大数据的核心是战略预测，世界各国都在使用美国的工具，那么美国就自然地抢占了世界的制脑权、制思维权"①。美国在大数据发展上的客观优势与美国政府对大数据发展的主观重视都不是中国在短期内能达到的，因此，在未来很长一段时期内，美国的文化扩张将借助于大数据平台而更加肆虐。

第四，美国跨国公司的全球化程度增加。随着社会分工国际化程度的加深和科学技术的快速发展，跨国公司的全球化程度将会大大增加。可以预见，未来将会有更多的跨国公司进入中国市场。2015年9月，"中国国务院新闻办公室与美国国家地理频道和美国迪士尼公司分别签署合作协议，将在共办中国主题图片展、制作播出中国纪录专题片、节目制作、推广中国主题博物馆专题展览以及制作迪士尼主题公园中国馆环球银幕电影等方面进行合作"②。2016年6月16日，中国第一个迪士尼主题公园——上海迪士尼乐园正式开园。"据法新社7月12日报道，迪斯尼首席执行官罗伯特·艾格11日说：'上海的迪斯尼主题公园开业不到一个月，就已经有近100万人前去游玩。我们将火鸡腿引入了中国，我原本还以为是个错误，但现在每天要卖出3000个。'"③ 而上海迪士尼乐园的定位是："希望凭借美国的文化输出赢得中国日益增长的中产阶级的青睐。"④随着上海迪士尼乐园的成功运作，未来很有可能会在中国建立第二座、第三座……迪士尼乐园，而迪士尼乐园本身所携带的美国文化无疑会对我国民众尤其是儿童与青少年产生潜移默化的影响。

综上所述，在未来很长一段时期内，国际社会依然呈现以美国为首的西方

① 胡键博客：http://blog.sina.com.cn/s/blog_544041610102vxxj.html
② 习近平主席对美国进行国事访问中方成果清单 [EB/OL]. 新华网，2015-09-26.
③ 上海迪斯尼乐园开业不到1个月接待游客已近100万 [EB/OL]. 参考消息网，2016-07-13.
④ 上海迪斯尼乐园开业不到1个月接待游客已近100万 [EB/OL]. 参考消息网，2016-07-13.

发达资本主义国家文化扩张为主要特征的国际文化秩序。这种不公平、不公正的国家文化秩序依然对中国国家文化安全构成严重威胁。

第二节　社会转型对中国国家文化安全形成挑战

当代中国的社会转型是指由传统社会主义向中国特色社会主义的转变，1978 年十一届三中全会的召开开启了当代中国的社会转型历程。冷战后，随着全球化进程的快速发展，中国的社会转型具有了中国传统文化、社会主义文化和西方资本主义文化三种不同性质文化博弈的复杂文化背景。经过改革开放以来 40 多年的发展，我国的经济总量已超过日本跃居世界第二。与此同时，随着分配方式的转变、社会阶层的分化、利益集团的形成，人们的思想状况和价值观念也呈现出多样化态势。这种现象的发生不是偶然的，而是由社会存在与社会意识的辩证关系所决定的。文化本质上作为一种观念形式的精神生产，是对社会存在的客观反映。马克思、恩格斯将文化放在社会存在和社会意识的辩证关系中进行考察，指出"物质生活的生产方式制约着整个社会生活、政治生活和精神生活的过程。不是人们的意识决定人们的存在，相反，是人们的社会存在决定人们的意识"[①]。社会转型对我国的国家文化安全具有极其深远的影响，正如我国学者侯惠勤所言："我们的时代是知识主导、知识爆炸的时代，可是又是思想苍白、精神危机的时代；我们的时代是空前重视文化生产力、把凝聚共识提升为国家'软实力'的时代；我们的时代是极力回避、努力淡化意识形态的时代，可是又是西方意识形态妄图独霸天下、因而必须以社会主义意识形态与之抗衡的时代。"[②]

一、市场经济功利性导致人们对精神追求的忽略

新中国成立后我国照搬苏联社会主义模式，实行公有制占绝对统治地位的计划经济体制。在计划经济体制下，国家是资源和资源配置权的唯一掌控者，

---

① 马克思，恩格斯. 马克思恩格斯选集：第 2 卷 [M]. 北京：人民出版社，2012：2.
② 侯惠勤. 马克思的意识形态批判与当代中国 [M]. 北京：中国社会科学出版社，2010：55.

平均主义和指令性计划是社会财富的分配原则。在这种情况下，人们的个人利益诉求长期被集体主义观念所压制，利益也就被简单化和统一化。但是随着我国经济的不断发展，计划经济体制已不能适应生产力的发展要求。在此背景下，1978年中国开始走"改革开放"的道路，开启了当代中国社会转型的新航程。在我国，当代社会转型体现在经济方面即指传统计划经济向市场经济的转轨，党的工作重心由原来的"以阶级斗争为纲"转向"以经济建设为中心"。

市场经济又称为自由市场经济或自由企业经济，它是一种市场在资源配置中起决定性作用的经济体系，在市场经济体系下，产品或服务从生产到销售的整个过程都完全由市场的自由价格机制来引导。由此可见，首先，在市场经济条件下，利益最大化是商品生产者追求的最终目标，这一方面可以调动人们的积极性，另一方面却极易让人们陷入个人极端主义的漩涡，为了追求物质利益而无所不用其极。其次，市场经济固有的自发性、盲目性和逐利性使得人们对货币顶礼膜拜，拜金主义思想泛滥。如当今中国社会出现的权钱交易、贪污腐败、假冒伪劣产品横行的现象都是拜金主义的具体表现。最后，市场经济的快速发展极大地提高了人们的生活水平。与此同时，竞争原则却超越经济领域而被移植到社会一切领域，市场经济世俗化、功利性的价值取向使人们完全忽略了精神文化层面的追求，享乐之风越吹越烈。市场经济条件下形成的个人极端主义，拜金主义和享乐主义与我国的社会主义核心价值观，勤俭节约的文化传统和"真、善、美"的审美价值都是背道而驰的，这对我国国家文化安全形成严重挑战。

二、社会结构变动导致新旧文化体系出现断层

当前的中国正处于社会转型的关键时期，社会转型的核心是结构的转换，而这种结构的转换势必会引起社会机制的变化、利益结构的调整以及人们思想观念的多元化。随着我国改革开放的深入发展，我国的社会结构已由改革开放前基本以政治尺度为标准划分的阶级社会转变成了当今以财富、职业、权力、社会地位等尺度为标准划分的多个阶层的社会结构形式。社会结构的转变必然会引起文化结构的转变。1840年鸦片战争前，传统文化是中国文化结构的全部内容。随着鸦片战争的爆发，西方国家入侵中国，同时西方文化也开始进入中国。但在五四运动前，中国人倾向于以中国传统文化为根本来解释和汲取西方

文化，强调西方文化对中国传统文化的作用，即"中体西用"。五四运动开启了中国新民主主义革命的历程，马克思主义在中国得到广泛传播并与中国革命实践相结合。1949年新中国成立后到1978年改革开放前，马克思主义上升为国家意识形态。一方面由于国际社会呈现社会主义与资本主义二元意识形态对峙格局，另一方面由于传统社会主义社会"两个阶级（农民阶级和工人阶级），一个阶层（知识分子阶层）"的简单社会结构，这个时期马克思主义意识形态几乎构成我国文化结构的全部内容。改革开放以后，中国进入社会转型期，随着所有制结构和分配方式的不断改变，社会主义市场经济体制逐步走向成熟与完善，传统社会主义"两个阶级一个阶层"的社会结构逐渐被打破。概言之，改革开放以来中国社会结构的分化过程实质上就是一个社会不断阶层化的过程。在这个过程中，"阶层地位越来越明确，阶层边界越来越清晰，阶层利益越来越凸显"①。

那么，当代中国社会到底呈现一种什么样的结构呢？对此不同学者持不同观点：中国社会科学院社会学研究所"中国社会结构变迁研究"课题组以组织资源、经济资源和文化资源为标准，提出了十大社会阶层划分体系，主要社会阶层包括国家与社会管理者阶层，经理人员阶层，私营企业主阶层，专业技术人员阶层，办事人员阶层，个体工商户阶层，商业服务业员工阶层，产业工人阶层，农业劳动者阶层，城市无业、失业、半失业人员阶层。② 李路路将社会分成五个阶层：（党政机关、企事业）单位负责人及中高层管理人员（权力阶层），专业技术人员，一般管理人员，工人（农民），自雇佣者③。李艳中按照社会转型所获得改革收益的不同情况将社会阶层分为特殊阶层群体、普通阶层群体和弱势阶层群体。④ 张济洲、黄书光依据《中国社会阶层报告》分类标准，将社会阶层划分为优势阶层（国家与社会管理者、经理人员和私营企业主）；中产阶层（专业技术人员、办事人员和个体工商户）；基础阶层（产业工人、商业

---

① 李路路. 社会结构阶层化和利益关系市场化：中国社会管理面临的新挑战 [J]. 社会学研究，2012（2）：1-19，242.

② 陆学艺. 中国社会结构的变化及发展趋势 [J]. 云南民族大学学报（哲学社会科学版），2006（5）：28-35.

③ 李路路. 制度转型与阶层分化机制的变迁：从"间接在生产"到"间接与直接再生产"并存 [J]. 社会学研究，2003（5）：42-51.

④ 李艳中. 中国社会转型时期的多元文化交织发展 [J]. 社科纵横，2009（6）：119-124.

服务员工、农业劳动者、城乡无业、失业、半失业者）。①

虽然学术界关于当代中国社会阶层结构划分持不同观点，但却有本质上的共同之处。第一，改革开放后在中国社会结构阶层化过程中，一个以非公有制经济人士和自由择业知识分子为主要组成的新社会阶层正在逐步成长壮大起来。第二，阶层结构趋于固化，平民阶层向上流动的渠道越来越窄，门槛越来越高。第三，阶层间差距呈现拉大趋势，底层规模远远大于中上层。

唯物史观认为，社会存在决定社会意识，当前中国社会结构的变化必然会引起人们思想文化观念的变化。但令人遗憾的是，面对改革开放以来我国社会结构的巨大变迁，我国文化领域却呈现出文化体系的断层现象：传统的文化体系已经崩溃，而新的文化体系还没形成。伴随着全球化的快速发展和西方文化的巨大冲击，改革开放前纯粹的社会主义政治文化模式已经被彻底打破，出现了一种多元文化格局。这种由多元文化构成的文化结构中，包括以马克思主义为指导的社会主义文化、中华传统文化、西方文化、大众文化等。首先，中华传统文化的现代化转换远未完成，传统文化在当代多元文化格局中的地位并不占优势。中华传统文化底蕴深厚，但经历了改革开放前完全被搁置的存在状态后，人们对其较为陌生。改革开放后，由于西方文化和市场经济文化的冲击，原来的纯粹社会主义政治文化模式被打破，中华传统文化逐渐复苏。特别是近几年来，中国社会出现了学习中华传统文化的热潮即"国学热"。这本是一件利国利民之事，但由于功利思想的驱动，"国学"成了一些人获取私利的工具。可以毫不避讳地说，"国学热"在一定程度上是泛商品化推波助澜的结果。从中国现代化进程来看，中国传统文化正面临着前所未有的现代化转换诉求。其次，以马克思主义为指导的社会主义意识形态对当前社会现实的解释力有待提高，马克思主义在全球化和社会转型的浪潮中被日益"碎片化"，难以起到对其他社会思潮的引领作用。最后，西方文化在我国当代多元文化格局中影响过大。20世纪80年代以来，随着中国改革开放政策的施行，中国的经济、政治、文化都出现了一系列巨大变化，这无疑推进了中国的现代化进程，也为西方文化在中国的传播打下了基础。在此期间，蕴含着西方价值观的科学技术、经济管理理论、哲学思潮、社会思潮、文艺作品等迅速涌入中国，我国出现了研究学习西

---

① 张济洲，黄书光. 隐蔽的再生产：教育公平的影响机制——基于城乡不同阶层学生互联网使用偏好的实证研究 [J]. 中国电化教育，2018（11）：18-23，132.

方著作的热潮，当前中国高校西方经济学和西方管理学在师生中的盛行便是力证。西方文化作为人类文明成果之一，有积极的一面，如西方文化所倡导的科学精神、理性传统、追求民主、强调法治等观念，也正是这些积极因子引起了中国广大知识分子的兴趣与追捧，而这种追捧一旦过度就会使人们忽视其所蕴含的文化殖民思想和文化霸权意识。西方文化除了对我国知识分子产生重大影响外，对我国普通民众的价值观念也带来巨大冲击，这主要表现在西方文化对我国大众文化消费的影响上。由于受到西方消费文化的冲击和市场经济逐利性的影响，我国大众文化消费已经出现符号化倾向，正在或者已经突破传统的审美价值取向。

综上所述，当前我国呈现多元文化形态格局，这种多元文化形态格局除了强调文化形式的多样性外，更强调文化性质上的差异性。当前中国多元文化形态格局中的"文化"包括以政治话语为基调的主导文化，以人文话语为基调的精英文化，以世俗话语为基调的大众文化，以传统习俗为基调的传统文化，以西方话语为基调的外来文化。① 但每一种文化该如何定位、如何融合和发展却是一个悬而未决的问题，文化重建是我们必须面对的重大课题。

三、多元文化冲突导致我国国家文化安全内部环境恶化

当前，我国正处于改革开放的关键期和社会转型的加速期。中国的社会转型是复合型转型，是从传统农业社会转向现代工业社会，从封闭型社会转向开放型社会，从计划经济体制转向市场经济体制。在转型过程中，市场化、工业化、现代化和社会主义制度建设都被浓缩在同一个相对有限的时空当中进行，这势必会引起个人及群体层面的社会分化，从而导致利益主体的多元化。不同利益主体追求自身利益的过程实质就是利益主体冲突博弈的过程，也是社会矛盾凸显的过程。2013 年 6 月 28 日，习近平在全国组织工作会议上发表重要讲话时指出："当前，中国正面临社会的转型期、矛盾的凸显期，各种新问题、新矛盾、新情况层出不穷……"而由社会转型所带来的各种矛盾在更深层次上体现在文化领域，有学者这样描述当代中国文化图景："我们正处在一个思想大活跃、观念大碰撞、文化大交融的时代，一个文化矛盾凸显、价值多元冲突的时

---

① 陆岩. 社会主义核心价值体系领中国多元文化发展研究［D］. 哈尔滨：哈尔滨师范大学，2011：19.

代，先进文化、有益文化、落后文化和腐朽文化同时并存；正确思想和错误思想、主流意识形态和非主流意识形态相互交织。"① 我国社会转型期文化领域的矛盾与冲突主要体现在以下几个方面。

首先，社会思潮与马克思主义意识形态之间的张力更加明显。改革开放以后，随着我国国门的打开和全球化的快速发展，各种社会思潮大量涌现出来并且呈现出时间上高度压缩和空间上快速发展的态势。"社会思潮是在社会变革时代（在社会心理演化的基础上），由一定思想理论引领的，反映社会历史走向诉求的，影响面很广的思想观念或倾向。"② 社会思潮作为一种社会意识，是对社会存在的反映，而社会存在的复杂多样性决定了社会思潮的复杂多元性。当前活跃在我国的社会思潮主要有传统马克思主义思潮、新自由主义思潮、折中马克思主义思潮、民主社会主义思潮、复古主义思潮、历史虚无主义思潮、新左派思潮等。这些社会思潮在我国的盛行本质上具有 "'学术化'生成特点、'网络化'发展方式和'政治化'演变趋势"③。以社会思潮和主导意识形态的关系为依据，可将社会思潮分为 "支撑类的社会思潮、中立的社会思潮以及对抗的社会思潮"。支撑类的社会思潮和中立类的社会思潮由于其思想内容具有一定的积极性与进步性，因此可以为主导意识形态创新和发展提供补充和养分。对抗性的错误社会思潮由于其思想内容与党和国家主导意识形态的对立性，因此会对以马克思主义为指导的社会主义意识形态形成威胁。"普世价值"思潮将西方发达资本主义国家的价值观宣扬为 "全人类共同价值"，认为未来所有国家的价值观都将回归资本主义意识形态，这使得一部分人的思想出现混乱，从而消解其对中国特色社会主义的道路认同。"新自由主义"思潮主张彻底的 "私有化、自由化、市场化"，反对公有制和国家对经济的宏观调控，认为国有企业是 "怪胎"，其本质是对中国特色社会主义经济制度的否定。大陆新儒家主张要 "儒化中国"，为此，他们要 "重建儒教"，他们说，"儒学理应取代马列主义"，"同马列主义正面对抗"，要把 "尧舜孔孟之道"作为国家的立国之本即国家的宪法

---

① 任平. 文化矛盾：现状与出路 [J]. 理论视野，2009（9）：21-23.
② 林泰. 问道：改革开放以来的社会思潮与青年思想政治教育研究 [M]. 北京：中国社会科学出版社，2013：3-4.
③ 谈际尊. 社会思潮多样化发展态势与意识形态建设新策略 [J]. 南京政治学院学报，2015（1）：33-37.

原则写进宪法，将其上升为国家的意识形态。① 十八以来，习近平总书记多次表示要重视中国的优秀传统文化，但这却引起了有关人士的诸多猜想。香港媒体对此进行扭曲说："习近平表现出了对儒家文化异乎寻常的浓厚兴趣"，"习近平'尊孔崇儒'具有深远的政治和社会动员意义"②。国内某些人则别有用意地把习近平总书记看望国学大师汤一介称为"习近平牵手新儒学"。2014 年 12 月，大陆新儒家的一些活跃分子甚至召开主题为"习大大尊儒，儒门如何评估应对"的座谈会。这些言行实际上是要企图用儒家思想代替马克思主义在意识形态领域的一元指导地位。由此可见，在多元社会思潮不断涌现的今天，"国家意识形态与一般社会意识形态从高度统一的状态逐步走向相对分离的状态"，③ 以马克思主义为指导的国家意识形态与各种社会思潮，尤其是对抗性社会思潮之间的张力变得更加明显。

其次，主导文化、精英文化与大众文化的矛盾。每种文化所追求的价值目标的不同决定了不同种类文化之间存在着各种冲突与矛盾。第一，主导文化和大众文化之间的矛盾与冲突。主导文化与大众文化的矛盾主要体现为一元主导意识形态与多元价值取向的矛盾。在我国，主导文化即以马克思主义为指导的社会主义文化，代表国家意志，当前，"富强、民主、文明、和谐，自由、平等、公正、法治，爱国、敬业、诚信、友善"的社会主义核心价值观即为我国的主导文化。大众文化在中国兴起于改革开放，20 世纪 90 年代后得到快速发展。大众文化是"工业化和城市化的过程中出现的文化形态，其深植于现代市场经济发展的土壤，并为普通社会阶层所欢迎"④，具有商品性、娱乐性、复制性、通俗性等特点。大众文化作为一种市民的消费文化，它的价值取向倾向于多元、分散、功利，而主导文化作为国家意识形态的代表，更多强调统一、集中、权威性，二者价值取向的不同是导致它们存在矛盾冲突的根本原因。近年来，大众文化借助传媒科技优势和灵活的市场化运作模式得到了迅猛发展并几乎占据了民众日常生活领域的全部，可以说，多元价值取向的大众文化在一定

---

① 张世保. 大陆新儒学评论 [M]. 北京：线装书局，2007.
② 港媒评红色新儒家习近平：孔府"点赞"语被印上图书腰封 [EB/OL]. 大公网，2014-05-24.
③ 张治库. 公民社会的国家意识形态与道德教育 [J]. 当代教育论坛，2005（8）：13-16.
④ 冯宏良. 社会文化生态变迁中的国家意识形态安全问题 [J]. 探索，2017（6）：178-183.

意义上已成为我国当前的主流文化，这严重削弱了社会主义主导文化在社会生活领域的权威性和主导性。第二，精英文化与大众文化的矛盾。精英文化和大众文化具有不同的价值取向。精英文化强调文化内容深刻的思想性，注重文化作品的灵魂和意境，有自觉的、厚重的社会使命感和严肃的价值方向。大众文化的主要消费对象是普通民众，大众文化具有娱乐性、商业性等特征，它是借助现代传媒体系的发展而逐步发展起来的，大众文化的基本价值取向就是娱乐与消费。改革开放前我国实行高度集中的计划经济体制，与国家意识形态主导文化融为一体的精英文化在文化舞台中处于中心位置。改革开放后，特别是1992年邓小平"南方谈话"后，市场经济的大潮迅速崛起并快速发展，加之全球化进程的不断推进，人们的思想观念从之前的一元化向多元化转化，与此同时，大众文化在中国社会悄然兴起并且呈现出"一发不可收拾"的局面。由于"经济规律和价值规律像魔法一样使得几十年形成的支撑精英文化的体制处于土崩瓦解状态"①，改革开放前处于话语中心的精英文化在市场文化的挤压下开始走向衰落并呈现边缘化趋势。大众文化具有娱乐功能，适应了大众的消费需求和生活的快节奏，使民众在紧张的劳作之余获得放松，所以，大众文化还有着巨大的发展潜力，而精英文化则必须对自己在当代中国社会的定位与出路进行深刻反思。第三，主导文化与精英文化的矛盾。1978年改革开放以后，随着邓小平"解放思想，实事求是"改革精神的大力推广，原本与主导意识形态融为一体的精英文化开始逐步与政治意识形态脱离而成为思想解放的引领者。20世纪80年代中后期，精英文化得益于自由的政治文化环境而逐步发展起来。但是，精英文化与主导文化的文化立场是不同的，精英文化的核心思想是启蒙、怀疑、批判，精英文化试图通过对现实世界的批判达到改变世界的目的，而主导文化则是通过各种方式传播国家意识形态，教化民众，聚拢民心，从而增强民众对主导意识形态的认知与认同。精英文化应该与主导文化保持合理的距离。但是在当代中国，一方面，由于对政治体制、经济体制和学术体制的严重依附，精英文化的启蒙话语、批判性与人文关怀日益被消解、淡化，从而沦为主导文化的宣传工具。另一方面，一些标榜自由、独立、批判的"在体制外写作"的自由知识分子却深受西方价值观和商品文化的影响，对主导文化表现出冷漠、

---

① 高丙中. 精英文化、大众文化、民间文化：中国文化的群体差异及其变迁 [J]. 社会科学战线，1996（2）：108-113.

疏远甚至反对，对社会发展缺乏积极引导与人文关怀。

综上所述，主导文化、精英文化和大众文化共同构成我国当代文化生态格局，在这个格局中，主导文化代表国家意识形态，从文化输出角度看，由于国家对意识形态文化的重视和强制输出，主导文化占据主导地位，但从文化接受角度看，部分民众对于主导文化的认同在一定程度上存在模糊状态。

精英文化由于受到大众文化的挤压而处于边缘化地位，并且与主导文化之间缺乏合理张力而未能得到有效发展。植根于现代市场经济土壤的大众文化由于对社会效益的漠视而出现了功利主义与娱乐主义导向。在当代中国的文化生态格局中，主导文化、精英文化和大众文化三者应该如何合理定位依然是一个悬而未决的命题。

最后，传统文化与现代化的矛盾。中华传统文化是指 1840 年鸦片战争以前的中国文化的面貌。传统文化既具有稳定性又具有传承性，中国传统文化是世界上唯一没有中断的民族文化。中华传统文化是以汉族文化为主体，以儒家文化为主脉，同时融合了其他少数民族文化和道家、法家等思想的文化体系。在鸦片战争前，传统文化为我国古代社会的繁荣发展和世界文明发展做出了巨大的贡献。1840 年鸦片战争开启了中国现代化的历史进程，在这一历史进程中，中华传统文化与现代化的关系一直是一个悬而未决的历史问题。

鸦片战争后，中国面临"三千年未有之变局"，西方资本主义国家的坚船利炮阻断了中华传统文化的自然演化路径。面对西方资本主义文化的强势入侵，中华传统文化陷入分崩离析、四分五裂的境地，其主导地位面临前所未有的挑战。从此开始，中国的有识之士开始了探寻中华传统文化与现代化关系的艰难历程。思想家冯桂芬在他的《校邠庐抗议》中提出了"中体西用"的主张。洋务运动中曾国藩、李鸿章等人试图单靠学习西方先进技术制造先进武器来完成中国所面临的历史任务即是对"中体西用"主张的现实运用。但随着中日甲午战争的失败，中国不得不寻找新的救国之路，于是戊戌变法应运而生。谭嗣同从"体用""道器"的混用入手，从哲学概念角度对"中体西用"的主张进行了批判。康有为打着"托古改制"的旗号，"将西方资本主义政治学说与中国传统的儒家思想相结合来宣传变法"①。梁启超对维新思想的影响进一步扩大，他在游历欧洲的基础上提出了中西文化调和观的中华传统文化发展思路，并阐述

---

① 朱汉国. 历史上重大的改革回眸［M］. 长沙：岳麓书社，2004.

了中西文化相互结合进而产生新文化的四个步骤。然而倡导效仿西方政治制度的戊戌变法依然以失败而告终。随后，孙中山等人推翻满清的革命思路成为主流，辛亥革命后中国建立起了形式上的民主共和制。

20 世纪初的新文化运动打出了民主与科学的口号，以儒家思想为主脉的中华传统文化遭到颠覆与解构，马克思主义在中国兴起与发展，这从文化意义上拉开了"现代中国"的序幕。新文化运动对中华传统文化进行了强烈的批判。陈独秀认为以儒家文化为代表的封建伦理道德是阻碍中国人民觉醒与社会进步的最大敌人，与西方资本主义文明相比，中国封建文化陈腐不堪，他主张抛弃"国粹"，以西方民主科学的资本主义文明来革新中国的传统文化。鲁迅则从改造国民性的角度对中华传统文化进行了强烈的批判。胡适是"全盘西化"口号的始作俑者，胡适认为"中国传统文化罪孽深重，中国绝不是什么圣贤礼仪之邦"①。所以，胡适指出："此时没有别的路可走，只有努力全盘接受这个新世界的新文明……"② 由于新文化运动所处的特殊历史背景和所面临的特殊历史任务，新文化运动对中华传统文化的批判存在矫枉过正的倾向。在中国共产党领导的新民主主义革命中，由于国内外形势的复杂性与革命时期政治斗争的紧迫性，中国共产党非常关注马克思主义的运用发展，而忽视了中华传统文化的传承。

1949 年新中国成立到 1978 年改革开放前，由于国际社会社会主义与资本主义二元意识形态的对立，马克思主义新文化几乎完全取代中华传统文化。改革开放后尤其是 20 世纪 90 年代以来，随着全球化的快速发展和我国市场经济的不断完善，西方文化大量涌入，社会价值观呈现多元化趋势，中华传统文化与现代化的关系主要体现为文化的传统性与文化的现代性之间的矛盾。文化的传统性是指文化的继承性和延续性，传统性是中华传统文化的基本性质。在中国当代文化的发展过程中存在着文化的现代性和传统性的矛盾，现代性要求中国文化在发展过程中要实现现代化，体现时代化、全球化，蕴含"财富、民主、公正、和谐、自由"③ 的基本价值谱系；传统性要求中国文化在发展中要继承和发扬中华优秀传统文化，传承民族精神，体现民族文化的特点。文化现代性

---

① 胡适. 胡适文存（卷四）[M]. 上海：上海亚东图书馆，1922：884-885.
② 胡适. 编辑后记.《独立评论》第 142 号.
③ 邓永芳. 文化现代性引论 [D]. 北京：中共中央党校，2007：74.

与民族性虽然有相互贯通的一面，但由于二者对文化发展的要求不同，它们在当代中国文化发展过程中就会呈现出一定的矛盾。

社会转型一方面强调从计划经济体制向市场经济体制的转变，另一方面强调从传统型社会向现代型社会的转变。经过 40 多年以经济改革为主的转型，经济领域由计划向市场、由传统向现代的转型已基本完成。当前我国已进入改革开放的深水区和社会转型的关键期。党的十八大提出的以经济建设、政治建设、文化建设、社会建设、生态文明建设为主题的"五位一体协同发展"理念标志着中国社会进入了全面转型时期。在过去以经济建设为中心的发展转型中所累积的各种矛盾已经高度凸显，而与经济领域转型相适应的社会价值与道德的转型还远未完成，中国社会的全面转型将面临很多的风险与挑战，社会全面转型的实现还需要很长一段时间。因此，中国社会转型所带来的各种矛盾对中国国家文化安全所形成的挑战在未来很长一段时间内还不会减小。

第三节　网络信息技术大发展增强了中国国家文化安全的复杂性

进入 21 世纪以来，互联网信息技术得到突飞猛进的发展，它突破了时间与空间对于人类信息交流的局限，构筑了人类生存的网络虚拟空间，为人们的日常学习、工作、生活、娱乐等提供了很大便利。进入 21 世纪的第二个十年后，"信息爆炸"趋势更加明显，"大数据"（Big Date）的概念被提出，这标志着人类社会由原来的网络时代进入大数据时代。"大数据正在开启一次重大的时代转型。就如同显微镜使我们观测到深邃的微观世界，望远镜让我们认识到浩瀚的宇宙，大数据技术正在改变我们的生活习惯以及理解世界的方式。"①

一、互联网快速发展为西方文化扩张提供了新场域

互联网信息技术的发展在不同国家与地区间呈现不平衡态势，2019 年年底，

---

① ［美］维克托·舍恩伯格，肯尼斯·库克耶. 大数据时代［M］. 盛杨燕，周涛，译. 杭州：浙江人民出版社，2013：1.

在全球市值排名前 30 的互联网公司中，美国占据 18 个，我国有 9 个①。由此可见，当今世界以互联网信息技术为基础的"大数据时代"是由以美国为首的西方资本主义国家所主导的时代，这为西方国家对外文化扩张战略的实施提供了新的场域。

首先，互联网快速发展为西方国家文化渗透提供了更多机会。网络时代的到来使得人们的生产生活的领域得到了延伸，普通民众都被放在了一个开放的、虚拟的、多元多样的、个性化的场域中，人们的社会认知方式、交往方式、实践方式都发生了翻天覆地的变化。但是，互联网犹如一把双刃剑，在给人们的生活带来无限便捷与快乐的同时，海量带有西方价值观的负面信息随之进入人们的视野，但网络的虚拟性与开放性严重弱化了国家对于信息传播的控制能力，因此信息安全依然是我国面临的一个巨大难题。一方面，以互联网信息技术快速发展为依托的大数据时代的到来使得传统的"我来生产，受众各取所需"的文化产品生产方式演变为"受众需要，我才生产"的定制式文化生产方式。2013 年美国电视剧《纸牌屋》的轰动便是定制式生产方式的成功案例。这种以大数据为分析工具的"量身定制"式的文化生产方式一方面使得文化生产者的创作空间大大缩小，文化产品的具体内容由大数据决定，文化生产者已经异化为大数据的附庸，他们所要做的就是继续完成经过大数据"思考"后的技术性工作。另一方面，这种"量身定制"的完全迎合式的文化生产方式极大地挤压了受众对文化产品的选择空间，而"文化产品的生产者和传播者作为'把关人'，会主动赋予文化产品以意义和意识形态偏向"②，这就使得受众在消费由大数据直接选择生产的文化产品的同时，无意识地受到文化产品所携带的意识形态的影响。当今人类社会所处的大数据时代是由以美国为首的西方国家所主导的，西方国家及其企业拥有大数据和网络信息技术方面的优势，他们可以利用这种由大数据所确定的"定制式"文化生产方式来生产符合中国消费者需求但又携带有西方意识形态的文化产品，我国民众在消费这些文化产品时便在潜移默化中受到了西方价值观的影响。综上所述，我国在信息安全保障上的严重不足和大数据技术支持下的定制式文化产品生产方式为以美国为首的西方资本

---

① 中国互联网络信息中心. 第 45 次《中国互联网络发展状况统计报告》[EB/OL]. 中华人民共和国国家互联网信息办公室，2020-04-28.

② 文豪. 大数据时代大众文化的主体性问题研究 [J]. 中州学刊，2015 (9)：157-162.

主义国家对我国进行文化扩张与渗透提供了更多的机会。

其次，互联网传播方式加剧了西方文化侵蚀的杀伤力。互联网信息技术的快速发展改变了过去传统媒体单向性、权威性、强制性的特征，互联网传播方式对于传统传播方式的变革主要有以下几个方面。第一，文化传播的话语权发生迁移。在信息社会到来以前，我国的文化话语权被政府、高校、传统媒介管理高层等所掌控，而进入信息社会以来，文化传播话语权已逐步向网络传媒巨头、网络意见领袖和新媒介管理者转移。尤其是随着大数据产业的迅速崛起，互联网上相互激荡的海量信息呈现混乱杂陈的状态，使得公众在选择信息时很容易陷入迷茫，最后不得不盲目接受。第二，文化传播渠道发生了转变。传统的文化传播渠道主要有广播、电视、书籍、报纸等，这些渠道在传播方向上具有单向性，在传播时效上具有延时性。随着人类社会向大数据时代迈进，传统的文化传播渠道被 QQ、微信、微博、电邮、贴吧等新型传播渠道所取代，与传统渠道相比较，新型传播渠道具有开放性、及时性、多向互动性等优势。第三，文化传播的精确性和主动性加强。大数据时代的文化传播是满足个体差异化需求的精确传播。如美国电视剧新版《纸牌屋》为了适应中国观众的需求，采取了"再文化"的策略，对中国元素进行了拼贴，从而模糊了文化界限，增强了该产品的竞争力。互联网时代文化传播方式所发生的变革使得拥有互联网技术绝对优势的美国对我的文化渗透与扩张更加"有的放矢"，其文化侵蚀变得更加具有杀伤力。

美国作为互联网技术的发源地，自然在互联网发展上具有得天独厚的优势，甚至掌握着全球互联网管理的主动脉。"目前，在支撑全球互联网运营的 13 个服务器中，一个主根服务器设在美国，12 个副根服务器当中有 9 个设在美国。所有根服务器、域名体系和 IP 地址等均由美国商务部授权的互联网域名与号码分配机构（ICANN）统一管理。"① 另外，美国主宰着互联网产业链上的每一个关键环节，如对互联网通信主干线和互联网基础设施与关键设备的控制，对互联网信息源网络空间游戏规则制定权的控制等。这为美国在全球范围内展开网络空间的竞争与掌控提供了技术支撑。中国作为后发展国家，其网络信息技术及其在网络空间的治理权一直处于弱势。近年来，随着中国经济的崛起，党和

---

① 吴则成. 美国网络霸权对中国国家安全的影响及对策［J］. 国防科技，2014（1）：55-60.

国家越来越注重网络技术发展问题以及网络空间治理权的争取问题，如中国 IPV6 相关技术的研发等。但是，我们必须承认，在未来相当长时期内，美国互联网发展技术的绝对优势和对世界互联网的绝对管理权并不会发生改变。对此，某学者曾说："中国创业者们在送菜送饭、搭讪艳遇、高利借贷等科技含量相对较低的创业项目中苟且求生，只为实现被资本收购卷钱成名的梦想，欧美的极客们却在追求极致与创造中燃烧生命。科技，在这一刻，非常残忍地拉开了国与国之间的距离。"① 这一观点似乎过度悲观，但却实实在在地道出了中美互联网界的生态差别。因此，在未来很长一段时间内，网络信息技术发展的弱势依然对中国国家文化安全构成威胁。

二、网络信息技术发展改变了中国国家文化安全的生态环境

随着网络信息技术的快速发展，网络空间逐步形成并发展起来。互联网改变了人们的生产方式、生活方式与思维方式，与此同时，网络空间变得日益复杂，近年来，微博、微信等新媒体的快速发展正在悄悄地改变着我国国家文化安全的生态环境。

首先，网络空间舆论的传播交流方式改变了主导意识形态的存在方式与作用模式。作为现代信息技术快速发展的产物——互联网，为人类社会提供了一种全新的信息传播载体与社会交往方式，它突破了各种壁垒，实现了没有国界与地域限制的信息传播。另外，互联网对信息的传播多以个体形式参与，这使得信息传播者与接受者之间形成了一种双向互动的，具有即时性与虚拟性特征的信息传播方式。这样的网络空间为各个参与主体提供了扩大化、自由化与多元化的互动交流平台，各种社会思潮与意识形态都可以借助网络空间得以传播，与此同时，随着中国由传统社会向现代社会的转型，公民的政治参与意识逐渐觉醒，网络信息技术尤其是微信、微博等新媒体的快速发展进一步拓宽了公民的政治参与渠道。但是，网络空间的开放性与虚拟性，以及我国网络道德构建的相对滞后性，使得民众的网络政治活动呈现出某种程度上的无序性，这进一步加大了党和政府对于主导意识形态一元指导地位的维护难度。

其次，网络信息技术发展增强了中华民族传统文化传承与现代化转换的难度。互联网信息技术的快速发展改变了传统社会的信息交流模式，为民族文化

---

① 中美互联网的差距，是身体还是灵魂？［EB/OL］. 凤凰网，2016-05-31.

的生产、贮存与创新提供了新的载体。伴随着互联网发展而产生的微博、微信、各种论坛等网络舆论场，由于其传播的虚拟性、隐匿性与公众性，民族文化在不同舆论场的传播效果不尽相同，甚至出现民族文化零碎化的现象，而民族文化的零碎化传播对于传播效果具有很大影响，加之网络舆论场中个体的情绪性因素，都对中华民族优秀传统文化的系统整理与整合提出了更高的要求。此外，依托于互联网而形成的网络文化是以网络信息技术为基础，在网络空间与网络活动过程中形成的文化方式、文化观念以及文化产品的集合体，这与以自给自足的农耕社会为基础而形成的中华优秀传统文化具有明显的不同，这对中华优秀传统文化的现代化转换提出了更高的要求。

最后，网络公共领域的形成与发展拓宽了我国公共文化安全的场域。按照哈贝马斯的观点，公共领域是指"社会生活中的某一个领域，且该领域能够形成某种类似于公共舆论的东西，凡是公民都享有参与该领域活动的充分保障"①。20世纪90年代以来，随着互联网信息技术的快速发展与新媒介形式的社会化普及，微信、微博、论坛等虚拟空间为人与人之间的沟通与交流提供了新的场所，进而形成了虚拟网络公共领域。虚拟网络公共领域与哈贝马斯所指的"公共领域"在功能上具有共性。除此之外，网络公共领域还具有一些自身的特征：第一，虚拟网络公共领域更具多元化多样化，如网民可以通过QQ、微信、微博、BBS、E-mail、新闻评论、贴吧等形式进行沟通与交流，从而形成每个人都可以自由发言的网络公共平台；第二，网络公共领域的多元化与公民言论的自由化，为党和国家的治理带来了巨大挑战；第三，网络公共领域具有极强的开放性，而正是这种开放性使得形形色色的信息都充斥于网络空间；第四，网络公共领域具有便捷廉价性，即网民只需一台电脑就可以获取充斥在网络上的海量信息并以各种形式发表自己的观点。具备这些特征的虚拟网络公共领域进一步拓宽了我国公共文化安全的场域，增加了党和国家对于公共文化安全治理的复杂性。

上文中笔者对中国国家文化安全问题的成因进行了详细分析，其中美国文化扩张和中国社会转型是中国国家文化安全的主要威胁来源。

冷战的结束标志着社会主义意识形态与资本主义意识形态二元对峙格局的

---

① HABERMAS J. The Structural Transformation of the Public Sphere：An Inquiry into a Category of Bourgeois Society（Translated by B. Thomas）[M]. MA：MIT Press, 1989：36.

结束，国家利益成为国际关系的决定性因素。进入 21 世纪后，随着中国加入 WTO，全球化对我国的影响越来越大，我国加入全球化的速度也越来越快，而美国为了维护自己的世界霸权地位，开始通过各种方式向全世界兜售自己的文化，以实现由美国文化统领世界的文化全球化。改革开放 40 多年来，中国的经济建设在全球化与市场经济的双重驱动下取得了举世瞩目的成就。2010 年，中国的经济总量超过日本而成为仅次于美国的世界第二大经济体，中国的崛起在一定程度上消解了美国的全球霸主地位，中国模式与中国文化开始引起世界的关注。但是我们不可否认的是，世界对中国文化的关注是以中国经济建设所取得的成就为基础的。正如国外学者所指出的那样："对中国文化日益增长的兴趣主要是因为中国经济的崛起，而不是由于中国'文化的崛起'。"① 因此，仅就文化软实力本身来讲，我国依然处于弱势位，美国的文化扩张依然是我国国家文化安全的外源性威胁，而科学技术的不断发展和我国地方民族主义的情绪波动则为美国文化扩张提供了新的契机。

我国社会转型引发的各种文化矛盾是国家文化安全所面临的内源性风险。改革开放后，我国采取复合型转型方式促进经济社会改变，经过 40 多年的快速发展，我国已进入改革开放的深水区与关键期，与社会结构阶层化相伴而生的各种社会矛盾逐步凸显，这预示着中国已经进入一个高风险的社会。在中国如此快速的社会转型过程中，原有的文化价值体系已被彻底解构，新的文化价值体系尚未建构，而存在于"解构"与"建构"之间的空隙正好为西方文化与价值观的渗透提供了机会。按照辩证唯物主义外因通过内因起作用的观点，在中国国家文化安全所面临的风险中，内源性风险即社会转型对国家文化安全的影响程度应该大于外源性风险即美国文化扩张。

失真的中国国际文化形象在一定程度上构成中国文化海外传播的障碍。由于中国传媒体系的国际竞争力与影响力不强，我国在国际社会的文化形象主要还是由以美国为首的西方发达资本主义国家构建的。鉴于中国和平崛起的国际影响，西方媒体对于中国的报道逐渐趋于现实、平衡、客观和理性，但由于社会制度的不同，西方媒体对中国的报道依然折射着意识形态偏见。"一项权威调

---

① ZHAO L T, TAN S H：China's Cultural Rise：Vision and Chanllenges［J］. China：A International Journal，2007，5（1）：103.

查表明，美国等西方媒体关于中国的报道，50%为负面，只有25%为积极。"①这种扭曲的报道将会严重影响国外民众对中国文化形象的认同。皮尤国际民调报告显示："各国从2005年到2013年的数据中，对中国的赞同率普遍存在下降，只是下降程度有所不同。2008年，美国公众对中国形象的认同率为39%。"② 中国在国际上存在着"信息流进流出的'逆差'、中国真实面貌和西方主观印象的'反差'、软实力和硬实力的'落差'"③。改革开放以来，中国媒体建设虽然取得了很大成就，但在国际舆论传播领域仍然呈现"有理说不出，或者说了也传不开的尴尬境地"④，因此，由"他塑"形成的中国国际文化形象的失真镜像严重阻碍了中国文化在国际社会的传播效果，而这将对中国国家文化安全构成威胁。

① 严文斌. 中国国际形象的"自塑"与"他塑"[J]. 对外传播，2016（6）：17-18.
② 钟超兰. 全球化背景下国内外对中国形象的评价：基于对皮尤国际民调报告的解读 [J]. 商，2014（8）：87.
③ 人民日报评论员. 不断提高新闻舆论工作的能力和水平：三论学习贯彻习近平总书记新闻舆论工作座谈会重要讲话精神 [N]. 人民日报，2016-02-23（01）.
④ 严文斌. 中国国际形象的"自塑"与"他塑"[J]. 对外传播，2016（6）：17-18.

第七章

中国国家文化安全已有对策梳理及其效果分析

面对影响我国国家文化安全的各种因素和当前我国国家文化安全所存在的问题，党和政府积极制定并采取了一系列对策措施。本书首先对当前党和国家关于国家安全战略体系中涉及国家文化安全的内容进行梳理，然后对现有的国家文化安全对策依据国家文化安全的三个子系统（主导意识形态安全、民族文化安全、公共文化安全）进行划分梳理并对这些对策的施行效果进行分析。

第一节　国家安全战略对国家文化安全战略的重要指向

近年来，党和国家为应对我国国家安全所面临的国际国内各种复杂的形势，制定了很多维护国家安全的战略对策。国家文化安全是国家安全体系的子系统之一，因此，国家安全战略体系中自然会有很多关于维护国家文化安全的指向性内容。

一、总体国家安全观

2013 年 11 月 12 日中国共产党第十八届中央委员会第三次全体会议决定成立中央国家安全委员会，其职责旨在完善国家安全体制和国家安全战略等，从而维护国家利益，确保国家安全。2014 年 4 月 15 日，习近平总书记在主持召开中央国家安全委员会第一次会议时指出："要准确把握国家安全形势变化新特点新趋势，坚持总体国家安全观，走出一条中国特色国家安全道路。"① 在这里，习近平总书记第一次提出"总体国家安全观"的概念，在此基础上，习近平总书记还提出了11种安全及其之间的关联性，即"坚持总体国家安全观，必须以人民安全为宗旨，以政治安全为根本，以经济安全为基础，以军事、文化、社会安全为保障，以促进国际安全为依托，走出一条中国特色国家安全道路。贯彻落实总体国家安全观，必须既重视外部安全，又重视内部安全，对内求发展、求变革、求稳定、建设平安中国，对外求和平、求合作、求共赢、建设和谐世界；既重视国土安全，又重视国民安全，坚持以民为本、以人为本，真正夯实国家安全的群众基础；既重视传统安全，又重视非传统安全，构建集政治安全、国土安全、军事安全、经济安全、文化安全、社会安全、科技安全、信息安全、生态安全、资源安全、核安全等于一体的国家安全体系"②。2020年2月14日，习近平总书记在中央全面深化改革委员会第十二次会议上发表讲话时指出："要从保护人民健康、保障国家安全、维护国家长治久安的高度，把生物安全纳入国家安全体系，系统规划国家生物安全风险防控和治理体系建设，全面提高国家生物安全治理能力。"③ 这为国家安全战略的顶层设计提供了指导性原则。2020年10月29日党的十九届五中全会通过的《中国共产党第十九届中央委员会第五次全体会议公报》和《中共中央关于制定国民经济和社会发展第十四个五年规划和二〇三五年远景目标的建议》强调要"坚持总体国家安全观，实施国家安全战略，维护和塑造国家安全，统筹传统安全和非传统安全，把安全发展贯穿国家发展各领域和全过程，防范和化解影响我国现代化进程的各种风险，筑牢国家安全屏障"④。

总体国家安全观从辩证法与系统论的角度出发，将以往彼此分割的各个区域进行了统筹考量，分析了国家安全各个要素之间的内部联系，并将其放在一

---

① 习近平. 坚持总体国家安全观 走中国特色国家安全道路 [N]. 人民日报，2014-04-16 (1).
② 习近平. 坚持总体国家安全观 走中国特色国家安全道路 [N]. 人民日报，2014-04-16 (1).
③ 习近平主持召开中央全面深化改革委员会第十二次会议强调 完善重大疫情防控体制机制 健全国家公共卫生应急管理体系 李克强王沪宁韩正出席 [N]. 人民日报，2020-02-15 (1).
④ 中国共产党第十九届中央委员会第五次全体会议公报 [J]. 中国人大，2020 (21)：6-8.

个完整的系统中进行思考与谋划，这高度揭示了新形势下国家安全理论与实践的新特点。首先，总体国家安全观突破了以往国家安全观中只注重国际安全而忽视国内安全的局限，实现了国际安全与国内安全的有机统一。其次，总体国家安全观实现了传统安全与非传统安全的统一。

国家安全问题是随着民族国家的产生而出现的一种社会问题，它贯穿国家发展的全过程。按照我国学者刘跃进的理解，国土安全、军事安全、政治安全、主权安全等传统安全问题是国家安全的原生要素，即"在国家出现时就已经出现并显现出重要作用的国家安全构成要素"①，而文化安全、科技安全、信息安全等非传统安全问题是国家安全的派生因素，是随着国际形势的演变与国家自身的发展而出现的国家安全构成要素。国家文化安全作为国家安全要素系统中的派生要素，是冷战结束后随着经济全球化的快速发展和我国社会主义市场经济的不断完善而逐步凸显出来的问题。国家文化安全虽然是国家安全要素系统中的派生要素，是非传统安全观才关注到的问题，从一般意义上来理解，派生要素不能超越原生因素而在国家安全要素系统中占据主导地位，但是在一定条件下派生要素的作用与地位会凸显出来，对国家安全的其他要素和国家安全整体产生重要影响。冷战结束后，原来资本主义与社会主义二元意识形态的对峙格局被打破，冷战时期凸显的军事安全、主权安全等传统安全逐步退居二线，以美国为首的西方资本主义国家更注重通过文化扩张与文化渗透等软实力来传播其意识形态与价值观，加之我国急剧的社会变革所带来的一系列问题，使得我国国家文化安全问题越来越凸显出来而成为国家安全的重要组成部分，从这个层面而言，国家文化安全在国家安全系统中的地位正在从边缘逐步向中心靠近。

习近平总书记阐释总体国家安全观时强调"既重视传统安全，又重视非传统安全，构建集政治安全、国土安全、军事安全、经济安全、文化安全、社会安全、科技安全、信息安全、生态安全、资源安全、核安全等于一体的国家安全体系"，说明国家文化安全已经成为当代中国国家安全体系中不可或缺的重要组成部分。习近平总书记在阐释总体国家安全观时搭建的"以人民安全为宗旨，以政治安全为根本，以经济安全为基础，以军事、文化、社会安全为保障，以

---

① 刘跃进. 当代国家安全系统中的国家文化安全问题 [J]. 文化艺术研究，2011（2）：14-21.

促进国际安全为依托"的五位一体的安全体系架构，一方面显示了国家文化安全在整个国家安全系统中的地位和作用，另一方面也显示了国家文化安全这一要素与国家安全系统中其他要素之间的相互作用与制约影响。

二、制定新《中华人民共和国国家安全法》

我国于 1993 年颁布并生效的《中华人民共和国国家安全法》是以传统国家安全观为指导思想的，传统国家安全观主要强调一个国家的军事、政治、外交等方面的安全。冷战结束后，传统安全观视域中的国家安全更多地指向危害国家安全的国内外情报机构和情报活动，因此这个时期所颁布实施的《中华人民共和国国家安全法》并没有体现整体国家安全，而更多地侧重于反间谍领域的反间谍法。进入 21 世纪后，随着全球化进程的快速推进和我国社会主义市场经济的不断发展，非传统安全开始进入人们的视野，国家安全的内涵与外延越来越丰富，1993 年的《中华人民共和国国家安全法》已不能适应时代发展的需要。因此，2014 年 6 月，国家相关部门对 1993 年颁布实施的《中华人民共和国国家安全法》进行修订并形成《中华人民共和国反间谍法（草案）》，同年 11 月 1 日，第十二届全国人民代表大会常务委员会第十一次会议审议通过并予以公布实施，原有《中华人民共和国国家安全法》被废止。

为了积极应对全球化与社会转型给我国国家安全带来的各种风险与挑战，2013 年 11 月，党中央专门成立了中央国家安全委员会。按照中央部署，2014 年国家安全法立法工作领导小组正式成立，新国家安全法起草工作正式启动。2014 年 12 月形成《中华人民共和国国家安全法（草案）》，经过全国人大常委会三次审议通过，并于 2015 年 7 月 1 日颁布施行。

新《中华人民共和国国家安全法》（以下简称新《国家安全法》）确立了"总体国家安全观"的指导地位，构建了涵盖 11 种安全的国家安全体系，国家文化安全正式入驻新《国家安全法》。新《国家安全法》总则第二条指出"国家安全是指国家政权、主权、统一和领土完整、人民福祉、经济社会可持续发展和国家其他重大利益相对处于没有危险和不受内外威胁的状态，以及保障持续安全状态的能力"。从这一定义可以看出，新《国家安全法》关于国家安全的解释已将国家文化安全所维护的国家文化利益涵盖其中。总则第三条规定："国家安全工作应当坚持总体国家安全观，以人民安全为宗旨，以政治安全为根本，以经济安全为基础，以军事、文化、社会安全为保障，以促进国际安全为依托，维护各领域国家安全，构建国家安全体系，走中国特色国家安全道路"。这进一步明确了文化安全在整个国家安全体系中的战略保障作用与地位。新《国家安全法》总则第二条与第三条关于国家安全与国家安全工作的规定对总则后续条款以及分则条款起着提纲挈领的作用，因此可以合理推定：总则后续条款以及分则条款中关于国家安全工作的领导、任务、国家安全制度建设和国家安全保障等的规定都涵盖关于国家文化安全的内容。另外，新《国家安全法》中也有与国家文化安全相关内容的明确规定。新《国家安全法》第二十三条规定："国家坚持社会主义先进文化前进方向，继承和弘扬中华民族优秀传统文化，培育和践行社会主义核心价值观，防范和抵制不良文化的影响，掌握意识形态领域主导权，增强文化整体实力和竞争力。"

国家文化安全被纳入新《国家安全法》，为我国切实维护国家文化安全、保障国家文化利益提供了强有力的法律保障，也为未来我国国家文化安全立法指明了方向。

三、审议通过《国家安全战略纲要》

2004 年 9 月，党的十六届四中全会通过《中共中央关于加强党的执政能力建设的决定》，提出要"针对传统安全威胁和非传统安全威胁的因素相互交织的新情况，增强国家安全意识，完善国家安全战略，抓紧构建维护国家安全的科学、协调、高效的工作机制"[①]。这是"国家安全战略"第一次出现在中央文件中，但令人遗憾的是，在随后的十年中，我们并没有看到有关国家安全战略的相关文本出台。2013 年 11 月 12 日，党的十八届三中全会通过《中共中央关于全面深化改革若干重大问题的决定》，明确提出："设立国家安全委员会，完善国家安全体制和国家安全战略，确保国家安全。"[②] 2013 年 11 月 15 日，在关于《中共中央关于全面深化改革若干重大问题的决定》的说明中习近平总书记进一步指出："国家安全委员会主要职责是制定和实施国家安全战略，推进国家安全

---

① 中共中央关于加强党的执政能力建设的决定 [N]. 人民日报，2004-09-27 (1).
② 中共中央关于全面深化改革若干重大问题的决定 [N]. 人民日报，2013-11-16 (1).

法治建设，制定国家安全工作方针政策，研究解决国家安全工作中的重大问题。"① 由此可见，制定和实施国家安全战略被作为国家安全委员会四大职责中的首要职责而提出，这标志着国家安全战略的制定被正式提上了日程。2014年4月15日，习近平总书记提出的"总体国家安全观"则为《国家安全战略纲要》的制定与实施提供了指导思想。

2015年1月23日，中共中央政治局召开会议，审议通过《国家安全战略纲要》，这标志着国家安全战略系统文本的正式出台。新形势下，随着国家安全的内涵与外延越来越丰富复杂，国家安全战略的构成也必然会越来越多元。《国家安全战略纲要》文本虽无从获得，但是我们可以通过《国家安全战略纲要》制定的时代背景和审议时所披露出来的信息对《国家安全战略纲要》的构成进行合理推定。中央政治局会议审议《国家安全战略纲要》时曾旗帜鲜明地指出："在新形势下维护国家安全，必须坚持以总体国家安全观为指导；要做好各领域国家安全工作；坚持正确义利观，实现全面、共同、合作、可持续安全。"② 根据习近平总书记关于国家安全体系中包含11种安全的构建思想，文化安全自然成为《国家安全战略纲要》的应有内容。2015年10月，党的十八届五中全会报告明确提出要"实施国家安全战略，坚决维护国家政治、经济、文化、社会、信息、国防等安全"③，这更明确了《国家安全战略纲要》中必然包含有关于国家文化安全的内容。因此，《国家安全战略纲要》的通过和实施为我国国家文化安全的维护提供了切实保障，同时，也为未来我国国家文化安全战略的制定提供了方向性指导。

四、审议通过《关于加强国家安全工作的意见》

党的十八大以来，尤其是习近平总书记提出"总体国家安全观"以来，国家安全工作无论是在制度、法治，还是战略、举措上都取得了新的明显进展。为了更加准确把握我国国家安全所处的历史方位和面临的各种复杂形势，2016年12月9日召开的中共中央政治局会议审议通过了《关于加强国家安全工作的

① 习近平. 关于《中共中央关于全面深化改革若干重大问题的决定》的说明 ［N］. 人民日报，2013-11-16（1）.
② 中央政治局召开会议审议通过《国家安全战略纲要》，新华网，2015-01-23.
③ 中国共产党第十八届中央委员会第五次全体会议公报 ［N］. 广元日报，2015-10-30（1）.

意见》。我国作为一个发展中的社会主义大国，国家利益面临多元复杂的安全威胁，国内外形势变化对国家安全工作提出了更高的要求，因此，《关于加强国家安全工作的意见》要求我们要认清国家安全工作的极端重要性，不断加强国家安全能力建设，强化责任担当。与此同时，《关于加强国家安全工作的意见》"更加强调坚持集中统一、高效权威的国家安全领导机制体制，更加强调人民广泛参与，更加强调社会安全意识教育，更加强调依法保障国家安全"①。作为国家安全体系一个重要子系统的国家文化安全，自然属于《关于加强国家安全工作的意见》所包含的内容，这为国家文化安全工作的创新与开展提供了战略指导。

五、审议通过《党委（党组）国家安全责任制规定》

中国共产党的领导是中国特色社会主义最本质的特征，也是中国特色社会主义制度的最大优势。新中国成立以来，我国国家安全工作在中国共产党的领导下取得了卓越的成绩，同时也积累了丰富的经验。2015 年公布实施的《中华人民共和国国家安全法》第四条明确规定："坚持中国共产党对国家安全工作的领导，建立集中统一、高效权威的国家安全领导体制。" 2018 年 4 月 17 日，习近平总书记在第十九届中央国家安全委员会第一次会议上发表讲话强调："要加强党对国家安全工作的集中统一领导，正确把握当前国家安全形势，全面贯彻落实总体国家安全观，努力开创新时代国家安全工作新局面，为实现'两个一百年'奋斗目标、实现中华民族伟大复兴的中国梦提供牢靠安全保障。"② 为了实施党对国家安全工作更为有力的统领和协调，也为了加强国家安全系统党的建设，本次会议审议通过了《党委（党组）国家安全责任制规定》，《党委（党组）国家安全责任制规定》"明确了各级党委（党组）维护国家安全的主体责任，要求各级党委（党组）加强对履行国家安全职责的督促检查，确保党中央关于国家安全工作的决策部署落到实处"③。根据总体国家安全观的要求，这实

---

① 韩国贤，褚振江，邵龙飞. 加强国家安全能力建设的中国路径［N］. 解放军报，2017-01-04（10）.

② 习近平. 全面贯彻落实总体国家安全观 开创新时代国家安全工作新局面［N］. 人民日报，2018-04-18（1）.

③ 习近平. 全面贯彻落实总体国家安全观 开创新时代国家安全工作新局面［N］. 人民日报，2018-04-18（1）.

际上也明确了党对国家文化安全工作的绝对领导，明确了各级党委（党组）对
于维护国家文化安全工作的主体责任。

第二节　主导意识形态安全层面的对策及其效果

党和政府针对当前我国主导意识形态安全所面临的现状也采取了一系列相
应的措施，下面笔者将一一进行梳理，并就其施行效果做出分析。

一、马克思主义理论研究和建设工程的提出实施及其效果

在全球化进程快速推进与我国社会主义市场经济不断发展的时代背景下，
国外社会思潮不断涌入，人们思想价值观呈现多元化态势，马克思主义意识形
态的一元指导地位受到一定程度质疑。为了进一步巩固和加强马克思主义在我
国意识形态领域的指导地位，扩大以马克思主义为指导的社会主义意识形态的
思想阵地，党中央非常重视哲学社会科学的重要性。江泽民曾多次谈到繁荣发
展哲学社会科学的重要性。2002 年 11 月，江泽民在中国共产党第十六次全国代
表大会的报告《全面建设小康社会，开创中国特色社会主义事业新局面》中强
调要"坚持社会科学和自然科学并重，充分发挥哲学社会科学在经济和社会发
展中的重要作用"，同时强调"党在思想理论上的提高，是党和国家事业不断发
展的思想保证。必须把党的思想理论建设摆在更加突出的位置"。①

为了进一步贯彻落实党的十六大精神，2004 年 1 月，中共中央发出《关于
进一步繁荣发展哲学社会科学的意见》（以下简称《意见》）。《意见》首先强
调了繁荣发展哲学社会科学的重要性，在谈到如何繁荣哲学社会科学时明确提
出"实施马克思主义理论研究和建设工程"，并对如何实施马克思主义理论研究
和建设工程进行了整体部署。之后，中共中央办公厅转发《中央宣传思想工作
领导小组关于实施马克思主义理论研究和建设工程的意见》，对马克思主义理论
研究和建设工程实施做出具体部署。2004 年 4 月 27 日至 28 日，中央实施马克
思主义理论研究和建设工程工作会议在北京召开，提出马克思主义理论研究和

---

① 江泽民. 全面建设小康社会开创中国特色社会主义事业新局面：在中国共产党第十六次
全国代表大会上的报告 [N]. 人民日报，2002-11-18（1）.

建设工程的任务是：把邓小平理论、"三个代表"重要思想和科学发展观作为研究重点，以重大现实问题为主攻方向，把马克思主义在中国发展的最新理论成果贯穿到哲学社会科学的学科建设、教材建设中，进一步加强马克思主义理论队伍建设。会议围绕工程任务，组建了 24 个主要课题组和基地课题组，确定了课题组首席专家和主要成员，成立了工程咨询委员会。这次会议的召开标志着马克思主义理论研究和建设工程正式启动。2004 年 8 月，中共中央、国务院发出《关于进一步加强和改进大学生思想政治教育的意见》（中央 16 号文件），文件明确指出："要结合实施马克思主义理论研究和建设工程，精心组织编写全面反映毛泽东思想、邓小平理论和'三个代表'重要思想的哲学、政治经济学、科学社会主义、中共党史以及政治学、社会学、法学、史学、新闻学和文学等哲学社会科学重点学科的教材，努力形成以当代中国马克思主义为指导的具有中国特色、中国风格、中国气派的哲学社会科学学科体系和教材体系。"① 2005 年 5 月 11 日，中宣部、教育部联合下发《关于加强和改进高等学校哲学社会科学学科体系和教材体系建设的意见》，提出"国家哲学社会科学规划、教育部哲学社会科学规划要根据马克思主义理论研究和建设工程的部署，设立相关研究项目，加大经费投入力度，大力开展马克思主义理论体系、马克思主义发展史和马克思主义中国化的研究，针对我国经济社会发展中的重大理论问题和实际问题，加强基础研究和应用研究。在一级学科中，设立马克思主义理论学科"②，并对高等学校哲学社会科学重点教材建设工作做出具体部署。2005 年 12 月 26 日，中国社会科学院马克思主义研究院成立，成为马克思主义理论研究和建设工程的重要平台。2004 年马克思主义理论研究和建设工程提出以来，党中央给予了高度重视，历次中央全会和党的十七大都对工程的具体实施提出要求。2011 年 11 月，党的十七届六中全会公报《中共中央关于深化文化体制改革、推动社会主义文化大发展大繁荣若干重大问题的决定》明确指出要"深入推进马克思主义理论研究和建设工程，实施中国特色社会主义理论体系普及计划，加强重点学科体系和教材体系建设，推动中国特色社会主义理论体系进教材、进

---

① 中共中央国务院发出《关于进一步加强和改进大学生思想政治教育的意见》[J]. 思想教育研究，2004（10）：2-4.

② 中宣部教育部关于加强和改进高等学校哲学社会科学学科体系与教材体系建设的意见 [J]. 中华人民共和国教育部公报，2005（9）：32-35.

课堂、进头脑，加强和改进学校思想政治教育"①。为贯彻落实十七届六中全会精神和《中共中央办公厅、国务院办公厅转发〈教育部关于深入推进高等学校哲学社会科学繁荣发展的意见〉的通知》，2011 年 11 月 7 日，教育部和财政部联合制定《高等学校哲学社会科学繁荣计划（2011—2020 年）》，指出"积极参与马克思主义理论研究和建设工程"是我国未来十年的重点建设内容之一。2012 年 11 月党的十八大报告《坚定不移沿着中国特色社会主义道路前进 为全面建成小康社会而奋斗》中再次强调："深入实施马克思主义理论研究和建设工程，建设哲学社会科学创新体系，推动中国特色社会主义理论体系进教材进课堂进头脑。"② 2015 年 10 月，党的十八届五中全会通过《中共中央关于制定国民经济和社会发展第十三个五年规划的建议》，随后编制《中华人民共和国国民经济和社会发展第十三个五年（2016—2020 年）规划纲要》（以下简称《十三五规划纲要》）。《十三五规划纲要》明确要"加强思想理论工作平台和学科建设，深入实施马克思主义理论研究和建设工程"③。2016 年 5 月 17 日，习近平总书记在哲学社会科学工作座谈会上的讲话中明确指出："要充分发挥马克思主义理论研究和建设工程、中国特色社会主义理论体系研究中心、马克思主义学院、报刊网络理论宣传等思想理论工作平台的作用，深化拓展马克思主义理论研究和宣传教育。"④ 2017 年 10 月 18 日，习近平总书记在党的十九大报告《决胜全面建成小康社会 夺取新时代中国特色社会主义伟大胜利》中讲到意识形态领导权话题时强调要"深化马克思主义理论研究和建设，加快构建中国特色哲学社会科学，加强中国特色新型智库建设"⑤。2019 年 10 月 31 日，党的十九届四中全会通过的《中共中央关于坚持和完善中国特色社会主义制度 推进国家治理体系和治理能力现代化若干重大问题的决定》指出，要"深入实施马克思主

---

① 中共中央关于深化文化体制改革、推动社会主义文化大发展大繁荣若干重大问题的决定［N］. 人民日报，2011-10-16（1）.

② 胡锦涛. 坚定不移沿着中国特色社会主义道路前进 为全面建成小康社会而奋斗——在中国共产党第十八次全国代表大会上的报告（2012 年 11 月 8 日）［N］. 人民日报，2012-11-18（1）.

③ 中华人民共和国国民经济和社会发展第十三个五年（2016—2020）规划纲要［EB/OL］. 新华网，2016-03-18.

④ 习近平. 在哲学社会科学工作座谈会上的讲话［N］. 人民日报，2016-05-19（1）.

⑤ 习近平. 决胜全面建成小康社会 夺取新时代中国特色社会主义伟大胜利［N］. 人民日报，2017-10-19（1）.

义理论研究和建设工程，把坚持以马克思主义为指导全面落实到思想理论建设、哲学社会科学研究、教育教学各方面"①。2020 年 10 月 29 日党的十九届五中全会审议通过的《中共中央关于制定国民经济和社会发展第十四个五年规划和二〇三五年远景目标的建议》指出要"深入开展习近平新时代中国特色社会主义思想学习教育，推进马克思主义理论研究和建设工程"。

马克思主义理论研究和建设工程自 2004 年提出并实施以来，党和政府都给予了高度重视，经过 16 年的实践与发展，已经取得了很大的成果，如：马克思主义经典著作的编译工作和基本观点研究取得重要突破，马克思主义中国化的最新理论研究取得进一步发展，针对中国所面临的各种现实问题的研究不断深化，马克思主义学科体系和教材体系建设取得新进展，马克思主义理论教学研究队伍初步形成，等等，这对巩固马克思主义意识形态在我国意识形态领域的指导地位无疑将起到重要作用。但是，我们也必须清楚地看到，当前我国主导意识形态认同出现问题的根源是主导意识形态与社会客观现实处于不一致状态，也就是说，主导意识形态创新没有紧跟中国社会转型的步伐。

二、社会主义核心价值观的提出践行及其效果

改革开放以来，在全球化进程快速发展与社会主义市场经济不断完善的双重驱动下，中国的经济发展取得了举世瞩目的成就，中国特色社会主义制度与道路也引起了世界各个国家的普遍关注。与此同时，全球化所带来的中外文化的激烈碰撞与我国社会转型所引发的各种矛盾使得我国民众在思想文化领域出现了信仰危机、理想淡化、价值观迷惘等状况。正如江泽民所言："我们党正在领导人民进行社会主义现代化的伟大斗争，不可避免地会遇到许多复杂情况，国际国内的严峻形势和不同社会制度、不同思想体系的对立和斗争，经验考验着每个党员。"② 国际国内环境的巨大变化给我国以马克思主义为指导的社会主义意识形态的一元指导地位带来了挑战。因此，如何增强社会主义意识形态的吸引力与凝聚力便成为我国社会主义现代化建设必须解决的重大理论与现实课题。

---

① 中共中央关于坚持和完善中国特色社会主义制度 推进国家治理体系和治理能力现代化若干重大问题的决定 [N]. 人民日报, 2019-11-06 (01).
② 江泽民. 江泽民文选：第 1 卷 [M]. 北京：人民出版社, 2006：94.

　　2006 年 10 月，党的十六届六中全会通过的《中共中央关于构建社会主义和谐社会若干重大问题的决定》第一次明确提出"社会主义核心价值体系"这一科学命题，并进一步明确"马克思主义指导思想，中国特色社会主义共同理想，以爱国主义为核心的民族精神和以改革创新为核心的时代精神，社会主义荣辱观，构成社会主义核心价值体系的基本内容。坚持把社会主义核心价值体系融入国民教育和精神文明建设全过程、贯穿现代化建设各方面"①。这标志着中国共产党对中国特色社会主义的认知已经深入价值层面，社会主义核心价值体系成为规范全党全国人民思想和行为的共同思想基础。2007 年 6 月 25 日，胡锦涛在中央党校省部级干部进修班发表重要讲话时强调："要大力建设社会主义核心价值体系，巩固全党全国各族人民团结奋斗的共同思想基础。"② 2007 年 10 月，党的十七大报告《高举中国特色社会主义伟大旗帜 为夺取全面建设小康社会新胜利而奋斗》在谈到社会主义文化建设时明确提出，为了"建设社会主义核心价值体系，增强社会主义意识形态的吸引力和凝聚力"，应该"切实把社会主义核心价值体系融入国民教育和精神文明建设全过程，转化为人民的自觉追求。积极探索用社会主义核心价值体系引领社会思潮的有效途径，主动做好意识形态工作，既尊重差异、包容多样，又有力抵制各种错误和腐朽思想的影响"③。2011 年 10 月，党的十七届六中全会通过的《中共中央关于深化文化体制改革、推动社会主义文化大发展大繁荣若干重大问题的决定》再次强调要"推进社会主义核心价值体系建设，巩固全党全国各族人民团结奋斗的共同思想道德基础"，并指出"社会主义核心价值体系是兴国之魂，是社会主义先进文化的精髓，决定着中国特色社会主义发展方向"④。

　　2012 年 11 月，党的十八大报告在强调"要深入开展社会主义核心价值体系

①　中共中央关于构建社会主义和谐社会若干重大问题的决定［N］. 人民日报，2006－10－19（1）.

②　胡锦涛在中央党校发表重要讲话 强调坚定不移走中国特色社会主义伟大道路为夺取全面建设小康社会新胜利而奋斗［N］. 人民日报，2007－06－26（1）.

③　胡锦涛. 高举中国特色社会主义伟大旗帜 为夺取全面建设小康社会新胜利而奋斗：在中国共产党第十七次全国代表大会上的报告（2007 年 10 月 15 日）［N］. 人民日报，2007－10－25（1）.

④　中共中央关于深化文化体制改革、推动社会主义文化大发展大繁荣若干重大问题的决定［N］. 人民日报，2011－10－26（1）.

学习教育，用社会主义核心价值体系引领社会思潮、凝聚社会共识"① 的同时，提出"富强、民主、文明、和谐，自由、平等、公正、法治，爱国、敬业、诚信、友善"的社会主义核心价值观。社会主义核心价值观是对社会主义核心价值体系的最高抽象，是社会主义核心价值体系的内核。2013 年 11 月，党的十八届三中全会通过的《中共中央关于全面深化改革若干重大问题的决定》在讲到推进文化体制机制创新时再次强调"培育和践行社会主义核心价值观"的重要性。2013 年 12 月，中共中央办公厅印发《关于培育和践行社会主义核心价值观的意见》，明确了培育和践行社会主义核心价值观的重要意义与指导思想，并就如何培育和践行社会主义核心价值观做出战略规划。2015 年制定的《十三五规划纲要》在"提升国民文明素质"一章中明确指出要"以社会主义核心价值观为引领，加强思想道德建设和社会诚信建设，弘扬中华传统美德和时代新风，倡导科学精神和人文精神，全面提高国民素质和社会文明程度"②。2016 年 12 月，中共中央办公厅、国务院办公厅印发《关于进一步把社会主义核心价值观融入法治建设的指导意见》。2017 年 10 月 18 日，习近平总书记在党的十九大报告中强调要"把社会主义核心价值观融入社会发展各方面，转化为人们的情感认同和行为习惯"③。2019 年 10 月 31 日，党的十九届四中全会通过的《中共中央关于坚持和完善中国特色社会主义制度 推进国家治理体系和治理能力现代化若干重大问题的决定》指出要"坚持以社会主义核心价值观引领文化建设制度……坚持依法治国和以德治国相结合，完善弘扬社会主义核心价值观的法律政策体系，把社会主义核心价值观要求融入法治建设和社会治理，体现到国民教育、精神文明创建、文化产品创作生产全过程"④。2020 年 10 月 29 日党的十九届五中全会审议通过的《中共中央关于制定国民经济和社会发展第十四个五年规划和二〇三五年远景目标的建议》强调要"坚持以社会主义核心价值观引领文化建设，加强社会主义精神文明建设，围绕举旗帜、聚民心、育新人、兴

---

① 坚定不移沿着中国特色社会主义道路前进 为全面建成小康社会而奋斗：胡锦涛同志代表第十七届中央委员会向大会作的报告摘登［N］. 人民日报，2012-11-09（2）.
② 中华人民共和国国民经济和社会发展第十三个五年规划纲要［N］. 人民日报，2016-03-18（1）.
③ 习近平. 决胜全面建成小康社会 夺取新时代中国特色社会主义伟大胜利［N］. 人民日报，2017-10-19（1）.
④ 中共中央关于坚持和完善中国特色社会主义制度 推进国家治理体系和治理能力现代化若干重大问题的决定［N］. 人民日报，2019-11-06（1）.

文化、展形象的使命任务，促进满足人民文化需求和增强人民精神力量相统一，推进社会主义文化强国建设"①。

　　社会主义核心价值观和社会主义核心价值体系都是我国主导意识形态创新的最新理论成果，其中社会主义核心价值体系是社会主义核心价值观形成的基础，而社会主义核心价值观是从社会主义核心价值体系中抽象出来的，是社会主义核心价值体系的核心与灵魂。二者同为上层建筑，是由以社会主义公有制为主体的经济基础决定的，二者在我国社会中的培育与践行对于进一步维护和巩固马克思主义在我国社会意识形态领域中的一元指导地位，解决当前我国在参与全球化进程与社会转型过程中形成的多元文化之间的内在矛盾、引领社会主义道德秩序建设都具有重大意义。我们也清晰地看到，自从党的十八大提出社会主义核心价值观以来，社会主义核心价值观的培育和践行便成为各级党委政府和社会各界的重要工作主题如火如荼地开展起来，但是由于种种原因，社会主义核心价值观的社会认同还存在高评价与低践行的反差现象，而要改变这种状态还面临很多困难。

三、青少年思想政治教育工作的积极开展及其效果

　　21世纪，我国进入社会转型、经济转轨、政治转制、文化转向的关键发展时期，面对快速发展的全球化进程与我国社会转型带来的一系列思想文化问题，如何积极有效地开展青少年的思想政治教育工作便成为我们党和政府面临的一个重大课题。2001年9月20日，中共中央印发了《公民道德建设实施纲要》，对公民道德建设的重要性、指导思想、主要内容等做出了具体阐述。2002年11月江泽民在党的十六大报告中强调指出："特别要加强青少年的思想道德建设，引导人们在遵守基本行为准则的基础上，追求更高的思想道德目标；加强教师队伍建设，提高教师的师德和业务水平。"② 为了深入贯彻党的十六大精神，2004年2月26日，中共中央、国务院印发《关于进一步加强和改进未成年人思想道德建设的若干意见》，对新形势下如何进一步加强和改进未成年人思想道德

---

① 中共中央关于制定国民经济和社会发展第十四个五年规划和二〇三五年远景目标的建议 [N]. 人民日报，2020-11-04（1）.
② 江泽民. 全面建设小康社会 开创中国特色社会主义事业新局面：在中国共产党第十六次全国代表大会上的报告 [N]. 人民日报，2002-11-18（1）.

建设做出了重大部署。2004 年 10 月 15 日，中共中央、国务院发出《关于进一步加强和改进大学生思想政治教育的意见》（中央 16 号文件），对大学生思想政治教育的战略地位、指导思想和基本原则、主要任务、教育途径、队伍建设、组织保证等做出了全面部署，这成为新时期加强和改进大学生思想政治教育的纲领性文件。之后，为了更好地贯彻落实中央 16 号文件，教育部研究制订了具体执行方案，中宣部、团中央、教育部等部门相继出台了 17 个配套文件和多个相关规定，各省、自治区、直辖市及其各个高校都根据自身状况与需要，研究并制定了相关落实方案。

2006 年 10 月，党的十六届六中全会发布的《中共中央关于构建社会主义和谐社会若干重大问题的决定》强调："改进学校思想政治工作和管理工作，提高师生思想道德素质。"[①] 2007 年 10 月党的十七大报告《高举中国特色社会主义伟大旗帜 为夺取全面建设小康社会新胜利而奋斗》再次强调："动员社会各方面共同做好青少年思想道德教育工作，为青少年健康成长创造良好社会环境。"[②] 2010 年教育部发出《关于进一步加强和改进研究生思想政治教育的若干意见》，对如何开展研究生思想政治教育工作做出了周密部署。2011 年 10 月党的十七届六中全会通过的《中共中央关于深化文化体制改革、推动社会主义文化大发展大繁荣若干重大问题的决定》指出要"全面加强学校德育体系建设，构建学校、家庭、社会紧密协作的教育网络，动员社会各方面共同做好青少年思想道德教育工作"[③]，这是对学校思想政治教育工作提出的新要求。

2012 年 11 月，党的十八大报告《坚定不移沿着中国特色社会主义道路前进，为全面建成小康社会而奋斗》提出："加强和改进思想政治工作，注重人文关怀和心理疏导"，"广泛开展理想信念教育，把广大人民团结凝聚在中国特色社会主义伟大旗帜之下。大力弘扬民族精神和时代精神，深入开展爱国主义、集体主义、社会主义教育"，"着力提高教育质量，培养学生社会责任感、创新

---

① 中共中央关于构建社会主义和谐社会若干重大问题的决定［N］. 人民日报，2006-10-19（1）.

② 高举中国特色社会主义伟大旗帜 为夺取全面建设小康社会新胜利而奋斗：在中国共产党第十七次全国代表大会上的报告（2007 年 10 月 15 日）［N］. 人民日报，2007-10-25（1）.

③ 中共中央关于深化文化体制改革、推动社会主义文化大发展大繁荣若干重大问题的决定［N］. 人民日报，2011-10-26（1）.

精神、实践能力"①。这为进一步加强大学生思想政治教育指明了方向。党的十八大以后，高校作为我国意识形态教育的重要阵地，受到党中央的高度重视。2013 年 5 月，中共中央组织部、宣传部、教育部联合发布了《关于加强和改进高校青年教师思想政治工作的若干建议》。2014 年 12 月 28 日到 29 日，习近平总书记在第二十三次全国高等学校党的建设工作会议上发表讲话强调，"高校肩负着学习研究宣传马克思主义、培养中国特色社会主义事业建设者和接班人的重大任务"，要"强化思想引领，牢牢把握高校意识形态工作领导权"。2015 年 1 月 19 日，中共中央办公厅、国务院办公厅印发的《关于进一步加强和改进新形势下高校宣传思想工作的意见》再次强调高校意识形态工作的重要性，并就新形势下高校如何开展宣传思想工作做出战略部署。2017 年 10 月 18 日，党的十九大报告提出"青年兴则国家兴，青年强则国家强"，要求"广大青年要坚定理想信念，志存高远，脚踏实地"。2019 年 3 月 18 日，习近平总书记在学校思想政治理论课教师座谈会上发表讲话时指出"青少年阶段是人生的'拔节孕穗期'，最需要精心引导和栽培"，而"思想政治理论课是落实立德树人根本任务的关键课程"，并对思想政治理论课改革创新与思想政治理论课教师队伍建设提出要求。2019 年 8 月，中共中央办公厅、国务院办公厅印发《关于深化新时代学校思想政治理论课改革创新的若干意见》，就如何办好思政课做出战略部署。2019 年 10 月，中共中央、国务院印发《新时代公民道德建设实施纲要》，在讲到"抓好重点群体的教育引导"时，就如何对青少年进行道德教育，帮助他们"扣好人生第一粒扣子"提出了具体要求。2019 年 11 月，中共中央、国务院印发《新时代爱国主义教育实施纲要》，要求"新时代爱国主义教育要面向全体人民、聚焦青少年"。

党和政府一直以来都对青少年的思想政治教育工作非常重视，而正是在党和政府的高度重视与政策指导下，近年来我国青少年思想政治教育工作取得了很大进步与成绩，这对培养他们正确的世界观、人生观、价值观具有非常重要的作用，对于维护我国主导意识形态安全具有非常重要的意义。但是，我们也必须承认，由于思想政治教育工作在内容、方式、渠道、载体等方面还存在诸多不足，我国思想政治教育工作的实效性在一定时期内还不能得到明显提高。

---

① 坚定不移沿着中国特色社会主义道路前进 为全面建成小康社会而奋斗：胡锦涛同志代表第十届中央委员会向大会作的报告摘登［N］. 人民日报，2012-11-09（2）.

四、哲学社会科学繁荣发展计划的制订实施及其效果

为了积极推进中国哲学社会科学的繁荣与发展，中共中央于 2004 年 3 月发出《关于进一步繁荣发展哲学社会科学的意见》，对繁荣发展哲学社会科学的意义、指导方针、目标、路径等做出了战略部署。教育部实施的"高校哲学社会科学繁荣计划"主要从重大课题攻关计划、重点研究基地建设计划、人才培养和奖励计划、学术精品奖励计划、文科教育改革计划、基础设施和信息化建设计划等方面进行了具体的规划与部署。"高校哲学社会科学繁荣计划"的提出和实施，一方面有助于推动哲学社会科学的整体繁荣与发展，另一方面为哲学社会科学研究营造了良好的学术氛围，为我国哲学社会科学的进一步繁荣与发展奠定了坚实的基础。当前，国内外环境发生了广泛而深刻的变化，我国的改革开放进入深水区，哲学社会科学的繁荣发展面临一系列新的问题与挑战。为此，教育部与财政部再次联合制定"高等学校哲学社会科学繁荣计划（2011—2020）"，提出未来十年高等学校哲学社会科学的重点建设内容主要集中在马克思主义理论研究和建设工程、人文社会科学重点研究基地建设、哲学社会科学基础与应用对策研究、哲学社会科学优秀成果推广普及、哲学社会科学优秀成果和优秀人才国际化、哲学社会科学基础支撑和信息化建设、哲学社会科学优秀成果评奖和表彰等几个层面，并提出了高等学校哲学社会科学繁荣发展的经费保障与组织实施的具体方案。2011 年 10 月 18 日党的十七届六中全会通过的《中共中央关于深化文化体制改革、推动社会主义文化大发展大繁荣若干重大问题的决定》强调要繁荣发展哲学社会科学，"要巩固发展马克思主义理论学科，坚持基础研究和应用研究并重，传统学科和新兴学科、交叉学科并重，结合我国实际和时代特点，建设具有中国特色、中国风格、中国气派的哲学社会科学"①。

2016 年 5 月 17 日，习近平在哲学社会科学工作座谈会上发表讲话时再次强调了哲学社会科学对于坚持和发展中国特色社会主义的重要意义，并就当前我国哲学社会科学发展过程中所存在的问题进行了分析，进而提出"加快构建中国特色哲学社会科学"的战略任务。2017 年 5 月中共中央办公厅、国务院办公

---

① 中共中央关于深化文化体制改革 推动社会主义文化大发展大繁荣若干重大问题的决定 [N]. 人民日报，2011-10-26（1）.

厅印发的《国家"十三五"时期文化发展改革规划纲要》在对"加强思想理论建设"进行规划时指出要"繁荣发展哲学社会科学",并对哲学社会科学创新工程和中国特色新型智库建设工程的内容做出具体规划。2018 年 8 月 22 日,习近平总书记在全国宣传思想工作会议上强调:"要把坚定'四个自信'作为建设社会主义意识形态的关键,坚持马克思主义在我国哲学社会科学领域的指导地位,建设具有中国特色、中国风格、中国气派的哲学社会科学。"① 2019 年 3 月 4 日,习近平总书记在参加全国政协十三届二次会议文化艺术界、社会科学界委员联组会时强调:"文学艺术创造、哲学社会科学研究首先要搞清楚为谁创作、为谁立言的问题,这是一个根本问题。人民是创作的源头活水,只有扎根人民,创作才能获得取之不尽、用之不竭的源泉。"②

哲学社会科学繁荣发展计划的制定及实施对于中国特色哲学社会科学的发展无疑具有很大的推动作用。但与此同时,由于我国哲学社会科学领域长期受西方文化的影响,尤其是随着大量接受过西方教育的海归人才的回国,这种单纯依靠政府推动的中国特色哲学社会科学的构建在短期内较难完成。

第三节 国家在民族文化安全层面的对策及其效果

党和政府面对我国在民族文化安全层面所呈现出来的现状采取了一系列对策,下面笔者将对这些对策进行梳理并就其施行效果进行分析。

一、中国文化"走出去"战略及其效果

2011 年 10 月 18 日党的十七届六中全会通过的《中共中央关于深化文化体制改革、推动社会主义文化大发展大繁荣若干重大问题的决定》强调为了推动中华文化走向世界,实施文化"走出去"工程。中国文化"走出去"战略是继实施经济"走出去"战略,我国加入 WTO 过渡期结束后,党和政府立足于我国国家利益、顺应全球化的深度发展趋势而提出的。当前中国文化"走出去"工

---

① 习近平. 举旗帜聚民心育新人兴文化展形象 更好完成新形势下宣传思想工作使命任务 [N]. 人民日报, 2018-08-23 (1).
② 石伟. 回答好"为谁创作为谁立言"的时代之问 [N]. 学习时报, 2019-03-06 (1).

程的实施主要通过以下几条途径展开。

第一，积极推进汉语的国际化传播。随着我国综合国力的持续提高，我国的对外文化交流越来越频繁，语言作为文化的基石与载体，在推动中华文化走出去战略实施中具有非常重要的作用。为了推进汉语的国际传播，我国于2006年将原来的国家对外汉语教学领导小组改为国家汉语国际推广领导小组办公室（简称国家汉办），其职责为负责中国的对外汉语教学和汉语国际推广，其宗旨是"向世界推广汉语，增进世界各国对中国的了解"。近年来，我国主要通过在全球范围内设立孔子学院、实施来华留学项目、构建华文教育专业平台、建立海外中国文化中心、输出汉语教师及志愿者、研究汉语国际传播理论等方式积极推进汉语的国际化传播。

第二，积极推进中外文化交流。文化交流是构建世界文化多元多样化的基本要求，也是促进世界各个国家文化发展的重要条件。近年来，在党和国家文化走出去战略的引领下，中外文化交流呈现持续升温状态。首先，通过与其他国家签订文化合作协定传播中国文化。截至2015年2月11日，我国已与全球146个国家签署文化合作协定。"中欧文化对话年""中法文化年""中俄文化年""中国国际民间艺术节"等文化品牌项目与中韩歌会、中美歌剧交流音乐会、华语歌手海外演唱会的成功举办，中国交响乐、芭蕾舞、舞台剧等海外院线的成功演出，都积极推广了中国文化。其次，借助"欢乐春节"项目推广中华文化。2014年，我国在世界上多达112个国家和地区的321个城市举办了570多项以"欢乐春节"为主题的大型文化活动，有来自世界各国的近1000位国家元首及各级政要出席活动，共吸引了7000多万海外民众的积极参与。在2015年"欢乐春节"主题文化活动期间，全世界共有119个国家和地区开展了900多项文化娱乐活动[1]，2018年，"欢乐春节"在全球130个国家和地区的400多座城市举办近2000场活动[2]。最后，通过搭建高层交流平台推广中华文化。近年来，我国已与世界多个国家和地区成功搭建高层文化交流平台，如"中美文化论坛""中非合作论坛——文化部长论坛""中日韩文化部长会议""上海合作组织文

---

① 2015年海外"欢乐春节"：将在119个国家地区举办900项活动［J］. 新华每日电讯，2015-02-11.
② 中华人民共和国文化和旅游部2018年文化和旅游发展统计公报［EB/OL］. 中华人民共和国文化和旅游部网站，2019-05-30.

化部长论坛"等。文化部 2015 年文化发展统计公报显示①，2015 年全年经文化系统审批的对外文化交流项目有 1667 起，40,781 人次参加；对港澳文化交流项目有 230 项，5593 人次参加；对台文化交流项目有 500 项，12,593 人次参加。2018 年，经文化系统审批的对外文化交流项目增加到 3383 起，66,734 人次参加；对港澳文化交流项目有 490 项，11,411 人次参加；对台文化交流项目有 311 项，3642 人次参加；另外，2018 年全年共有 200 余家文化企业以"中国展区"形式参加美国国际授权博览会等 9 个重点国际文化展会②。这些中外文化交流项目的实施对于推广中国文化、提高中国文化的国际影响力具有非常重要的意义。

第三，创办以高校为主体的中国文化走出去协同创新中心。早在 1996 年 11 月，中国海外汉学研究中心就在北京外国语大学成立，主要开展海外汉学的全方位研究。2015 年 6 月，"中国海外汉学研究中心"正式更名为"国际中国文化研究院"，研究对象为中国文化在世界各地的传播与发展情况。此外，为了提高中国文化的国际传播力与影响力，从而使中华文化在文化全球化进程中获得足够的国际话语权，2012 年 8 月 28 日，以北京外国语大学为主体、由多方面力量共同筹建的中国文化"走出去"协同创新中心正式成立。中国文化"走出去"协同创新中心下设五个创新团队，分别为中国文化价值观研究与国际传播团队、中国企业全球发展文化支撑平台、域外藏中国文献资料整理与研究团队、世界文化多样性研究团队、中国文学与学术经典译介团队。2014 年 7 月 4 日，中国文化走出去协同创新中心——中国图象整理与研究创新平台在浙江大学挂牌成立。此外，为了对中国文化走出去战略实施的效果进行科学评估，2014 年 1 月 9 日，由文化部外联局、北京外国语大学合作共建的中国文化"走出去"效果评估中心揭牌成立，其职责是为中国对外文化工作领域的重大项目提供评估服务，从而构建中华文化世界影响力的评估模式与标准。

第四，举办世博会、奥运会、G20 峰会等大型国际交流活动。近年来，中国成功举办了很多大型国际项目，这些大型国际项目的成功举办对于提升我国

---

① 中华人民共和国文化部 2015 年文化发展统计公报［EB/OL］.中国出版传媒网，2016-04-25.

② 中华人民共和国文化和旅游部 2018 年文化和旅游发展统计公报［EB/OL］.中华人民共和国文化和旅游部网站，2019-05-30.

国家文化软实力、提高中国文化的国际影响力具有非常重要的意义。奥运会是国际奥林匹克委员会主办的世界规模最大的综合性运动会。1979年10月,中国在国际奥委会的合法地位得到恢复,申办奥运成为中国人的梦想。为了实现这一梦想,1990年中国北京第一次提出申办奥运,中间经过艰难的历程,终于在2001年7月13日获得2008年奥运会的主办权。2008年8月8日的北京奥运会开幕式将中华优秀传统文化与现代化因素巧妙地结合起来,向全世界展示了中国的优秀传统文化与现代化建设所取得的成就。正如法国议员贝尔纳·德勃雷所言:"北京奥运会使世界进一步了解中国。"[1] 北京奥运会期间,北京独特的建筑、运动场上运动员们的优秀表现、北京人民热情开朗的态度等都给世界人民留下了美好的印象,这对于提升中国文化软实力、塑造良好国家形象都起到了非常重要的作用。"世博会"全称为世界博览会,是由主权国家举办的有很大影响与悠久历史的国际性博览活动,旨在向世界展示自己国家的文化、科技、产业、社会等方面的建设成果。2010年在中国上海举办的主题为"城市,让生活更美好"的世博会是第41届世界博览会,共有190个国家和56个国际组织参展。上海世博会向世界展示了中国城市的现代化建设水平与中华民族自信自强的精神风貌,表达了中国政府与人民构建世界多元文化共同发展的强烈愿望,成为各国人民难忘的记忆。2016年9月G20峰会(二十国集团领导人第十一次峰会)在杭州成功举办,再次向世界展现了中国文化的魅力,也让大家感受到了中国元素与世界文化的交融与碰撞。

第五,积极推动中国文化对外贸易,形成多种文化走出去模式。随着各国文化产业的快速发展与全球文化市场的逐步形成,对外文化贸易与文化产品出口越来越受到各个国家的重视,一个国家的文化产品在世界文化市场的份额在一定程度上能够体现该国文化的世界影响力,因此对外文化贸易便成为中国文化"走出去"战略实施的重要渠道。中国在加入WTO后的对外文化贸易经历了2004年到2005年的探索起步期、2006年到2013年的快速发展期、2013年至今的战略发展期。根据联合国贸易和发展会议创意经济数据库的相关数据统计[2],

---

① 李学梅,张永兴. 北京奥运会使世界进一步了解中国 [N]. 人民日报,2008-08-31 (3).

② 以下数据来源:中华人民共和国文化部对外文化联络局(港澳台办),北京大学文化产业研究院. 中国对外文化贸易年度报告(2014)[M]. 北京:北京大学出版社,2014: 4.

我国文化产品和服务的出口额在 2003 年仅为 83.18 亿美元，2012 年增加到 393.89 亿美元，2017 年增加到 881.9 亿美元①，年平均增长率超过 20%。2003 年，我国文化产品出口仅占全球文化贸易市场份额的 4.76%，2011 年提升至 7.2%，2012 年猛增到 17.71%。在演艺娱乐业方面。2012 年，经文化部审批的 "走出去"演出项目共计 315 项，团组人数 9280 人，海外观众人数 1089 万人，演出收入约 8470 万元。中国对外演出贸易的主体可分为国有演艺院团和民营演艺院团。截至 2010 年，以促进文化交流和提升文化影响力为目标的国有演艺团体——中国对外演出集团一共向海外派出各类艺术团体 216 个，在世界 80 个国家和地区的 210 座城市演出 19,700 场，现场观众达到 3750 万人次。2011 年，中国对外演出集团在世界五大洲近 50 个国家和地区的 370 多座城市举办 6000 余场海外演出，观众总量超过 1000 万人次②。一些民营院团在对外演出贸易中也发挥着越来越大的作用，如其制作《天幻》《梦幻漓江》《功夫传奇》等常态品牌剧目在海外的上演都取得了很好的成绩。在新闻出版业方面，2013 年，中国累计出口新闻出版物 2387.4 万册（份、盒、张），出口额为 10,462.4 万美元。版权输出与引进比从 2011 年的 1∶2.1 提高到 2012 年的 1∶1.9，2013 年又提高到 1∶1.7③，2019 年，广东省出版集团全年版权输出《文明的醒狮》等签约项目共计 270 种（不含港澳台），75%的版权输出到"一带一路"沿线国家。《中国桥——港珠澳大桥圆梦之路》成功输出 7 个语种，另外，广东出版集团还相继在比利时、新加坡成立"南方传媒（欧洲）有限公司"和"中国主题国际编辑部"。2019 年，中国出版集团有限公司国际编辑部在俄罗斯、韩国、伊朗等地的总数已达 23 家，集团全年输出版权 1136 种。可见，近年来我国的版权贸易逆差在逐步改善，中国新闻出版业贸易逐步由被动变为主动。另外，按照 2014 年全球新出品种（含再版）排名，2013 年中国出版品种的数量为 44 万种，超过美国的 30 万种跃居世界第一。在文化创新方面，中国出版业也取得了很好的成

---

① 数据来源：陈柏福，邓子璇，杨建清. 改革开放 40 年以来我国对外文化贸易政策变迁研究［J］. 中国软科学，2018（10）：39-51.

② 以上数据来源：中华人民共和国文化部对外文化联络局（港澳台办），北京大学文化产业研究院. 中国对外文化贸易年度报告（2014）［M］. 北京：北京大学出版社，2014：111.

③ 以上数据来源：中华人民共和国文化部对外文化联络局（港澳台办），北京大学文化产业研究院. 中国对外文化贸易年度报告（2014）［M］. 北京：北京大学出版社，2014：5.

绩。2013 年，中国的 516 家出版社出版的 37,640 种汉语书籍被选入世界图书馆收藏系统，占该年全国新版书品种的 9% 左右①。国家和政府为了更好地推动中国新闻出版业"走出去"战略的实施，相继推出一系列重点支撑工程，如"经典中国"国际出版工程、中国出版物国际营销渠道拓展工程、重点新闻出版企业海外发展扶持工程、中国图书对外推广计划、国家文化出口重点项目等。这些支撑工程自实施以来取得了良好的成绩。此外，政府还积极搭建诸如国际书展与国际出版交流合作项目等形式的实体出版物"走出去"渠道，并借助"云出版"服务技术、电子纸显示屏等技术着力构筑数字出版物"走出去"的网络平台。在中国电影产业方面，2013 年，国产电影在海外的累计票房和销售收入为 14.14 亿元人民币，2014 年达到 18.7 亿元人民币，同比增长 32.25%。近年来，合拍片逐渐走进我国的电影生产格局，以 2012 年为例，中国电影合作制作公司全年受理的合拍片申请达 88 部，最后有 66 部通过，中国大陆除了与中国香港、中国台湾，以及美国有合拍电影外，还与加拿大、澳大利亚、意大利、法国、英国、新西兰、比利时、新加坡等国家签署了合拍协议。合拍影片的票房也取得了不错的成绩，2012 年，有 29 部合拍电影获得了 1000 万以上的票房，其中 8 部票房过亿。2018 年 8 月上映的中美合拍片《巨齿鲨》全球票房高达 5.3 亿美元。另外，中国影片在境外电影节上也获得不少奖项，如 2012 年有 55 部影片在 21 个境外电影节上获得 73 个奖项，2013 年有 57 部影片在 32 个境外电影节上获得 95 个奖项。2019 年，由中国电影股份有限公司主导出品的《流浪地球》获得全球年度票房第 12 名。为了推动中国电影走向世界，我国还与部分国家建立了长效合作机制。如在法国巴黎、美国洛杉矶和纽约、日本东京、加拿大蒙特利尔等城市每年举办一次中国电影节展，在俄罗斯、新西兰、韩国等国每两年举办一次中国电影展。

第六，基于文化传承的中国古典文化书籍逐步走向世界。首先，承载中华优秀传统文化的文学经典如《论语》《中庸》《二十四史》《西游记》《红楼梦》等已被翻译为各种外译版本在海外发行。其次，中国古典文化书籍的挖掘与整理卓有成效。如"北京大学重视总结发掘中华优秀传统文化资源并推向世界，直接吸收国外学者参与中国传统典籍的整理与研究工作，《儒藏》编纂与研究工

---

① 以上数据来源：郭景红. 中国文化走出去新态势考察：基于《中国文化走出去年度研究报告（2015 卷）》的分析 [J]. 对外传播，2015 (7)：54−56.

程吸收日本、韩国、越南等国家 30 家高校和研究机构近百位专家学者参与其中"①;"中国人民大学实施'中国文化经典外文汇释汇校'项目,整理研究已有中国古代经典的历代译本,组织汇释汇校,为中国文化'走出去'提供学理支持和文献积累,为海外汉学和中国研究领域提供完备的参考书,促进中西思想的交流与对话"②;由教育部语信司牵头,协同国家有关部委,北京外国语大学负责具体实施,外语教学与研究出版社负责落实的"中华思想术语传播"工程,通过深入研究中国古代、近代中华思想文化在世界文化传播中的规律、得失,借鉴和吸收我国港澳台及其他国家和地区在思想文化传播方面的成功经验,制定完整系统的传播方案,促进中国文化的国际传播。

第七,通过媒体搭建中国文化"走出去"平台。"传媒资源作为文化软实力的传播中介,是文化资源转化为文化软实力的关键所在。"③ 中国媒体"走出去"战略是中国文化"走出去"战略的重要组成部分,而中国媒体"走出去"则是中国文化"走出去"的重要平台之一。首先,新华社在世界各地建立分社。新华社于 1948 年在布拉格建立第一个海外分社,之后,相继在 100 多个国家和地区建立分社、支社、记者站。截至 2015 年,新华社海外分支机构已达 180 家,其中一些分社还聘用了部分外籍报道员。2015 年 3 月 1 日,新华社官方统一账号"New China"在海外社交媒体平台亮相,这为在新形势下更好地传播中国声音提供了良好平台。其次,电视媒体积极向海外扩张。"截至 2013 年年底,央视初步形成了以英语新闻频道为龙头,以中文国际频道为纽带,6 个语种(汉、英、西、法、阿拉伯、俄)7 个国际频道的对外传播频道群,节目覆盖了全球 170 多个国家和地区的电视家庭用户,基本实现了全球覆盖。"④ 截至 2016 年,"央视网在 Facebook、YouTube、Twitter 等海外主流社交平台建立并运营 CCTV系列、熊猫频道系列账号共 31 个,形成涵盖中文、英语、阿语、西语、法语、俄语等语种的基本架构,覆盖全球 200 多个国家和地区,实现多语种、多平台、多账号、多形式的央视精品内容海外宣推……截至 5 月 18 日,以 CCTV 为核心的系列账号(含熊猫系列账号)在全球最大实名制社交网站 Facebook 上的粉丝

---

① 刘伟. 促进不同文明间的交流对话 [N]. 光明日报,2012-04-17(14).

② 冯惠玲. 推出精品,搭建平台,大力提升国际性 [N]. 光明日报,2012-04-17(14).

③ 唐建英. 加快传媒"走出去"步伐 [N]. 光明日报,2014-06-12(16).

④ 郭景红. 中国文化走出去新态势考察:基于《中国文化走出去年度研究报告(2015卷)》的分析 [J]. 对外传播,2015(7):54—56.

数达 3291 万,超过国内主流媒体粉丝数总和的三分之一"①。2013 年,中国民营对外媒体 BON 蓝海电视落地欧美,这对中国文化的国际传播起到了积极的作用。此外,还有部分地方电视台逐步向海外进军,如湖南卫视、江苏卫视、浙江卫视等都是 YouTobe 注册成员,湖南卫视在订阅数与观看量上呈现一枝独秀的状态。2019 年,作为湖南广电旗下唯一互联网视频平台的芒果 TV 为了加强国际传播创新发展,将海外自有平台芒果 TV 国际 App 作为建设重点,截至 2020 年 6 月初②,芒果 TV 国际 App 下载量已达 2450 万,覆盖全球 195 个国家和地区共 2600 万人。

第八,报刊杂志积极向海外进军。我们先梳理走向世界的报刊概况。1985 年 7 月 1 日,《人民日报》(海外版)正式发行,2012 年 11 月 6 日,人民日报海外网正式上线。从 2007 年开始,《人民日报》(海外版)陆续与海外华文媒体合作创办了《英国周刊》《意大利周刊》《巴拿马周刊》《韩国周刊》《匈牙利周刊》《日本周刊》《奥地利周刊》《加拿大周刊》等海外周刊。2009 年 4 月 20 日,《人民日报》下属的《环球时报》(英文版)创刊,与此同时,英文环球网同时开通。此外,逐步走向世界的报刊还有《今晚报》《中国日报》《天津日报》《新民晚报》等。接下来我们看走向世界的杂志概况。1996 年 8 月,《知音·海外版》正式创刊,主要面向北美和中国台湾地区发行,之后开始逐步向港澳地区以及其他华人集中的国家与地区发行。走向世界的杂志还有《读者》海外版、《女友》海报版、《散文》海外版、《人民文学》英文版、《天南》英文版等。此外,中国文化"走出去"协同创新中心在东南亚、南亚地区出版发行了东盟语种杂志《湄公河》《占芭》和《吉祥》,在美国创办了英文杂志《今日中国文学》。

中国文化"走出去"战略的实施,对于国际社会中中国国家文化形象的重塑以及国家文化软实力的提高无疑具有非常重要的作用与意义。但是,我们仔细分析不难看出,现阶段我们所推进的中国文化"走出去"战略似乎更强调"送出去"的含义,并且绝大部分都不是基于国外民众真实需求的"送",再加上不同国家间的语言差异和价值观分歧,使得中国文化在国外的传播效果产生

---

① 央视网精准发力海外主流社交平台实现快速突破 [EB/OL]. 中央电视台,2016-05-20.
② "走出去"彰显中国文化软实力 [N]. 经济日报,2020-11-19(11).

了一些文化折扣①。为此，国家《十三五规划纲要》明确提出未来中国文化"走出去"战略的实施要"打造符合国际惯例和国别特征、具有我国文化特色的话语体系，运用生动多样的表达方式，增强文化传播亲和力"②，从而增强中国文化的海外传播效果。但是，要实现这一根本性的转变确实还面临着很多困难，还需要很长一段时间。另外，中国文化"走出去"战略的实施主体主要是政府，缺乏对民间外交公共资源的有效整合和利用。

二、以文化自觉为基础的文化强国战略及其效果

进入 21 世纪以来，随着经济全球化进程的加速推进和网络信息技术的快速发展，文化全球化已成为不可阻挡的发展趋势，文化在一个国家综合国力中的地位与作用越来越重要。然而，不可否认的是，当前整个世界的文化秩序依旧呈现西强东弱的态势，文化扩张与文化霸权依然存在。而改革开放以来我国在"以经济建设为中心"的政策导引下，对文化建设有一定程度的忽略。当前我国已成为世界第二大经济体，但在文化建设上基础较为薄弱。对此，胡锦涛在党的十七大报告中明确指出："当今时代，文化越来越成为民族凝聚力和创造力的重要源泉、越来越成为综合国力竞争的重要因素，丰富精神文化生活越来越成为我国人民的热切愿望。要坚持社会主义先进文化前进方向，兴起社会主义文化建设新高潮，激发全民族文化创造活力，提高国家文化软实力。"③ 为贯彻党的十七大精神，2011 年，以胡锦涛为总书记的党中央在党的十七届六中全会通过的《中共中央关于深化文化体制改革、推动社会主义文化大发展大繁荣若干重大问题的决定》中强调要"培养高度的文化自觉和文化自信"，并明确提出"文化强国"战略，并就如何实施"文化强国"战略做出了总体部署。按照费孝通先生的理解，"文化自觉是指生活在一定文化历史圈子的人对其文化有自知之明，并对其发展历程和未来有充分的认识"④。因此，文化自觉是对本民族文

---

① 文化折扣是指因文化背景差异，国际市场中的文化产品不被其他地区受众认同或理解而导致其价值的减低。

② 中华人民共和国国民经济和社会发展第十三个五年规划纲要［N］.人民日报，2016-03-18（1）.

③ 胡锦涛.高举中国特色社会主义伟大旗帜、为夺取全面建设小康社会新胜利而奋斗：在中国共产党第十七次全国代表大会上的报告［N］.人民日报，2007-10-25（1）.

④ 费孝通.论文化与文化自觉［M］.北京：群言出版社，2007.

化的自我认识与觉悟，并在此基础上形成对本民族文化与其他民族文化的理想认识与把握。文化自觉是文化强国的前提和基础。

　　党的十八大报告承继十七届六中全会精神，再次强调要"扎实推进社会主义文化强国建设"，并进一步明确指出："全面建成小康社会，实现中华民族伟大复兴，必须推动社会主义文化大发展大繁荣，兴起社会主义文化建设新高潮，提高国家文化软实力，发挥文化引领风尚、教育人民、服务社会、推动发展的作用。"① 党的十八大报告对社会主义文化强国建设问题的论述成为推进文化强国战略实施的行动纲领。党的十八届三中全会通过的《中共中央关于全面深化改革若干重大问题的决定》在强调文化强国战略重要性的同时，还指出建设社会主义文化强国、提高国家文化软实力必须积极推进和深化文化体制机制改革与创新。党的十八届五中全会再次强调："推动物质文明和精神文明协调发展，加快文化改革发展，加强社会主义精神文明建设，建设社会主义文化强国。"② 《十三五规划纲要》更是将"建设社会主义文化强国"作为我国未来五年的主要任务之一提出，并就实施文化强国战略的路径进行了具体规划。2017 年 1 月，为了增强国家文化软实力，建设社会主义文化强国，中共中央办公厅和国务院办公厅印发了《关于实施中华优秀传统文化传承发展工程的意见》（以下简称《意见》），就实施中华优秀传统文化传承发展工程的重要意义和总体要求、主要内容、重点任务和组织实施及保障措施做出了重要部署。2020 年 10 月 29 日党的十九届五中全会审议通过的《中共中央关于制定国民经济和社会发展第十四个五年规划和二〇三五年远景目标的建议》在提到繁荣发展文化事业和文化产业，提高国家文化软实力时再次强调要"推进社会主义文化强国建设"。

　　文化强国战略的提出实施和《关于实施中华优秀传统文化传承发展工程的意见》的制定对提升我国国家文化软实力、应对世界形势新变化、维护我国国家文化安全具有重要的战略意义。与此同时，我们也必须看到，当前中国文化强国战略的实施基础即社会与公民层面的文化自觉与文化自信还远未形成，而这将会制约文化强国战略的实施效果。

① 坚定不移沿着中国特色社会主义道路前进 为全面建成小康社会而奋斗：胡锦涛同志代表第十届中央委员会向大会作的报告摘登［N］. 人民日报，2012-11-09（2）.
② 中国共产党第十八届中央委员会第五次全体会议公报［N］. 广元日报，2015-10-30（A01）.

三、文化体制改革之于中华传统文化传承与现代化转换的效果

改革开放开启了中国经济体制改革的新历程，与此同时，文化体制改革进入摸索阶段，而我国大规模的真正意义上的文化体制改革则开始于 2000 年。2000 年 10 月，党的十五届五中全会通过的《中共中央关于制定国民经济和社会发展第十个五年计划的建议》明确指出："完善文化产业政策，加强文化市场建设和管理，推动有关文化产业发展。"①"文化产业"概念首次被正式写入中央文件，这为我国文化产业的快速发展提供了新的契机，也标志着我国文化体制改革进入了新的发展阶段。2002 年 11 月，江泽民在党的十六大报告中专章论述了文化建设和文化体制改革，第一次将"文化事业"与"文化产业"分开，进一步厘清了我国文化体制改革的思路，并指出要"完善文化产业政策，支持文化产业发展，增强我国文化产业的整体实力和竞争力……抓紧制定文化体制改革的总体方案"②，积极推进文化体制改革。自此，中国文化体制改革进程步入快速发展阶段，国家和政府开始从微观角度探索文化体制改革的具体路径。

2003 年 10 月，党的十六届三中全会通过的《中共中央关于完善社会主义市场经济体制若干问题的决定》将深化文化体制改革作为完善社会主义市场经济体制的主要任务之一提出来，并进一步明确了文化体制改革的任务与目标。在国家关于文化体制改革宏观政策逐步完善的同时，微观领域的文化体制改革也开始进入微观执行阶段。2003 年 6 月，全国文化体制改革试点工作会议在北京召开，研究和部署文化体制改革试点工作。7 月，中共中央办公厅、国务院办公厅转发《中宣部、文化部、广电总局、新闻出版总署关于文化体制改革试点工作的意见》，确定了 9 个省市和 35 个文化单位为文化体制改革试点单位，并对试点单位文化体制改革的总体要求、主要任务、组织领导等做出具体部署。这标志着中国文化体制改革进入试点阶段。随后，国家相关部门出台了一系列有助于推进试点改革的政策文件，如财政部、海关总署、国家税务总局出台的《关于文化体制改革中经营性文化事业单位转制为企业的若干税收政策问题的通

---

① 中共中央关于制定国民经济和社会发展第十个五年计划的建议［N］. 人民日报，2000-10-19（1）.

② 江泽民. 全面建设小康社会 开创中国特色社会主义事业新局面：在中国共产党第十六次全国代表大会上的报告［N］. 人民日报，2002-11-18（1）.

知》和《关于文化体制改革试点中支持文化产业发展若干税收政策问题的通
知》；国务院出台的《关于支持文化事业发展若干经济政策的通知》《关于非公
有资本进入文化产业的若干决定》；文化部出台的《关于促进文化产业发展的若
干意见》《关于加强和扶持文化公益事业发展的若干意见》《关于鼓励支持和引
导非公有制经济发展文化产业的意见》等。2004 年 9 月，党的十六届四中全会
通过的《中共中央关于加强党的执政能力建设的决定》中提出"深化文化体制
改革，解放和发展文化生产力"的命题，要求"加强文化发展战略研究，抓紧
制定文化发展纲要和文化体制改革总体方案"。2006 年 1 月，中共中央、国务院
发布《关于深化文化体制改革的若干意见》，对文化体制改革的指导思想、原则
要求、目标任务和实施路径做出详细部署，成为指导我国文化体制改革的纲领
性文件。

　　依据《关于深化文化体制改革的若干意见》的精神，2006 年 3 月，全国文
化体制改革工作会议再次召开，在总结试点改革经验的基础上，新确立了 89 个
地区和 170 个文化单位作为文化体制改革试点，这标志着我国的文化体制改革
进入全面推进阶段。2006 年 9 月，中共中央办公厅、国务院办公厅印发《国家
"十一五"时期文化发展规划纲要》，对"十一五"时期的文化体制改革方向与
目标任务做出全面部署。2007 年 10 月，党的十七大报告《高举中国特色社会主
义伟大旗帜，为夺取全面建设小康社会新胜利而奋斗》提出"兴起社会主义文
化建设新高潮，推动社会主义文化大发展大繁荣"的战略目标，并对我国文化
体制改革的新要求与新任务做出部署。之后，国家相关部门对一些政策进行了
修订，国家文化体制改革的政策体系进一步得到完善。2009 年 7 月，国务院常
务会议审议通过《文化产业振兴规划》，对我国文化产业发展的指导思想、基本
原则、规划目标、重点任务、政策与保障等做出了周密规划。

　　2010 年 10 月，党的十七届五中全会通过的《中共中央关于制定国民经济和
社会发展第十二个五年计划的建议》从提升国家文化软实力的高度要求"深化
文化体制改革，创新文化生产和传播方式，解放和发展文化生产力，增强文化
发展活力"①。自此，我国的文化体制改革进入深化推进阶段。2011 年 11 月，
十七届六中全会通过《中共中央关于深化文化体制改革、推动社会主义文化大

---

①　中共中央关于制定国民经济和社会发展第十二个五年规划的建议 ［J］. 求是，2010
（21）：3-16.

发展大繁荣若干重大问题的决定》，对如何深化文化体制改革做出全面部署。2011年12月，中共中央办公厅、国务院办公厅印发《国家"十二五"时期文化改革发展规划纲要》。2012年11月，党的十八大报告《坚定不移沿着中国特色社会主义道路前进，为全面建成小康社会而奋斗》将"文化产业成为国民经济支柱性产业"列为我国全面建成小康社会和全面深化改革开放的目标之一，并明确了我国未来文化事业与文化产业的发展方向与目标。2013年11月，十八届三中全会通过的《中共中央关于全面深化改革若干重大问题的决定》指出要"紧紧围绕建设社会主义核心价值体系、社会主义文化强国深化文化体制改革，加快完善文化管理体制和文化生产经营机制，建立健全现代公共文化服务体系、现代文化市场体系，推动社会主义文化大发展大繁荣"①，并设专章对新形势下如何推进文化体制机制创新做出具体部署。2014年2月，中央全面深化改革领导小组第二次会议审议通过《深化文化体制改革实施方案》，标志着我国文化体制改革进入全面深化阶段。之后，国家相关部门出台一系列文化体制改革扶持政策，如文化部制定的《2014年文化系统体制改革工作要点》及其分工实施方案；中央宣传部会同中央外宣办、中央编办、发展改革委、科技部、财政部、人力资源和社会保障部、国土资源部、商务部、文化部、人民银行、税务总局、工商总局、新闻出版广电总局等有关部门和单位制定的《文化体制改革中经营性文化事业单位转制为企业的规定》和《进一步支持文化企业发展的规定》；文化部、工业和信息化部、财政部联合印发的《关于大力支持小微文化企业发展的实施意见》等。2016年3月出台的《十三五规划纲要》对"十三五"时期深化文化体制改革的目标与任务做出如下规定："健全党委领导、政府管理、行业自律、社会监督、企事业单位依法运营的文化管理体制。深化公益性文化单位改革。推动文化企业建立有文化特色的现代企业制度。健全国有文化资产管理体制。降低社会资本进入门槛，鼓励非公有制文化企业发展。开展新闻出版传媒企业特殊管理股试点。健全现代文化市场体系，落实完善文化经济政策。"②2017年5月中共中央办公厅、国务院办公厅印发的《国家"十三五"时期文化发展改革规划纲要》就社会主义文化发展与改革做出战略部署，指出要"推进

①　中共中央关于全面深化改革若干重大问题的决定 [N]. 人民日报, 2013-11-16 (1).
②　中华人民共和国国民经济和社会发展第十三个五年规划纲要 [N]. 人民日报, 2016-03-18 (1).

文化体制改革创新"，并从文化管理体制、文化事业单位改革、现代企业制度等方面做出部署。2019年10月31日党的十九届四中全会通过的《中共中央关于坚持和完善中国特色社会主义制度 推进国家治理体系和治理能力现代化若干重大问题的决定》再次强调要"建立健全把社会效益放在首位、社会效益和经济效益相统一的文化创作生产体制机制"①。2020年10月29日党的十九届五中全会审议通过的《中共中央关于制定国民经济和社会发展第十四个五年规划和二〇三五年远景目标的建议》提出要"坚持把社会效益放在首位、社会效益和经济效益相统一，深化文化体制改革，完善文化产业规划和政策，加强文化市场体系建设，扩大优质文化产品供给"②。

"推进文化发展，基础在继承，关键在创新。继承和创新，是一个民族文化生生不息的两个重要轮子。"③ 我国的文化体制改革解放和推动了文化生产力的快速发展，为我国优秀传统文化的传承与现代化转换提供了强有力的制度保障。与此同时，纵观我国文化体制改革历程，我们可以发现，在我国改革开放40多年的发展过程中，政治与文化的关系似乎从来没有完全理顺过，文化在一定程度上仅仅作为政治的附属品而存在，这也是我国原创文化产品严重缺乏的重要原因。

四、中国对外文化贸易保护政策及其效果

由于文化产品和服务的文化属性，很多国家在对外文化贸易中会设置一些贸易壁垒以保护本国的文化产业与文化安全。我国作为发展中国家，为了维护国家文化安全和保护本国民族文化产业，政府在对国外文化产品和服务的进口上也设置了一些贸易壁垒。比如中国政府对国外文化产品与服务进入中国市场的内容与数量、中外文化合作以及外资在中国文化市场的投资等都有严格的规定与限制，而对核心文化产品和服务中国政府则采取逐步放开的策略。当前中

---

① 中共中央关于坚持和完善中国特色社会主义制度 推进国家治理体系和治理能力现代化若干重大问题的决定［N］.人民日报，2019-11-06（01）.
② 中共中央关于制定国民经济和社会发展第十四个五年规划和二〇三五年远景目标的建议［N］.人民日报，2020-11-04（1）.
③ 胡锦涛.在中国文联第八次全国代表大会、中国作协第七次全国代表大会上的讲话（2006年11月10日）［M］//中共中央文献研究室.十六大以来重要文献选编（下）.北京：中央文献出版社，2008：756.

国政府主要运用关税和非关税壁垒这两种文化贸易政策来限制国外文化产品与服务的进口。

这里的关税指向进口关税，是指一个国家的海关对进口货物和物品征收的关税。据此，进口关税主要是对国外文化产品进入中国市场起限制与保护作用。根据中国加入 WTO 的关税减让承诺，截至 2015 年，中国入世 15 年保护期已到，2016 年 1 月 1 日起开始实施《关税调整方案》，从调整后的《进口商品暂定税率表》可以看出，目前我国的进口关税整体上已低于 10%，有些产品已低至零关税。但是在文化产品进口领域，关税却呈现增加趋势。《中华人民共和国进境物品进口税率表》（2011 年修订）显示，书报、刊物、教育专用电影片、幻灯片、原版录影带、录像带、信息技术产品等的进口税率为 10%。2016 年调整后的《中华人民共和国进境物品进口税率表》显示，书报、刊物、教育用影视资料、信息技术产品及其部分娱乐用品的进口税率上升为 15%。这说明中国政府通过调整文化产品进口税率为国外文化产品进入中国市场设置了更高的壁垒，以达到保护本国文化产业与维护本国国家文化安全的目的。

非关税壁垒是指一国政府采取除关税以外的各种办法，对本国的对外贸易活动进行调节、管理和控制的一切政策与手段的总和，其目的是试图在一定程度上限制进口，以保护国内市场和国内产业的发展。非关税壁垒主要是对文化服务和内容文化产品进口所采取的限制措施。当前我国政府采取的非关税壁垒措施主要有进口限额制、市场准入限制、进口许可证等。

第一，进口限额制。进口限额是指一国政府采取的对某些商品在一定时期内的进口数量或者金额进行规定和限制的国际贸易保护性政策。我国在对外文化贸易中，为了更好地保护我国民族文化产业的发展，对国外文化产品采取了进口数量限制措施，相关文件如表 7-3 所示。

表 7-3：我国对外文化产品进口限额相关政策文件

时间	机关	文件	内容
2004.9	国家广电总局	境外电视节目引进、播出管理规定	广电总局对引进境外影视剧的总量、题材和产地等进行调控和规划。

时间	机关	文件	内容
2012.2	国家广电总局	关于进一步加强和改进境外影视剧引进和播出管理的通知	引进境外影视剧的长度原则上控制在50集以内
2005.8	中宣部、文化部、广电总局、新闻出版总署、商务部、海关总署	关于加强文化产品进口管理的办法	要加强对年度引进版权的总量控制，并对出版社引进版权的数量进行限定，力争使进出口作品的品种及数量趋向平衡
2001		中国加入WTO服务贸易具体承诺减让表	中国每年以分账形式进口的国外影片数量不超过20部

第二，进口许可证制。一国政府可以通过对进口商品实行许可证管理，从而调节国家进口商品结构，稳定国内市场。进口许可证制是我国政府在对外文化贸易中所实施的旨在限制国外文化产品与服务进入中国市场的文化贸易保护政策，如表7-4所示。

表7-4：我国关于进口许可制的的对外文化贸易政策

时间	机关	文件	内容
2005.8	中宣部、文化部、广电总局、新闻出版总署、商务部、海关总署	关于加强文化产品进口管理的办法	国家继续对文化产品进口实行特许经营，对经营单位实行文化产品进口经营许可证制度；报刊、电子出版物、音像制品、电影、电视剧、动画片和广播电视节目等文化产品进口业务，须由文化部、广电总局、新闻出版总署指定或许可的国有文化单位经营
2005.9	国家广电总局	关于禁止以栏目形式播出境外动画片的紧急通知	所有境外动画片的引进须经国家广电总局审查通过，并获得发行许可证后，方可发行播出

第三，文化产品播出时间与内容限制。我国政府通过规定本土与引进文化产品与服务的播放时段、频率和最长放映时间来提高本国文化产品与服务辐射力与影响力，相关政策如表7-5所示。

表7-5：我国关于引进文化产品播出时间与内容限制的政策文件

时间	机关	文件	内容
2000	国家广电总局	关于加强动画片引进和播放管理的通知	对引进动画片严格按比例播出，每天每套节目中，播放引进动画片的时间不得超过少儿节目总播放时间的25%，其中引进画片不得超过动画片播放总量的40%
2004	国家广电总局	关于发展我国影视动画产业的若干意见	在每个播出动画片的频道中，国产动画片与引进动画片每季度播出比例不低于6：4，即国产动画片每季度播出数量不少于60%
2004.9	国家广电总局	境外电视节目引进、播出管理规定	各电视频道每天播出的境外影视剧，不得超过该频道当天影视剧总播出时间的25%；每天播出的其他境外电视节目，不得超过该频道当天总播出时间的15%。未经广电总局批准，不得在黄金时段（19：00-22：00）播出境外影视剧
2012.2	国家广电总局	关于进一步加强和改进境外影视剧引进和播出管理的通知	境外影视剧不得在黄金时段（19：00—22：00）播出。各电视频道每天播出的境外影视剧，不得超过该频道当天影视剧总播出时间的25%；进一步加强境外影视剧播出国别比例的管理，避免个别电视频道在一段时期内集中播出某一国家或地区的境外影视剧

第四，市场准入限制。市场准入是指一个国家允许外国的货物、劳务与资本参与国内市场的程度。文化产品和服务由于其自身的特殊性，各个国家对于文化市场的开放与准入都会采取不同程度的限制措施。在广播电影电视领域，国家广电总局对境外卫星电视频道在中国境内的落地，引进境外电视剧的内容格调、境外机构设立驻华广播电视办事机构的条件和程序、中外合作摄制电影

和电视剧的内容、形式、程序以及外商投资电影院的条件、程序等都进行了严格详细的规范与限制。在图书音像出版领域，国家又通过从业资格、内容审查等方面进行了严格的限制。在文化产业引进外资领域，2005 年 8 月，文化部、国家广播电影电视总局、国家新闻出版总署、国家发展和改革委员会、商务部五部委联合制定《关于文化领域引进外资的若干意见》，对文化领域引进外资的范围、条件、程序做出了详细规定。2015 年 4 月 10 日开始实施的《外商投资产业指导目录》关于教育与文化产业的内容显示，我国在教育与文化领域所采取的外商投资政策依旧主要以限制或禁止为主，这表明国家和政府对于具有意识形态属性的文化产品与服务的对外开放程度与速度非常慎重，如表 7-6 所示。

表 7-6：《外商投资产业指导目录（2015 年修订）》（教育与文化产业相关规定）

鼓励外商投资产业目录	限制外商投资产业目录	禁止外商投资产业目录
非学制类职业培训机构	高等教育机构（限于合作、中方指导）	义务教育机构，军事、警察、政治和党校等特殊领域教育机构
演出场所经营	普通高中教育机构（限于合作、中方指导）	新闻机构
	学前教育机构（限于合作、中方指导）	图书、报纸、期刊的出版业务
	广播电视节目、电影的制作业务（限于合作）	音像制品和电子出版物的出版、制作业务
	电影院的建设、经营（中方控股）	广播电视节目制作经营公司
	大型主题公园的建设、经营	电影制作公司、发行公司、院线公司
	演出经纪机构（中方控股）	经营文物拍卖的拍卖企业、文物商店
		新闻网站、网络出版服务、网络视听节目服务、互联网上网服务营业场所、互联网文化经营（音乐除外）

续表

鼓励外商投资 产业目录	限制外商投资 产业目录	禁止外商投资 产业目录
		各级广播电台（站）、电视台（站）、广播电视频道（率）、广播电视传输覆盖网（发射台、转播台、广播电视卫星、卫星上行站、卫星收转站、微波站、监测台、有线广播电视传输覆盖网）

　　在全球化与我国改革开放进程不断推进的过程中，由于西方文化产品与服务的大量进入，西方文化尤其是美国文化对我国民众的思想形成较强的冲击与影响，这种冲击与影响使得中华优秀传统文化的传承逐渐失去了固定空间，民族文化的边界慢慢被消融，民族认同感与民族凝聚力发生动摇，从而危及我国民族文化安全。我国对外文化贸易保护政策的实施对于我国民族文化产业的发展起到了非常重要的保护作用，维护了我国的民族文化安全。

五、中华优秀传统文化教育及其效果

　　改革开放以来，随着中华民族文化的再度复苏，党和政府越来越重视中华优秀传统文化在社会主义精神文明建设中的作用，并将中华优秀传统文化纳入国民教育系统，以进一步发展与弘扬中华优秀传统文化。

　　1993年，中共中央、国务院印发《中国教育改革和发展纲要》，指出"要重视对学生进行中国优秀文化传统教育"①。1995年9月1日起施行的《中华人民共和国教育法》总则第七条明确规定"教育应当继承和弘扬中华民族优秀的历史文化传统，吸收人类文明发展的一切优秀成果"②。1999年6月13日发布的《中共中央、国务院关于深化教育改革全面推进素质教育的决定》指出，"要有针对性地开展爱国主义、集体主义和社会主义教育，中华民族优秀文化传统和革命传统教育，理想、伦理道德以及文明习惯养成教育。把发扬中华民族优

---

　　① 中共中央、国务院关于印发《中国教育改革和发展纲要》的通知［J］. 中华人民共和国国务院公报，1993（4）：143-160.
　　② 中华人民共和国教育法［J］. 中华人民共和国国务院公报，1995（10）：373-383.

良传统同积极学习世界上一切优秀文明成果结合起来。"① 2006 年，中央印发的《国家"十一五"时期文化发展规划纲要》强调要"重视中华优秀传统文化教育"，并对如何加强中华优秀传统文化教育做出了具体部署。与此同时，教育部多次下发相关文件，2004 年，教育部与中宣部联合发布《中小学开展弘扬和培育民族精神教育实施纲要》，结合我国中小学实际情况，就中小学如何开展和弘扬民族精神教育做出了具体部署。2010 年，教育部下发《关于在中小学开展创建中华优秀文化艺术传承学校活动的通知》，决定自 2010 年起在全国小学、初中和高中（包括职业高中）开展创建中华优秀文化艺术传承学校（以下简称传承学校）活动，并就具体要求与实施办法做出具体规定。2013 年，为推进中小学书法教育，传承中华民族优秀文化，教育部印发《中小学书法教育指导纲要》。2014 年 3 月 26 日，教育部为了贯彻党的十八届三中全会关于完善中华优秀传统文化教育的精神，印发《完善中华优秀传统文化教育指导纲要》，就如何在大、中、小学中积极开展中华优秀传统文化教育做出了详细部署。2017 年 5 月中共中央办公厅、国务院办公厅印发的《国家"十三五"时期文化发展改革规划纲要》要求"传承弘扬中华优秀传统文化"，特别强调要"完善中华优秀传统文化教育，加强中华文化基因校园传承"。

在党和国家的政策导向下，我国的传统文化教育取得了很多成绩，传统文化热、国学热再次盛行，这对中华优秀传统文化的传承与弘扬、培养青少年的文化自觉具有非常重要的作用。但与此同时，我们也必须清晰地看到，由于"优秀"传统文化的内涵与外延的模糊，传统文化学科理论与师资力量的薄弱，以及我国功利性教育体制的约束等，我国的传统文化教育遭遇种种困境，传统文化教育之于中华优秀传统文化复兴的效力大打折扣。

六、非物质文化遗产保护及其效果

非物质文化遗产保护是联合国教科文组织为了应对全球化给文化多样性所带来的威胁而发起的一系列文化保护运动，并于 2003 年通过《保护非物质文化遗产公约》。2004 年，"非物质文化遗产"这一概念在中国得到广泛传播，同时，党和政府也将非物质文化遗产保护正式提上日程。2005 年 3 月，《国务院办

---

① 中共中央、国务院关于深化教育改革 全面推进素质教育的决定 [J]. 人民教育，1999（7）：3-5.

公厅关于加强我国非物质文化遗产保护工作的意见》正式出台，这构成我国保护非物质文化遗产的第一个纲领性文件，也标志着我国非物质文化遗产保护活动迈出了关键的第一步。为了进一步加强我国文化遗产保护，继承和弘扬中华民族优秀传统文化，2005 年 12 月，国务院发出《关于加强文化遗产保护的通知》，对未来应该如何开展非物质文化遗产保护活动做出了具体规定，这对我国非物质文化遗传保护活动的有序进行起到了积极的推动作用。2006 年 9 月 14日，中国非物质文化遗产保护中心在中国艺术研究院挂牌成立。2006 年 10 月 25日，文化部发布《国家级非物质文化遗产保护与管理暂行办法》，就国际级非物质文化遗产的保护原则、指导思想以及具体实施规划做出了详细部署。2008 年5 月 14 日，文化部发布《国家级非物质文化遗产项目代表性传承人认定与管理暂行办法》，对国家级非物质文化遗产项目代表性传承人的申请条件、流程、国家支持方式以及代表性传承人的义务做出了详细的规定。2011 年 2 月 25 日，《中华人民共和国非物质文化遗产法》通过并公布，这标志着我国将非物质文化遗产的保护上升到了法律的高度，这为我国优秀传统文化的传承与弘扬提供了法律上的保障，也为未来非物质文化遗产保护活动的开展提供了制度支撑。2012 年 2 月 2 日，文化部颁布《关于加强非物质文化遗产生产性保护的指导意见》，主要就非物质文化遗产的生产性保护的原则、方针以及具体工作开展做出详细安排。与此同时，各个省、自治区、直辖市也依据中央法律政策，就如何开展本地区非物质文化遗产保护活动做出了政策安排。2017 年 5 月中共中央办公厅、国务院办公厅印发的《国家"十三五"时期文化发展改革规划纲要》要求"加强文化遗产保护"，在提到非物质文化遗产时强调要"健全非物质文化遗产保护制度。加强国家级文化生态保护实验区建设，支持非物质文化遗产展览、展示、传习场所建设。推进非物质文化遗产生产性保护"①。2020 年 10 月 29 日党的十九届五中全会审议通过的《中共中央关于制定国民经济和社会发展第十四个五年规划和二〇三五年远景目标的建议》强调要"传承弘扬中华优秀传统文化，加强文物古籍保护、研究、利用，强化重要文化和自然遗产、非物质文化遗产系统性保护"②。

---

① 国家"十三五"时期文化发展改革规划纲要 [N]. 人民日报，2017-05-08 (1).
② 中共中央关于制定国民经济和社会发展第十四个五年规划和二〇三五年远景目标的建议 [N]. 人民日报，2020-11-04 (1).

随着我国经济实力的不断增强，文化传统越来越凸显出其深远的意义。非物质文化遗产保护既是中华民族文化认同的重要组成部分，也是中华传统文化实现现代化转换的宝贵资源。近些年来，在党和政府关于非物质文化遗产保护法律政策的支持下，我国非物质文化遗产保护活动取得了很大的成就，这对于中华优秀传统文化的传承与弘扬起到了非常重要的作用。但与此同时，我们也应该清晰地看到，我国的非物质文化遗产保护还仅停留在国家与政府方面，没有引起国民对于非物质文化遗产保护的关注与重视，并且中央与地方政策的关系并没有完全理顺，加之政策执行力方面存在的一些问题与商业化趋势，使得我国非物质文化遗产保护活动在开展过程中还存在各种不足，而这将不利于真正挖掘非物质文化遗产背后所蕴含的中华民族特有的精神价值、思维方式、想象力和文化意识，从而影响以中华优秀传统文化为基础的文化身份与文化认同，进而影响我国的国家文化安全。

第四节　国家在公共文化安全层面的对策及其施行效果

面对我国公共文化安全所面临的现状与问题，党和政府采取了一系列措施来维护我国的公共文化安全，下面笔者将对这些措施进行梳理并就其施行效果进行分析。

一、强调文化产业发展对社会效益的重视

现代意义上的文化产业起源于西方国家在 20 世纪 40 年代对"大众文化"的研究。按照联合科国教文组织的界定，文化产业是指"按照工业标准，生产、再生产、储存以及分配文化产品和服务的一系列活动"①。当代中国的文化产业是随着中国文化体制改革和社会主义市场经济的发展而凸显出来的。"文化产业作为企业发展的一种形式，是人类精神文化创造的重要表达方式与载体，是生

---

① 林拓. 世界文化产业发展前沿报告（2003—2004）［G］. 北京：社会科学文献出版社，2004：134.

产和销售人们精神消费所需文化产品的产业。"① 由于文化产业生产的是满足人们精神需求的文化产品，因此，文化产业兼具经济和文化双重属性，这就决定了文化产业在其发展中应该兼顾社会效益与经济效益的双效统一。文化产品的社会效益主要是强调文化产品作为一种以文化为内容的特殊的产品，在被消费者消费其使用价值的同时，也会对消费者的思想价值观念产生重大影响，进而影响整个社会的价值导向。社会效益主要通过公众反映和社会评价体现出来，因此，我国在积极倡导大力发展文化产业的同时，也特别强调文化产业的社会效益。2011年10月党的十七届六中全会通过的《中共中央关于深化文化体制改革、推动社会主义文化大发展大繁荣若干重大问题的决定》明确指出文化产业发展要"坚持把社会效益放在首位，坚持社会效益和经济效益有机统一，遵循文化发展规律，适应社会主义市场经济发展要求"②。2013年党的十八届三中全会通过的《中共中央关于全面深化改革若干重大问题的决定》明确规定："坚持以人民为中心的工作导向，坚持把社会效益放在首位、社会效益和经济效益相统一，以激发全民族文化创造活力为中心环节，进一步深化文化体制改革。"③2015年9月，中共中央办公厅、国务院办公厅印发《关于推动国有文化企业把社会效益放在首位、实现社会效益和经济效益相统一的指导意见》，强调文化企业所提供的精神产品必须将社会效益放在首位，并就国有文化企业实现社会效益与经济效益相统一的总体要求、企业内部运行机制、考评考核机制等做出详细规定。《关于推动国有文化企业把社会效益放在首位、实现社会效益和经济效益相统一的指导意见》是文化企业做大做强的一个指导性文件，以此为依据，不少省市也颁布了国有文化企业指标考核新规，如四川省规定"对国有文化企业建立经济效益和社会效益相统一的评价考核机制，根据不同类型国有文化企业的功能作用，社会效益指标考核权重占50%以上，其中新闻信息服务类企业应占60%以上"④。2016年3月制定的《十三五规划纲要》在提到加强社会主义

---

① 李恺，詹绍文. 新时代文化产业的文化责任及其实现路径［J］. 华南师范大学学报（社会科学版）. 2020（4）：179-188，192.
② 中共中央关于深化文化体制改革、推动社会主义文化大发展大繁荣若干重大问题的决定［N］. 人民日报，2011-10-26（1）.
③ 中共中央关于全面深化改革若干重大问题的决定［N］. 人民日报，2013-11-16（1）.
④ 四川国有文化企业指标考核新规出台 社会效益权重占50%以上［N］. 四川日报，2016-12-07.

精神文明建设时再次强调要"坚持社会主义先进文化前进方向，坚持以人民为中心的工作导向，坚持把社会效益放在首位、社会效益和经济效益相统一，加快文化改革发展，推动物质文明和精神文明协调发展，建设社会主义文化强国"。① 2016 年 11 月 7 日通过颁布的《中华人民共和国电影产业促进法》总则第三条明确规定，从事电影活动，应当坚持为人民服务、为社会主义服务，坚持社会效益优先，实现社会效益与经济效益相统一。2017 年 5 月中共中央办公厅、国务院办公厅印发的《国家"十三五"时期文化发展改革规划纲要》指出要"完善社会效益和经济效益综合考核评价指标体系，建立健全社会效益的具体评价标准，建立考核结果与薪酬分配挂钩的绩效考核制度"②。2019 年 10 月，党的十九届四中全会审议通过的《中共中央关于坚持和完善中国特色社会主义制度、推进国家治理体系和治理能力现代化若干重大问题的决定》指出要"建立健全把社会效益放在首位、社会效益和经济效益相统一的文化创作生产体制机制……加强文艺创作引导，完善倡导讲品位讲格调讲责任、抵制低俗庸俗媚俗的工作机制"③。2020 年 10 月 29 日党的十九届五中全会审议通过的《中共中央关于制定国民经济和社会发展第十四个五年规划和二○三五年远景目标的建议》再次强调健全现代文化产业体系应坚持把社会效益放在首位，社会效益和经济效益相统一。

国家在文化体制改革过程中要求文化产业将社会效益放在第一位，这有力地规制了市场经济条件下文化产业对其社会效益的忽略，抵制了媚俗、低俗、庸俗的三俗文化产品的过度泛滥，对文化市场发展起到了积极的规范作用。但由于社会效益相比经济效益存在不易量化的特征，目前还没有形成关于文化产业社会效益考评考核的成熟完整机制。因此，虽然党和政府一直在强调文化产业对于社会效益的优先重视，但由于市场经济主体的逐利性，以及我国国民整体素质的有待提升，要真正落实还需要很长一段时间。

---

① 中华人民共和国国民经济和社会发展第十三个五年规划纲要［N］. 人民日报，2016-03-18（1）.

② 国家"十三五"时期文化发展改革规划纲要［N］. 人民日报，2017-05-08（1）.

③ 中共中央关于坚持和完善中国特色社会主义制度、推进国家治理体系和治理能力现代化若干重大问题的决定［N］. 人民日报，2019-11-06（1）.

二、文化产品审查制度及其效果

文化产品审查制度是指文化行政部门对进入文化市场领域的文化产品内容实施审查管制的制度。文化产品具有社会属性，对社会公共道德的形成具有重要影响。我国政府通过文化产品审查制度，主要是事先审查和事后审查，来对文化产品实行监管。

我国《广播电视管理条例》第三十二条明确规定：广播电台、电视台应当提高广播电视节目质量，增加国产优秀节目数量，禁止制作、播放载有下列内容的节目：（一）危害国家的统一、主权和领土完整的；（二）危害国家的安全、荣誉和利益的；（三）煽动民族分裂，破坏民族团结的；（四）泄露国家秘密的；（五）诽谤、侮辱他人的；（六）宣扬淫秽、迷信或者渲染暴力的；（七）法律、行政法规规定禁止的其他内容。第三十三条规定：广播电台、电视台对其播放的广播电视节目内容，应当依照本条例第三十二条的规定进行播前审查，重播重审。2016年7月29日，国家新闻出版广电总局发出《关于进一步加强社会类、娱乐类新闻节目管理的通知》，要求社会类、娱乐类新闻要坚持健康格调品位，积极传播真、善、美；坚决防止不加批评地展示丑闻劣迹、丑行恶态，坚决抵制搜奇猎艳、血腥暴力、矫情滥情、低俗媚俗、挖苦贬损。同时，强调要加强对广播电视节目制作播出机构、互联网视听节目服务机构的资质管理。

我国《电影管理条例》第二十五条明确规定：电影片禁止载有下列内容：（一）反对宪法确定的基本原则的；（二）危害国家统一、主权和领土完整的；（三）泄露国家秘密、危害国家安全或者损害国家荣誉和利益的；（四）煽动民族仇恨、民族歧视，破坏民族团结，或者侵害民族风俗、习惯的；（五）宣扬邪教、迷信的；（六）扰乱社会秩序，破坏社会稳定的；（七）宣扬淫秽、赌博、暴力或者教唆犯罪的；（八）侮辱或者诽谤他人，侵害他人合法权益的；（九）危害社会公德或者民族优秀文化传统的；（十）有法律、行政法规和国家规定禁止的其他内容的。第二十六条规定：电影制片单位应当依照本条例第二十五条的规定，负责电影剧本投拍和电影片出厂前的审查。2016年11月7日通过的《中华人民共和国电影产业促进法》除了对电影不得含有的内容做出明确规定外，还在第三十六条明确规定：国家支持下列电影的创作、摄制：（一）传播中华优秀文化、弘扬社会主义核心价值观的重大题材电影；（二）促进未成年人健康成长的电影；（三）展现艺术创新成果、促进艺术进步的电影；（四）推动科学教育事业发展和科学技术普及的电影；（五）其他符合国家支持政策的电影。

2016 年 2 月 6 日修订的《印刷业管理条例》总则第三条明确规定：印刷业经营者必须遵守有关法律、法规和规章，讲求社会效益。禁止印刷含有反动、淫秽、迷信内容和国家明令禁止印刷的其他内容的出版物、包装装潢印刷品和其他印刷品。与此同时，修订的《出版业管理条例》第四条明确规定：从事出版活动，应当将社会效益放在首位，实现社会效益与经济效益相结合。2016 年 2 月 4 日通过的《网络出版服务管理规定》第二十三条明确规定：网络出版服务单位实行出版物内容审核责任制度、责任编辑制度、责任校对制度等管理制度，保障网络出版物出版质量。第二十四条明确规定了网络出版的禁止性内容。

我国《互联网文化管理暂行规定》第十六条明确规定：互联网文化单位不得提供载有以下内容的文化产品：（一）反对宪法确定的基本原则的；（二）危害国家统一、主权和领土完整的；（三）泄露国家秘密、危害国家安全或者损害国家荣誉和利益的；（四）煽动民族仇恨、民族歧视，破坏民族团结，或者侵害民族风俗、习惯的；（五）宣扬邪教、迷信的；（六）散布谣言，扰乱社会秩序，破坏社会稳定的；（七）宣扬淫秽、赌博、暴力或者教唆犯罪的；（八）侮辱或者诽谤他人，侵害他人合法权益的；（九）危害社会公德或者民族优秀文化传统的；（十）有法律、行政法规和国家规定禁止的其他内容的。文化部于 2017 年修订的《网络游戏管理暂行办法》第九条规定：网络游戏不得含有以下内容：（一）违反宪法确定的基本原则的；（二）危害国家统一、主权和领土完整的；（三）泄露国家秘密、危害国家安全或者损害国家荣誉和利益的；（四）煽动民族仇恨、民族歧视，破坏民族团结，或者侵害民族风俗、习惯的；（五）宣扬邪教、迷信的；（六）散布谣言，扰乱社会秩序，破坏社会稳定的；（七）宣扬淫秽、色情、赌博、暴力，或者教唆犯罪的；（八）侮辱、诽谤他人，侵害他人合法权益的；（九）违背社会公德的；（十）有法律、行政法规和国家规定禁止的其他内容的。

我国文化产品审查制度在一定程度上净化了文化产品市场，保护并限制了一些不良现象的发生，也保护了未成年人的身心健康发展。但是随着文化全球化与网络信息技术的快速发展，信息流通速度越来越快，人们获取信息的渠道也越来越多，加之中国文化体制在运行上存在的一些漏洞，这种"堵"多于"疏"的文化产品审查制度在一定程度上已不能适应文化产业的快速发展，"三俗"文化产品时有出现。这对我国大众文化消费的价值导向产生了较为严重的误导，久而久之，将会危害到我国公共文化安全。

三、公共文化服务体系建设及其效果

改革开放后，原本隐藏在集体主义背后的公民个人权利逐步浮出水面并取得合法地位，保障公民的个体文化权利成为政府提供公共文化服务的起点。在我国文化体制改革不断推进的过程中，党的十六大明确将文化领域区分为文化产业与文化事业，将文化产业交给市场，而公共文化事业依然在政府主导下发展。政府提供公共文化服务的终极目标是希望通过各种公共文化服务使公民的综合素养得以提高，培养其明辨"真、善、美"与"假、恶、丑"的能力，增强其对于中华民族文化与主导意识形态的认同。

公共文化服务是指由政府等公共部门提供的、由公民广泛参与的，并由公权力保障的一种旨在为社会创造公共价值的过程与制度的总和。2002年11月，党的十六大报告《全面建设小康社会，开创中国特色社会主义事业新局面》首次正式提出"公共文化服务"这一概念。自此，公共文化服务建设被正式提上日程。2005年10月，党的十六届五中全会《关于"十一五"规划的建议》中提出"加大政府对文化事业的投入，逐步形成覆盖全社会的比较完备的公共文化服务体系"①。2006年制定的《国家"十一五"时期文化发展规划纲要》将公共文化建设专开一栏，就"十一五"时期公共文化建设的重要内容与环节做出具体部署。2007年3月，时任国务院总理温家宝在政府工作报告中提出要"着眼于满足人民群众文化需求，保障人民文化权益，逐步建立覆盖全社会的公共文化服务体系"②。2010年12月，国家文化部、财政部联合发布《关于开展国家公共文化服务体系示范区创建工作的通知》，要求"按照公益性、均等性、基本性、便利性的要求，在全国创建一批网络健全、结构合理、发展均衡、运行有效的公共文化服务体系示范区，培育一批具有创新性、带动性、导向性、科学性的公共文化服务体系项目，为我国公共文化服务体系建设探索经验、提

---

① 中共中央关于制定国民经济和社会发展第十一个五年规划的建议［N］.人民日报，2005-10-19（1）.
② 温家宝总理在十届全国人大五次会议上的政府工作报告（摘登）［N］.人民日报，2007-03-06（3）.

供示范，推动公共文化服务体系建设科学发展"①。2011 年 11 月 18 日，党的十七届六中全会通过的《中共中央关于深化文化体制改革、推动社会主义文化大发展大繁荣若干重大问题的决定》指出"必须坚持政府主导，按照公益性、基本性、均等性、便利性的要求，加强文化基础设施建设，完善公共文化服务网络，让群众广泛享有免费或优惠的基本公共文化服务"②。2012 年党的八大报告《坚定不移沿着中国特色社会主义道路前进，为全面建成小康社会而奋斗》指出要"坚持面向基层、服务群众，加快推进重点文化惠民工程，加大对农村和欠发达地区文化建设的帮扶力度，继续推动公共文化服务设施向社会免费开放"③。2013 年党的十八届三中全会通过的《中共中央关于全面深化改革若干重大问题的决定》再次强调要"建立公共文化服务体系建设协调机制，统筹服务设施网络建设，促进基本公共文化服务标准化、均等化"④。2015 年 1 月，中共中央办公厅、国务院办公厅印发的《关于加快构建现代公共文化服务体系的意见》就如何构建现代公共文化服务体系做出了战略性部署。2016 年 12 月 25 日第十二届全国人民代表大会常务委员会第二十五次会议通过了《中华人民共和国公共文化服务保障法》，为我国公共文化建设与治理能力的现代化提供了法律依据。2017 年 5 月中共中央办公厅、国务院办公厅印发的《国家"十三五"时期文化发展改革规划纲要》指出要"坚持政府主导、社会参与、重心下移、共建共享，坚持缺什么补什么，注重有用、适用、综合、配套，统筹建设、使用与管理，加快构建普惠性、保基本、均等化、可持续的现代公共文化服务体系"，并在完善公共文化服务网络、推动基层公共文化设施资源共建共享、创新公共文化服务运行机制、推动老少边贫地区公共文化跨越发展等方面做出具体部署。2019 年 10 月 31 日党的十九届四中全会审议通过的《中共中央关于坚持和完善中国特色社会主义制度 推进国家治理体系和治理能力现代化若干重大问题的决定》提出要"完善城乡公共文化服务体系，优化城乡文化资源配置，推

---

① 关于开展国家公共文化服务体系示范区（项目）创建工作的通知［EB/OL］. 中华人民共和国财政部，2011-02-14.

② 中共中央关于深化文化体制改革、推动社会主义文化大发展大繁荣若干重大问题的决定［N］. 人民日报，2011-10-26（1）.

③ 坚定不移沿着中国特色社会主义道路前进 为全面建成小康社会而奋斗［N］. 人民日报，2012-11-18（1）.

④ 中共中央关于全面深化改革若干重大问题的决定［N］. 人民日报，2013-11-16（1）.

动基层文化惠民工程扩大覆盖面、增强实效性，健全支持开展群众性文化活动机制，鼓励社会力量参与公共文化服务体系建设"①。2020 年 10 月 28 日党的十九届五中全会审议通过的《中共中央关于制定国民经济和社会发展第十四个五年规划和二〇三五年远景目标的建议》强调要提升公共文化服务水平。

在党和政府关于公共文化服务体系建设的政策支持与推动下，我国的公共文化服务建设取得了显著的成效。2014 年年底②，我国共有公共图书馆 3117 个，群众文化服务业机构 44,423 个，博物馆 3658 个，艺术表演团体 8769 个，艺术表演场馆 1338 个，文化文物机构 287,356 个，从业人员达到 2,040,199 人，公共图书馆图书流通人次达 53,036 万人次，书刊文献外借达到 46,734 万册次。到 2018 年③，我国公共图书馆数量增加到 3176 个，艺术表演团体增加到 17,123 个，艺术表演场馆增加到 2478 个，群众文化服务业机构增加到 44,464 个，博物馆增加到 4918 个，文化文物机构增加到 306,252 个，从业人员增加到 2,407,827 人，公共图书馆图书流通人次增加到 82,032 万人次，书刊文献外借增加到 58,010 万册次。不仅如此，中国群众文化机构立足基层，面向社会，开展了丰富多彩的文化活动，截至 2014 年年底④，全国群众文化机构数达 44,423 个，从业人员达 170,299 人，开展相关活动共 147.2 万场次。到 2018 年⑤，全国文化机构数增加到 44,464 个，从业人员增加到 185,636 人。我国在公共文化服务建设上所取得的这些成就对于提升国民综合素质无疑起到了非常重要的作用，但是，我们应该看到，由于我国人口基数较大，公共文化领域的文化资源总数看起来很大，但按照人均计算就很少。如截至 2014 年年底⑥，每万人拥有公共图书馆建筑面积为 90 平方米，人均拥有公共图书馆藏书量为 0.58 册，每万人拥有群众文化设施建筑面积 269.5 平方米；到 2018 年，每万人拥有公共图书

---

① 中共中央关于坚持和完善中国特色社会主义制度 推进国家治理体系和治理能力现代化若干重大问题的决定 [N]. 人民日报，2019-11-06（1）.

② 以下数据来源：中华人民共和国国家统计局. 中国统计年鉴（2015）[M]. 北京：中国统计出版社，2015.

③ 以下数据来源：中华人民共和国国家统计局（中国统计信息网）

④ 以下数据来源：中华人民共和国文化部. 2015 文化发展统计分析报告 [M]. 北京：中国统计出版社，2015.

⑤ 以下数据来源：中华人民共和国国家统计局（中国统计信息网）.

⑥ 以下数据来源：中华人民共和国文化部. 2015 文化发展统计分析报告 [M]. 北京：中国统计出版社，2015.

馆建筑面积增加到 114 平方米,人均拥有公共图书馆藏书量增加到 0.74 册。可见,2018 年较 2014 年人均占有图书馆藏书量有所提高,但跟西方发达国家相比依然较低,中国公共文化服务满足公众文化需求的缺口依然很大。据有关调查显示①,在对"公共文化需求满足状况的总体评价"的回答中,有 6.31% 的受访者选择"很不好",21.46% 的受访者选择"不太好",有 60.65% 的受访者选择"一般",合计达到 88.42%。另外,当前我国公共文化服务在一定程度上还存在"供需错位"的现象,即政府的公共文化服务供给不能很好地随着广大人民群众需求的变化做出适当调整。公共文化需求缺口的存在以及公共文化服务"供需错位"的问题使得公民文化权利不能得到很好的满足,公众明辨是非的能力不能得到有效提高,从而降低了"真、善、美"价值导向对大众文化产品生产的引导作用。

四、网络文化安全相关措施及其效果

近年来,随着网络信息技术的快速发展,互联网越来越成为人们工作、生活、学习的新空间。2016 年 6 月②,中国的网民规模已有 7.10 亿,互联网普及率达到 51.7%,手机网民规模已达到 6.56 亿;到 2020 年 3 月③,我国网民规模增加到 9.04 亿,互联网普及率增加到 64.5%,手机网民规模增加到 8.97 亿。网络作为一个庞大的虚拟空间,网络信息的传播主体呈现出多元化趋势,并成为西方文化扩张的新载体。为了维护我国网络安全,2013 年党的十八届三中全会通过的《中共中央关于全面深化改革若干重大问题的决定》明确指出要"坚持积极利用、科学发展、依法管理、确保安全的方针,加大依法管理网络力度,加快完善互联网管理领导体制,确保国家网络和信息安全"④。2014 年 2 月 27日,中央网络安全和信息化领导小组成立,习近平总书记任组长,这充分体现了中国最高决策层在保障网络安全、维护国家利益、推动信息化发展上的坚定

---

① 湖北大学高等人文研究院,中华文化发展湖北省协同创新中心. 中国文化发展报告 (2015—2016) [G]. 北京:社会科学文献出版社,2016:27.
② 以下数据来源:中国互联网络信息中心(CNNIC). 第 38 次中国互联网络发展状况统计报告 [EB/OL]. 中华人民共和国国家互联网信息办公室,2016-08-03.
③ 以下数据来源:中国互联网络信息中心(CNNIC). 第 45 次中国互联网络发展状况统计报告 [EB/OL]. 中华人民共和国国家互联网信息办公室,2010-04-28.
④ 中共中央关于全面深化改革若干重大问题的决定 [N]. 人民日报,2013-11-16 (1).

决心。

我国在网络管理方面的相关措施可以分为三个层次。第一个是宏观层次，如《中华人民共和国计算机信息网络国际联网管理暂行规定》《计算机信息网络国际联网安全保护管理办法》《全国人民代表大会常务委员会关于维护互联网安全的决定》《关于促进移动互联网健康有序发展的意见》《中华人民共和国网络安全法》等。这些法律法规主要就国家安全问题从宏观、全面、系统的角度对互联网系统予以管理与规范。第二个是中观层次，如《中华人民共和国计算机信息系统安全保护条例》《信息网络传播权保护条例》《互联网信息服务管理办法》《关于加强国家网络安全标准化工作的若干意见》等。这些政策主要是网络安全的专项政策，是关于网络安全问题的相关具体部署。第三个是微观层次，如《举报互联网和手机媒体淫秽色情及低俗信息奖励办法》《规范互联网信息服务市场秩序若干规定》《互联网文化管理暂行规定》《互联网视听节目服务管理规定》《互联网等信息网络传播视听节目管理办法》等。这些政策规定主要是比较详细、具体的与网络文化安全直接相关的各种政策。

党和政府关于网络管理的这些法律法规对于我国互联网系统的有效治理与网络安全的维护无疑起到了非常大的作用。但是，我们不难发现，现有法律法规主要强调国家和政府对互联网运行的管制，而忽视了网民、企业以及其他社会组织对于网络安全的责任。另外，纵观这些法律法规，只有《中华人民共和国网络安全法》《关于加强网络信息保护的决定》和《关于维护互联网安全的决定》是由全国人大常务委员会颁布的，其他的规定、条例等基本由国务院及其有关部门或地方政府制定。相关政策法规制定主体的多样化使得这些政策法规的执行力有所下降。加之某些政策法规的可操作性问题，使得我国网络安全政策不能得到有效实施，网络安全不能得到有效维护，从而影响我国国家文化安全。

上文笔者系统梳理了党和国家面对当前我国国家文化安全的现状与成因所采取的一系列措施，并就这些措施的施行效果做出了具体分析。总体而言，这些措施对于缓解和弱化我国国家文化安全所面临的各种压力、改善国家文化安全现状具有非常重要的作用，但同时也存在一些不容忽视的问题。

首先，从主体上来讲，当前已采取或正在采取的维护我国国家文化安全的措施更多地强调国家作为主体在维护国家文化安全中应承担的职责，而忽视了社会主体与公民个人之于维护国家文化安全的义务和责任。在现有措施中，国家越来越重视高校的意识形态工作，并就高校教师与大学生的思想政治教育工作出台了一系列相关政策。随着全球化进程的快速发展和我国社会主义市场经济体制的不断完善，企业越来越成为一个国家与社会的重要主体，尤其是跨国公司的全球化发展，使得企业对于维护国家文化安全的重要性越来越凸显出来。但是，在我国现有维护国家文化安全的措施中却没有关于企业维护国家文化安全责任的政策规定。另外，国家文化安全作为国家安全的深层次主题，对于公民个人同样重要。尤其是在当今消费主义盛行、公共文化安全面临种种困境的情况下，公民作为独立个人之于国家文化安全的意义更加重大，但在我国现有的维护国家文化安全的措施中却没有体现公民在维护国家文化安全方面所应承担的责任。

其次，从内容上来看，我国现有维护国家文化安全的措施更多地强调对国家主导意识形态安全的维护。如马克思主义理论研究与建设工程的提出和实施，社会主义核心价值体系和社会主义核心价值观的提出、培育和践行等。对于中华民族文化，虽然提出了中国文化"走出去"战略和文化强国战略，但这里所强调的文化更多地侧重于中华传统文化，而对如何实现传统文化的现代化转换却没有相应的具体政策措施。在民众公共文化消费方面，国家试图通过强调文化产业的社会效益、构建公共文化服务体系等措施来改善整个社会环境，并力图用社会主义核心价值体系和社会主义核心价值观来对大众文化消费进行观念层面的引导规范，但就目前现状来看效果似乎并不理想。

最后，虽然近年来国家文化安全越来越受到党和国家的重视，如国家文化安全入驻新《国家安全法》，在总体国家安全观指导下通过的《国家安全战略纲要》对国家文化安全予以关注；但不可否认的是，当前中国还没有形成一套连贯完整的国家文化安全战略，现有的国家文化安全响应措施大多是临时采取和应对性的，而现行关于对外文化贸易壁垒和文化体制改革的相关法律政策则侧重于对文化产业安全与发展的关注。

第八章

中国国家文化安全战略体系的进一步完善与健全

按照总体国家安全观的要求，国家文化安全是现代国家安全体系的重要组成部分。面对当前我国国家文化安全所面临的威胁和国家文化安全的现状，本书试图提出进一步完善和健全当前中国国家文化安全战略体系的途径。

第一节　积极推进当前中国国家文化安全制度建设

国家文化安全制度化是国家治理体系与治理能力现代化的重要组成部分。按照社会学的解释，制度即规则或运作模式。国家文化安全制度是指一个国家为了维护本国的国家文化利益而制定的各种法律、机制、规则等的总和。国家文化安全制度是国家文化安全维护与国家文化安全能力建设的根本保障。

一、建立《国家文化安全法》法律体系

目前我国并没有专门的国家文化安全法律体系，关于国家文化安全的相关法律条文基本散见于广泛的文化法律制度中，这些涉及国家文化安全的法律条文几乎都属于宏观层面的原则性规定。基于此，本书将从国家文化安全总体立法与分项立法两个层面给出对策。

我们先来分析国家文化安全总体立法对策。本书所说的国家文化安全总体立法指向总体国家安全观与新《国家安全法》指导下的国家文化安全法，下面笔者将对国家文化安全法的制定给出相关建议。

第一，立法原则与逻辑起点。国家文化安全立法应该以社会主义核心价值

观为基本原则，以维护国家文化利益为逻辑起点。社会主义核心价值观是马克思主义中国化的理论成果，核心价值观是一个国家安全的关键，是有效整合社会各阶层意识的价值导向，是提高一个国家文化软实力的关键，是国家治理体系与治理能力现代化的重要内容。因此，我们在国家文化安全立法过程中应该把坚持和弘扬社会主义核心价值观作为立法的基本原则。国家文化利益是一个国家的国家利益在文化领域的具体体现，维护国家文化安全的本质即是维护本国的国家文化利益不受损害，因此，保障我国国家文化利益应是我国国家文化安全立法的逻辑起点。

第二，立法依据。宪法是我国的根本大法，适用于我国全体公民，拥有最高的法律效力，是制定一般法律的基础和依据。因此，我国国家文化安全法的制定应该以宪法中关于文化制度的相关规定为依据。另外，按照总体国家安全观的指导思想，国家文化安全是国家安全系统的重要组成部分，国家安全法是国家文化安全法的上位法。因此，国家文化安全法原则上不能与国家安全法相抵触。

第三，立法主体的确定。《中华人民共和国立法法》第七条明确规定："全国人民代表大会和全国人民代表大会常务委员会行使国家立法权。全国人民代表大会制定和修改刑事、民事、国家机构的和其他的基本法律。"国家文化安全法属于普通法律①，因此，其立法主体应该是全国人民代表大会常务委员会。

第四，立法目的。国家文化安全法的立法目的是：掌握当前我国国家文化安全状态变化趋势，对未来有可能对我国国家文化安全产生负面影响的各种风险因素进行预测、评估及预警；制定并审查我国国家文化安全标准，即划定我国在文化上的国家底线；建立健全我国国家文化安全的应对机制；加强我国维护国家文化安全的能力；增强我国文化在国际社会的影响力与竞争力，积极推动公平、公正的国际文化秩序的建立。

第五，立法框架。在立法框架上，国家文化安全法应遵循《国家安全法》的立法体例，涵盖以下几部分内容：第一部分为总则，在总则中就国家文化安全的定义和结构、地位及作用，国家文化安全法的指导思想与原则，维护国家文化安全的总任务做出阐述；第二部分为国家、组织、公民个人在维护国家文

---

①　普通法律是由全国人民代表大会常务委员会制定的调整国家和社会生活中某种具体社会关系或其中某一方面内容的规范性文件的统称。

化安全上的责任与义务；第三部分为国家文化安全监测评估预警体系及应急管理机制；第四部分为相关主体违反国家文化安全法应该承担的法律责任。

在对国家文化安全总体立法进行构建的基础上，笔者将根据国家文化安全系统的内在结构（主导意识形态安全、民族文化安全、公共文化安全）对国家文化安全分领域立法给出建议。

一是主导意识形态安全领域。我国的主导意识形态是以马克思主义为指导的社会主义意识形态。我国当前还没有专门的关于主导意识形态的法律，主导意识形态在我国法律体系中主要以指导思想或立法目的的形式出现。如《中华人民共和国电影产业促进法》总则第一条明确规定："为了促进电影产业健康繁荣发展，弘扬社会主义核心价值观，规范电影市场秩序，丰富人民群众精神文化生活，制定本法。"《中华人民共和国网络安全法》总则第六条规定："国家倡导诚实守信、健康文明的网络行为，推动传播社会主义核心价值观，采取措施提高全社会的网络安全意识和水平，形成全社会共同参与促进网络安全的良好环境。"因此，笔者建议制定主导意识形态治理法规，在法规中首先要明确党管意识形态的基本原则，确立主导意识形态安全标准（底线）。其次，要明确主导意识形态治理的主体包括从中央到地方的各个意识形态领导和管理部门，报纸、刊物、网络、电视台等各个负有意识形态职能的组织、社会、公民等多元主体，并就各个主体在主导意识形态治理方面所享有的权利和应履行的义务做出明确规定。再次，以系统论为基础，对主导意识形态治理运行机制做出详细部署。最后，以思想政治教育自身规律为依据，以思想政治教育主体、客体、内容、运行机制等方面的法治化为路径，构建思想政治教育法治化体系。

二是民族文化安全领域。民族文化是现代民族国家独立于世界之林的文化基础，"民族文化安全的含义主要是指向民族认同的文化基础是否受到威胁和动摇，而不能理解为所谓的民族文化的纯洁性"①。我国当前关于民族文化保护的相关法律法规建设已初具规模，但与民族文化安全有关的条款只是散见其中，没有对民族文化安全的直接规定。鉴于此，笔者建议制定民族文化安全保护法。首先，明确民族文化安全的标准，即在全球化所形成的多元文化交流中，民族认同的文化基础（中华民族文化）不受威胁或动摇。其次，明确维护民族文化安全的主体包括国家政府、各社会组织、公民个人等多元主体，并就各个主体

---

① 韩源. 国家文化安全引论 [J]. 当代世界与社会主义，2008（6）：90-94.

在维护民族文化安全方面的权利义务做出明确界定。再次，将中华优秀传统文化教育体制纳入进来，并切实保证中华优秀传统文化现代化转换的研究成果。最后，构建民族文化保护效果评估及反馈机制。

三是公共文化安全领域。本书所谈到的公共文化指向大众文化消费进入公共领域，因此，公共文化安全领域的法治建设应该从大众文化治理入手，笔者建议制定大众文化治理法规。首先，明确社会主义核心价值观是大众文化建设的指导思想。其次，明确规定公共文化安全的标准是世俗公民社会"真、善、美"的价值底线，一方面不能消解主导意识形态的一元指导地位，另一方面不能解构中华民族文化的社会认同。再次，明确规定大众文化产品的生产、流通、消费等各个环节都必须将社会效益放在第一位，并对社会效益的衡量标准做出规定。然后，明确规定大众文化治理主体包括政府、企事业单位等社会组织和公民个人，并就各主体在大众文化治理中享有的权利和应该承担的义务做出规定。最后，构建公共文化安全检测预警及其危机管理机制。

二、构建"国家治理"框架下的中国国家文化安全治理体系

按照总体国家安全观的要求，国家文化安全是国家安全的重要保障，而文化是一个国家在精神层面的核心内容，是民族国家的内在本质属性。党的十八届三中全会确立了"推进国家治理体系和治理能力现代化"的新命题，国家治理成为中国特色社会主义的重大课题。国际关系领域的国家治理是指"各种公共的或私人的个人和机构管理其公共事务的诸多方式的总和，是使相互冲突的人或不同利益得以调和，并采取联合行动的持续过程。这既包括迫使人们服从的正式制度和规则，也包括人们同意或符合其利益的非正式制度安排"①。可见，国家治理一方面强调治理主体的多元化，另一方面也强调政府在国家治理中的主导地位，因此，"国家治理"框架下的中国国家文化安全治理体系就是指在政府主导下，充分重视企业等社会力量对于维护国家文化安全的参与作用，确立公民对于维护国家文化安全的基础作用，从而构建起一套能够完整、有效地维护中国国家文化利益的安全运行机制。

首先，建立国家文化安全多元主体治理模式。"国家治理"理念下的国家文

---

① KEOHANE R, NYE J. Introduction, in Joseph Nye and John Donahue ed. Governance in Globalizing World [M]. Washington：Brookings Institution Press, 2000：12.

化安全治理主体呈现多元化特征，其中党和政府在国家文化安全治理中扮演"元治理"主体的角色，相关部门包括国家安全部门、国家文化管理部门、宣传部门等。企事业单位等社会组织对维护国家文化安全也具有不可推卸的责任，而企事业单位参与国家文化安全治理一方面要自觉遵守国家在文化安全领域的相关法律法规，另一方面要增强自身维护国家文化安全的自觉意识。此外，公民个人在国家文化安全治理中具有基础性作用，因此，应积极提升公民个人的文化自觉与文化安全意识，完善其参与国家文化安全治理的体制机制。在国家文化安全多元治理主体中，党和政府的元治理是一种自上而下的垂直治理体系，而社会组织对于国家文化安全法律法规的自觉遵守和维护国家文化安全的自觉意识是一种平行的横向治理结构，公民之于国家文化安全治理的参与则是一种自下而上的多点式网状结构，三者相互依存、相互补充，构成了一个完整的、立体化的国家文化安全治理模式。

其次，搭建国家文化安全纵向治理框架。国家文化安全治理体系的纵向维度，一方面指向实现国家文化安全治理的条件、环节和要素，具体包括系统的国家文化安全目标体系、制度体系、内容体系、评估监控体系、反馈体系、保护体系、调节体系等，这些体系的程序化运行实现了国家文化安全的动态平衡。另一方面，国家文化安全治理体系的纵向框架还应该对中央政府与地方政府在国家文化安全治理方面的权责关系做出合理界定，从而实现国家文化安全纵向治理结构的不断优化与完善。

最后，搭建国家文化安全横向治理框架。一方面，国家文化安全治理作为一个由政府、社会力量和公民等多元主体共同参与的动态过程，从横向维度讲，应该明确不同主体对于维护国家文化安全的责任与义务，其中政府是国家文化安全治理的"元主体"，承担着"元治理"的责任，是国家文化安全治理体系的主导者。与此同时，还应该对企业等社会力量与公民个人在国家文化安全治理体系中的角色与功能进行界分，激发他们的国家文化安全意识，提升他们维护国家文化安全的能力。另一方面，国家文化安全治理体系的横向维度，还可以根据国家文化安全治理对象、内容与领域的不同，将其划分为主导意识形态安全治理体系、民族文化安全治理体系和公共文化安全治理体系三个部分。

这种由多元主体共同参与的，横向与纵向两种不同层级结构共同构成的国家文化安全治理体系是一个多向度互动、多环节协同的综合动态运行结构。这个结构一方面体现了国家文化安全治理过程"统筹兼顾，综合治理"的原则，为国家文化安全提供了结构支撑；另一方面体现了国家文化安全治理的科学性与规范性，为国家文化安全提供了力量保障。

三、完善中国国家文化安全战略框架

按照总体国家安全观所构建的国家安全体系，国家文化安全构成国家安全的重要组成部分，是国家安全的重要保障。改革开放以来，我国在经济、政治、文化等各方面都取得了举世瞩目的成就，中国的和平崛起是在中国特色社会主义道路的引领下完成的，独立自主是我国处理国际关系的基本原则，所以我国的国家文化安全战略应该是一种符合中国实际的"自主型"战略，但这种"自主型"战略是一种兼具开放性与包容性的战略。另一方面，当前我国所构建的国家文化安全战略既是一种积极、主动的"防御型"战略，同时又是主动推动中华文化走向世界，从而提高其国际影响力的和平发展战略。

2015年1月23日，中央政治局会议审议通过了《国家安全战略纲要》，2016年12月27日，经中央网络安全和信息化领导小组批准，国家互联网信息办公室发布了《国家网络空间安全战略》，这为国家文化安全战略的构建提供了方向与蓝本。笔者试着从以下几个方面来构建中国国家文化安全战略的基本框架。

首先，中国国家文化安全战略目标。确定国家文化安全战略目标是国家文化安全战略筹划的首要任务，只有目标明确，才能合理有效地整合与配置各种资源与力量，从而形成完整有效的国家文化安全战略。国家文化安全战略目标的设定应遵循以下几个原则。第一，符合国家整体战略目标。党的十八大报告指出"只要我们胸怀理想、坚定信念，不动摇、不懈怠、不折腾，顽强奋斗、艰苦奋斗、不懈奋斗，就一定能在中国共产党成立一百年时全面建成小康社会，就一定能在新中国成立一百年时建成富强民主文明和谐的社会主义现代化国家"①。"两个一百年"的战略目标为我国国家文化安全战略目标的设定提供了总体的指导方向。第二，符合国家文化安全的主体需求。本文在对国家文化安全的定义进行分析时认为国家文化安全的主体应该是民族国家，中国作为一个民族国家，其在文化方面的需求主要表现为其国家文化利益不受侵害。因此，

---

① 坚定不移沿着中国特色社会主义道路前进 为全面建成小康社会而奋斗［N］. 人民日报，2012-11-18（1）.

中国的国家文化安全战略目标应紧紧抓住民族国家文化利益的主要方面。也就是说，在由主导意识形态安全、民族文化安全和公共文化安全三个子系统构成的国家文化安全体系中，主导意识形态是民族国家的精神内核，是国家政权合法的文化基础，是民族国家文化发展与创新的指导思想。因此，在国家文化安全系统中，主导意识形态安全的权重应该大于民族文化安全和公共文化安全的权重。同时，"民族文化及其认同是国家认同的基础以及维系民族和国家的重要纽带，也是民族国家的'合法性'来源"①，而国民丰富多彩的公共文化实践却是国家文化利益最深层次的体现。所以，中国国家文化安全战略目标的设定应该综合考虑主导意识形态、民族文化、公共文化三者之于国家文化安全的重要程度，从而实现战略资源的最优配置。第三，符合国际形势与自身发展阶段。全球化依然是当今世界的主要发展趋势，中国的国家文化利益需要通过与别国的平等对话与合作达到共赢。另外，不平等的国际文化秩序与中国内部问题是中国国家文化安全面临的主要威胁，因此，国家文化安全目标的设定应以缓解各种威胁因素与压力为重点，从而确保国家文化安全战略目标与国家战略能力之间的平衡与协调。

按照上述原则，可将中国国家文化安全战略的目标设定为：对外缓解或减小以美国为首的西方国家文化扩张对中国国家文化安全的压力，增强中国文化的国际影响力；对内确保主导意识形态与中华民族文化的社会认同基础，坚守民众公共文化消费对于"真、善、美"价值底线的维护。

其次，中国国家文化安全战略原则。"战略原则是指导战略行动的相关准绳和法则，是战略行动的一般依据。"② 中国国家文化安全战略原则主要包括以下几方面。一是以内为主原则。唯物辩证法认为，内因是事物变化发展的根据，外因是事物变化发展的条件，外因通过内因起作用。当前中国国家文化安全的威胁来源既包括外部因素，也包括内部因素，但内部因素是主要威胁，因此中国国家文化安全战略的构建首先应从国家内部着手。二是文化主权原则。文化主权是中国国家文化安全战略的基本立足点，是独立自主原则在文化安全领域的具体化。三是合作共赢原则。随着全球化进程的深入发展，不同文明相互交

① ［英］厄内斯特. 盖尔纳. 民族与民族主义［M］. 韩红，译. 北京：中央编译出版社，2002：183.
② 杨毅. 中国国家安全战略构想［M］. 北京：时事出版社，2009：88.

206

汇，中华文化应该积极与其他民族国家进行平等对话和文化交流，从而促进世界文明的多样化发展。

再次，中国国家文化安全战略措施。战略措施是一个国家调动相关力量和资源保障该国国家文化安全的一系列具体对策与行动，是国家文化安全战略的主体。笔者认为当前中国国家文化安全战略运筹过程中最重要的是要构建国家文化安全形势评估及其预警防控机制。PSR（压力—状态—响应）模型是学术界对环境安全进行评估时所采取的定量研究方法。该模型以因果关系为基础，"按照'原因—效应—反应'的思路，阐释人类活动给自然界施加压力，改变了环境和资源的状态，进而通过决策、行为等发生响应，促进生态系统良性循环的过程"①。在环境安全评估研究中，学者们依据 PSR 模型构建了完整的国家环境安全评估指标体系，并运用模糊层次评价法、因子分析法等统计方法对指标体系中的各个具体指标进行计算，从而对国家环境安全做出整体评估。国家文化安全形势实际上取决于现有安全状态下压力因素与响应措施两者之间的力量对比状况，这与环境安全评估中所采用的 PSR 模型在数学和理论逻辑的抽象上是相同的。因此，笔者认为可依据 PSR 模型作用机理，以国家文化安全基本理论为基础，来构建中国国家文化安全评估指标体系，并运用指数平滑法、因子分析法等统计方法对国家文化安全形势做出定量评估。然后，借鉴学术界关于国家环境安全和国家经济安全的安全级别划分，结合国家文化安全的理论与实践，对国家文化安全度进行等级划分，从而构建国家文化安全预警及其危机管理机制。

最后，中国国家文化安全战略保障。战略保障是一个国家为了推进国家文化安全战略措施的落实和国家文化安全战略目标的实现，从人才、经费等方面提供的支持。第一，健全国家文化安全研究的人才保障机制。国家文化安全战略的研究离不开人才队伍的有力支撑，随着国家文化安全问题的不断凸显，国家文化安全问题研究的跨学科属性越来越明显。因此，国家应积极倡导国家文化安全的跨学科研究，吸引政治学、国际关系学、数理分析、统计学、计算机学等各个专业的人才进入国家文化安全研究的行列，从而为国家文化安全战略的制定与运行提供充足的人才保障。第二，国家应加大对国家文化安全研究机

---

① 高珊，黄贤金. 基于 PSR 框架的 1953—2008 年中国生态建设成效评价 [J]. 自然资源学报，2012（2）：341–350.

构与科研人员的经费投入，从而为其研究提供资金保障。第三，加强党对国家文化安全的领导制度，优化组织系统，健全机构职能，完善国家文化安全战略领导体制。

第二节 积极探索主导意识形态建设新路径

以马克思主义为指导的社会主义意识形态是我国的主导意识形态，我国长期以来都非常重视主导意识形态的建设与创新，针对当前我国主导意识形态安全所面临的主要问题，我们应该进一步探索主导意识形态建设的新路径。

一、推进主导意识形态创新，提高其对社会现实的解释力

"理论解释力是衡量一个国家、一个民族发展程度的重要尺度。"① 马克思主义是一个开放的理论体系，与时俱进是马克思主义的理论品质。唯物史观认为社会存在决定社会意识，意识形态是对经济基础自觉的和系统的反映。改革开放前，绝对的公有制与计划经济体制决定了马克思主义意识形态在全社会的绝对话语权。党的十一届三中全会后，随着改革开放进程的快速推进，尤其是进入 21 世纪后，社会主义市场经济的快速发展与社会结构的阶层化趋势对我国以马克思主义为指导的社会主义意识形态创新提出了新的要求。从马克思主义经济基础决定上层建筑的观点来看，当前我国的意识形态创新应该根据我国生产力与经济发展水平以及现有经济关系来进行调节，从而适应当前的生产关系与社会存在。

社会主义意识形态的创新过程实际上是一个理论与实践之间不断"产生矛盾—调整匹配—矛盾化解"的动态过程。在创新过程中，首先要坚持马克思主义基本原理，这是意识形态创新最起码的前提和基础；其次，意识形态创新既是对马克思主义基本原理的创造性运用，也是对马克思主义理论的进一步发展，正如习近平总书记所言："我们一定要以我国改革开放和现代化建设的实际问题、以我们正在做的事情为中心，着眼于马克思主义理论的运用，着眼于对实

---

① 金民卿. 当代中国理论解释力的提升之道：论理论创新主体应有的四种自觉 [J]. 学术前沿，2012（11）：30-37.

际问题的理论思考，着眼于新的实践和新的发展。"① 面对当前主导意识形态与社会客观现实契合度出现偏差的现状，我们应该从以下三个方面积极推进主导意识形态创新。第一，理顺马克思主义、中华传统文化、西方文化三者之间的关系，拓宽主导意识形态创新视域，处理好继承与创新之间的辩证关系，实现马克思主义作为国家主导意识形态与广大民众精神文化需求的融合与贯通。第二，增强主导意识形态对各个社会阶层与利益群体的包容性，实现马克思主义对各种社会思潮与多元价值观念的引领与整合能力，从而巩固中国共产党作为执政党的合法性基础。第三，增强主导意识形态对社会主义市场经济的适应性与解释力，化解改革阻力，从而实现改革开放进程的顺利推进。

二、转变主导意识形态传播体系，增强其社会认同度

随着互联网和电子信息技术的快速发展，以个人为标准的新媒体时代已经到来，有数据显示，截至2020年3月②，中国的网民规模已有9.04亿，互联网普及率达到64.5%，手机网民规模已达到8.97亿，可见，新媒体已成为被普通大众所接受的常态化概念。新媒体时代，一方面，主导意识形态的传播已由过去以国家、学校、社会组织等权威性群体性主体的单向传播转向"人人拥有一个麦克风"的多元化、多向度传播；另一方面，主导意识形态的传播载体也从过去由政府主导的电视、广播、报纸等传统媒体转向以微博、微信、微视等客户端为载体的多元化新媒体。这些转变为我国主导意识形态传播体系的建设提出了新的要求。

首先，主导意识形态传播应更加生活化。韩源将意识形态的表现形式划分为"观念化的意识形态、制度化的意识形态和社会心理化的意识形态"③，主导意识形态传播的目的是将主导意识形态内化为受众的思想观念及情感，成为社会心理化的意识形态，从而指导其实践活动。因此，新媒体时代主导意识形态的传播必须以人民群众的现实与需要为基础，尊重传播学规律，综合利用各种有利因素，从而增强主导意识形态对现实问题的阐释能力，提高主导意识形态

① 习近平. 习近平谈治国理政［M］. 北京：外文出版社，2014：9.
② 以下数据来源：中国互联网络信息中心（CNNIC）. 第45次中国互联网络发展状况统计报告［EB/OL］. 中华人民共和国国家互联网信息办公室，2020-04-28.
③ 韩源，国家文化安全论：全球化背景下的中国战略［M］. 北京：社会科学文献出版社，2013：157.

的传播效果，强化主导意识形态的社会认同基础。

其次，针对新媒体时代的特征塑造专业的主导意识形态传播主体。新媒体时代的传播主体呈现出多元双向相互传播的特征，因此，我们可以此为依据来构建主导意识形态的双向传播机制。一是将主导意识形态纳入大众传播的范畴，扩大主导意识形态的传播主体，拓宽主导意识形态的传播范围，从而提高人民群众对主导意识形态内容的知晓度；二是培养具备新媒体思维能力与方式的主导意识形态复合型传播主体，这类传播主体既要熟悉以马克思主义为指导的社会主义意识形态，又得具备新媒体传播的思维模式与能力，从而可以增强主导意识形态传播的双向性和时效性。

最后，积极推进主导意识形态传播的立体化转向。新媒体时代，立体化传播逐渐成为信息传播的主流模式。主导意识形态的立体化传播是以马克思主义为指导的社会主义意识形态在空间层面的传播模式与重要体现，是提高主导意识形态传播效果的重要路径。笔者认为应该主要从以下几个方面来构建立体化的主导意识形态传播模式。第一，积极探索学校思想政治教育的立体化模式。学校是我国主导意识形态传播的主渠道、主阵地。随着现代化、信息化与全球化的快速发展，学生的个体意识越来越强，他们的价值观念呈现出多元化的趋势。鉴于此，学校应改变传统的思想政治教育模式，积极探索适合新媒体时代的思想政治理论课与日常思想政治教育立体化模式，注重学生的个性与需求，充分调动学生学习的积极性与参与性，并协调处理好专业教育与思想政治教育的关系，画好课程思政与思政课程的"同心圆"。第二，充分运用大众传媒传播主导意识形态。英国传媒研究专家约翰·B·汤普森指出，"大众传播的发展大大拓展了意识形态在现代社会中运作的范围，它使象征形式能传输到时间与空间上分散的、广大的潜在受众"①。大众传媒具有传播速度快、传播范围广、时效性强等优势，因此，党和政府应该率先抢占网络文化领导权，通过建立红色教育网站和培养意见领袖等途径来弘扬主旋律。第三，构建适合大数据特征的个性化传播与群体性传播相结合的立体化传播体系。新媒体时代，海量数据的获得及其分析为主导意识形态的个性化传播提供了可能。我们可以通过对受众的网络浏览记录、论坛发帖信息、微信朋友圈等碎片化数据进行监测来还原他

---

① ［英］约翰·B·汤普森. 意识形态与现代文化［M］. 高铦，译；南京：译林出版社，2005：287.

的生活与思想轨迹，发掘其信息需求，从而有针对性地为其推送主导意识形态信息。我们可以依据不同个体的数据特征对受众进行分类，使得具有共性的这些人构成一个群体，然后根据该群体的特征与共性以他们喜闻乐见并易于接受的形式为其推送主导意识形态信息。

三、强化主导意识形态对外话语体系，提高其国际话语地位

"话语体系是思想理论体系和知识体系的外在表达形式，是受思想理论体系和知识体系制约的；有什么样的思想理论体系和知识体系，就有什么样的话语体系。"① 改革开放40多年以来，我国的经济建设已经取得了非常大的成绩，2010年经济总量超过日本而成为世界第二大经济体，综合国力得到明显提升，国际地位也随之上升。与此同时，世界却并不太平，尤其是2008年全球金融风暴以来，"中国模式""中国奇迹"更是得到国际社会越来越多人的关注与研究。但是，我们不得不承认，在以美国为首的西方资本主义发达国家所主导的全球化进程中，西式民主话语体系一直占据主要地位。中国在和平崛起的过程中已日益深刻地融入全球化进程，但中国应该尽快从由西方主导的国际话语体系中"解套"，理直气壮地构建独立自主的中国特色社会主义话语体系。

首先，中国特色社会主义理论体系是构建主导意识形态对外话语体系的理论基础。中国特色社会主义理论体系是马克思主义基本原理与中国改革、建设实践相结合而形成和发展起来的，是马克思主义中国化的最新理论成果，是一套集开放性、系统性、时代性、前瞻性、稳定性为一体的科学的理论体系。当今时代，构建我国主导意识形态对外话语体系就是用国际社会通用的，能听懂的语言将中国特色社会主义理论体系科学完整地表达出来，即"讲好中国故事"，从而促进国际社会对中国道路的认同，提高其软实力。

其次，构建兼具继承性与民族性、原创性与时代性、系统性与专业性的中国特色哲学社会科学。我国改革开放以来的伟大实践为中国特色哲学社会科学的构建提供了肥沃的土壤，以马克思主义为指导是我国构建中国特色哲学社会科学所应遵循的基本原则，风云变幻的国际形势与错综复杂的国际格局是构建中国特色哲学社会科学的现实语境。我们应该立足中国，放眼世界，积极构建既具有中国特色，又具有国际沟通能力和竞争能力的哲学社会科学，从而提高

---

① 张国祚. 中国话语体系应如何打造 [N]. 人民日报，2012-07-11 (7).

我国在国际社会的学术话语权。

最后，加强中国特色社会主义理论对世界问题解决办法的研究。随着全球化进程的不断推进和网络信息技术的快速发展，国家之间的利益交融越来越紧密，与此同时，诸如气候、环境、人口等全球性问题也日益突出，各国间应加强合作，合力应对这些全球性问题。中国作为新崛起的负责任的大国，"积极承担国际责任和义务正是中国特色大国外交的题中之义和应有担当"①。因此，中国政府和相关学术领域应积极研究并提出解决环境问题、气候问题、人口问题、资源利用及其安全问题等全球性问题的方法与主张，在学术理论与价值观念上为国际社会提供更多的公共产品，从而增强其在国际社会的话语地位。

第三节　积极探索维护中华民族文化安全的战略对策

全球化加快了不同文化在世界范围内的流动速度，为民族文化的发展提供了更为广阔的空间，与此同时，由于西强东弱的国际文化秩序的存在，全球化也给我国民族文化安全带来了巨大的挑战。2017 年 1 月，中共中央办公厅、国务院办公厅联合印发《关于实施中华优秀传统文化传承发展工程的意见》，这为我们积极探索维护中华民族文化安全的战略对策指明了方向。

一、追寻历史共同记忆，凝练中华民族文化共识

有学者曾经指出："在中国面临的各种危机中的核心危机是自性危机。"②中华民族文化共识是动态的、发展的，既具有传统的继承性，又具有时代的创造性，在不同的历史阶段具有不同的内涵与外延，但无论如何，中华优秀传统文化理应是构建中华民族文化认同、凝练华人文化共识的基础。

历史记忆是中华优秀传统文化传承与民族认同的重要资源，"构成民族要素的历史因素作为不同历史时期的客观存在，保留在民族记忆之中（书传或口

---

①　杨洁篪. 积极承担国际责任和义务 [N]. 人民日报，2015-11-23 (6).

②　李慎之，何家栋. 中国的道路 [M]. 广州：南方日报出版社，2000：148.

传），这就是所谓的民族的'历史记忆'"①。对历史记忆的追寻与强化本身就是一个提高民族成员文化自觉的过程，"因为在每个人的人性深处，埋藏着我们对最原始人群感情（同胞手足之情）的信赖与苛求"②。在全球化与我国社会转型的过程中，随着异质文化的大量进入，我们作为中华民族成员的文化认同基础变得模糊了，以至于我们越来越不知道"我是谁"，而共同的历史记忆是我们探究"我是谁"的基本历史起点，是构建华人在国际社会文化身份与思想共识的基础，是塑造中华民族主体性与整体性的历史资源。

中国是一个多民族国家，费孝通先生用"多元一体"高度概括了中华民族的内在结构，与此相对应，中华民族文化也表现出明显的多元一体性，其中"一体"是"多元"的上位概念，而"多元"则是"一体"的重要组成部分。为了凝练中华文化的价值共识，强化华人对于中华文化的认同，必须加强对各个民族（包括汉族和少数民族）文化的研究、挖掘与保护，寻找各民族共同的历史记忆，使得各民族成员都具有共同的文化认同，从而培育新时代的中华民族精神，构建共同的中华民族精神家园。

二、积极推进中华优秀传统文化的现代化转型

现代化是一个人类社会从传统农业社会向现代工业社会的转化过程，它是以工业化实现为核心的全面社会变革。现代化是人类社会发展的客观历史趋势，是一个包涵了经济现代化、政治现代化、文化现代化等各个方面的整体性的社会变革，其中经济现代化是现代化的基础与决定性条件，而文化现代化则是现代化的核心与灵魂。

中国经过 40 多年改革开放的发展，经济上已经基本实现了现代化，但与经济现代化相适应的文化现代化即中国传统文化的现代化转换还远未完成。中华传统文化是在自给自足的农耕经济基础上形成并演变过来的，它与当前我们正在努力追求的社会主义现代化具有很大的不适应性。与此同时，中华优秀传统文化的基因却一直活在当下，并在进化过程中显示出其现代价值来。中华优秀

---

① 陈玉屏. 新中国建立以来民族关系历史记忆建构的反思 [J]. 西南民族大学学报（人文社科版），2007（6）：1-7.

② 王明珂. 华夏边缘：历史记忆与族群认同 [M]. 台北：允晨文化实业股份有限公司，1997：424.

传统文化是建设中国特色社会主义文化的历史资源，正如习近平总书记所说："优秀传统文化是一个国家、一个民族传承和发展的根本，如果丢掉了，就割断了精神命脉"①，"博大精深的中华优秀传统文化是我们在世界文化激荡中站稳脚跟的根基"。因此，我们应该积极推进中华优秀传统文化的现代化转型。

首先，以马克思主义世界观、方法论为指导对中华传统文化进行全面系统的研究、梳理与提炼，这是中华优秀传统文化实现现代化转换的前提。2017 年 1 月中共中央办公厅、国务院办公厅印发的《关于实施中华优秀传统文化传承发展工程的意见》明确指出要"加强中华文化研究阐释工作，深入研究阐释中华文化的历史渊源、发展脉络、基本走向"。为此，一是要加强对中华传统文化的文本研究，对经典古籍进行系统化的整理，从而还原传统文化的原本意义；二是要对中华传统文化采取科学的态度，去伪存真、去粗取精，以根据社会主义文化现代化的需要调整充实其内涵；三是要通过系统全面的梳理来提炼中华优秀传统文化的基因密码和精华内核。

其次，将中华优秀传统文化的基因密码和精华内核融入中国特色社会主义文化建设。2017 年 1 月中共中央办公厅、国务院办公厅印发的《关于实施中华优秀传统文化传承发展工程的意见》强调中华优秀传统文化的传承与发展要"牢牢把握社会主义先进文化前进方向"。这明确地告诉我们，在我们传承发展中华优秀传统文化过程中，应该坚持马克思主义在我国意识形态领域的一元指导地位，中华优秀传统文化是中国特色社会主义文化的丰富滋养。

最后，正确处理好中华传统文化与西方文化的关系。当今世界，由经济全球化所带来的文化全球化已成为一种不可阻挡的时代潮流，这使得不同性质的文化处于同一时空下，文化的多元化、多样化共存状态需要构建开放的文化包容与对话机制。中华民族文化一直以来都是在各种文化的交流与融合中得到发展的。"春秋战国时期，儒家和法家、道家、墨家、农家、兵家等各个思想流派相互切磋、相互激荡，形成了百家争鸣的文化大观，丰富了当时中国人的精神世界。"② 可见，中华传统文化对不同形态的文化具有强大的包容性与吸收性，因此，我们在推动中华优秀传统文化的现代化转换过程中，要将西方优秀的文

---

① 习近平. 在纪念孔子诞辰 2565 周年国际学术研讨会暨国际儒学联合会第五届会员大会开幕会上的讲话［N］. 人民日报，2014-09-25（2）.

② 习近平. 在纪念孔子诞辰 2565 周年国际学术研讨会暨国际儒学联合会第五届会员大会开幕会上的讲话［N］. 人民日报，2014-09-25（2）.

明成果吸纳到中华民族文化中来，从而开创一种更高层次的融合了各种文化优秀因素的文明形态。

三、加快构建中华优秀传统文化的立体化传播体系

文化代表了一个民族的品质与个性，是一个民族在心理上最稳定、最根本的烙印。但不可否认的是，在全球化进程不断推进与我国改革开放不断发展的过程中，由于受到西方文化与市场经济效应的影响，我国民众对中华民族传统文化的认知与认同出现了一些问题。鉴于此，我们应该加快构建中华优秀传统文化的立体化传播体系，从而使本国民众与国际社会更加了解中华优秀传统文化，提升中华民族文化的影响力。

首先，搭建多元化的中华优秀传统文化传播主体结构。第一，政府应进一步加大对中华优秀传统文化传播的关怀与支持力度，在政策、资金等方面给予大力支持，如 2017 年 1 月中共中央办公厅、国务院办公厅联合印发的《关于实施中华优秀传统文化传承发展工程的意见》为中华优秀传统文化的传播提供了强有力的政策支撑与方向引导。第二，积极调动知识分子对于中华优秀传统文化传播的积极性与责任性。我们应该积极鼓励具有文化觉悟和中华人文精神的知识分子担负起引领中华优秀传统文化传播潮流的重任。第三，强化企业对于中华优秀传统文化传播的主体责任。随着全球化进程与中国社会转型的不断推进，企业的重要性越来越凸显出来，企业文化越来越受到企业家的重视，而一个企业的文化必然携带着本国、本民族的文化基因，在全球化时代，中国企业纷纷跨出国门，走向世界，而中国企业在走向世界的同时也在传播中国文化，因此我们应该重视并明确企业在传播中华优秀传统文化方面所应该承担的主体责任。第四，加强公民的传统文化教育，提高公民文化自觉意识，努力使每一个中国人都成为中华优秀传统文化的传播主体。

其次，搭建传统与现代相结合的中华优秀传统文化传播载体结构。随着新媒体时代的到来，人们的生活方式和交往习惯呈现出虚拟性、公共性、交互性、开放性和自由性等特征，这为中华优秀传统文化的传播提供了新的载体与平台，因此，我们应该加强对新媒体、自媒体时代中华优秀传统文化传播模式的创新研究。与此同时，我们还应该继续重视报纸、图书等传统媒体在传播中华民族文化方面所起的作用。"综合运用报纸、书刊、电台、电视台、互联网站等各类

载体，融通多媒体资源，统筹宣传、文化、文物等各方力量，创新表达方式，大力彰显中华文化魅力。充分发挥图书馆、文化馆、博物馆、群艺馆、美术馆等公共文化机构在传承发展中华优秀传统文化中的作用。"① 从而搭建起中华优秀传统文化的立体化传播载体。

最后，以"营销管理"理念积极推进中华优秀传统文化"走出去"战略。中华文化"走出去"战略实施以来，中华文化在国际社会的知晓度与影响力都取得了很大提升。但这种"走出去"战略更强调"送出去"，而由于东西方国家文化差异的影响，中国文化产品在国际社会呈现出较严重的"文化折扣"现象。在未来的中华文化"走出去"战略实施过程中，我们应该充分尊重和考虑对方国家受众的文化与心理，以契合受众理解能力和思维习惯的"营销"理念进行传播。这样才能引起受众共鸣，从而提高中华优秀传统文化在国际社会的影响力与竞争力。

第四节　积极引导公共文化消费回归真、善、美的价值导向

针对当前我国公共文化实践活动对"真、善、美"价值导向的偏离状态，应该对我国的大众文化价值观进行积极正确的引导，而"真正决定文化发展格调和品质的因素是人，包括文化产品创作生产者、消费者、市场管理者"②。因此，本文将从文化产品的提供者、受众和市场管理者三个层面提出维护我国公共文化安全的对策措施。

一、积极探索文化产业社会效益的衡量机制

文化产业是以生产和提供精神文化产品为主要活动，以满足人们的精神文化需求为主要目标的经营性行业，兼具文化性与经济性的双重特性。正是由于文化产业的特殊性，文化产业的发展必须将社会效益放在首位，在符合其文化性特征的基础上实现对经济效益的追求。在全球化进程和我国社会主义市场经

---

① 关于实施中华优秀传统文化传承发展工程的意见 [N]. 人民日报, 2017-01-26 (6).
② 方卿. "低俗病"并非市场化发展的必然结果 多管齐下治理文化市场"低俗病" [N]. 人民日报, 2016-02-22 (7).

济发展的过程中，由于人们受西方消费主义价值观和市场经济逐利性本质的影响，我国文化产业出现了一些忽视文化产品社会效益的问题。面对这样的问题，党和国家非常重视并多次强调文化产品社会效益的重要性。党的十八届三中全会通过的《中共中央关于全面深化改革若干重大问题的决定》明确指出，在推进文化体制机制创新、大力发展社会主义文化产业中，必须坚持以人民为中心的工作导向，坚持把社会效益放在首位，社会效益和经济效益相统一。

文化产业的社会效益主要是指文化产品对广大人民群众在精神文化生活质量和人生观、世界观、价值观等方面的影响。众所周知，经济效益的计量在经济学上是非常容易的，但是社会效益的具体内容包括哪些，如何衡量文化产业的社会效益却还是一个悬而未决的问题。华东政法大学的齐崇文认为文化产业的社会效益可以用文化产业的公共性来表达，提出文化产业的公共性包括以下内容：①不得侵犯他人正当权益；②维护社会公共道德和公共秩序；③维护前代人和后代人权益。关于文化产业社会效益的计量问题也有学者做出了一些探索。蔡大海和杨永忠的论文《文化产业社会效益统计框架：比较与思路》将文化产业的社会效益分为文化产业的直接社会效益和文化产业的间接社会效益，其中直接社会效益从文化参与和非物质文化创造品两个维度评价，间接社会效益从文化可获得性和文化资本两个维度评价，在此基础上初步搭建成综合性的社会效益统计框架。于泽、朱学义的论文《基于熵权法的文化产业社会效益评价实证研究》指出文化产业的社会效益就是"文化产业的发展给社会带来的正面影响"①，并以社会贡献、社会支持度、社会责任、文化设施覆盖率、社会影响度、文化产业及文化产品品牌示范效应为一级指标构建了"文化产业社会效益评价指标体系"，用熵权法对我国各省文化产业的社会效益做出了实证评价。另外，在实践中，重庆市已出台相关政策明确规定："按照一企一策原则制定市属国有文化企业社会效益和经济效益相统一的评价考核办法，明确社会效益指标考核权重应占50%以上，并将社会效益考核细化量化到政治导向、文化创作生产和服务、受众反应、社会影响、内部制度和队伍建设等具体指标中，形成

---

① 于泽，朱学义. 基于熵权法的文化产业社会效益评价实证研究 [J]. 出版科学，2014
（3）：54-62.

对社会效益的可量化、可核查要求。"① 四川省也出台相关政策规定："对我省国有文化企业建立经济效益和社会效益相统一的评价考核机制，根据不同类型国有文化企业的功能作用，社会效益指标考核权重占 50% 以上，其中新闻信息服务类企业应占 60% 以上。"② 南方出版传媒集团将经营业绩考核分为财务指标和发展指标，其中发展指标与社会效益挂钩，发展指标可通过市场占有率、畅销书品种数、精品项目数、数字出版、"走出去"成果等来衡量。

可见，我国学术界、部分省市和出版行业对文化产业社会效益的权重、计量、评估虽然做出了一些有益探索，但是仍然处于起步和不成熟的阶段，全面独立的文化产业社会效益统计框架与衡量机制还没有形成。因此，未来我们应该加强关于文化产业社会效益衡量机制的研究，从而使党和国家对于重视文化产业社会效益的相关政策能够落到实处，同时也能促进文化产业自身对于其所生产的文化产品的社会效益的衡量与控制。

二、积极构建中国民众正常健康的内在文化心理

公共文化安全的实现除了需要公共文化产品的提供者对于文化产品社会效益的高度重视外，还需要文化产品的接受者具有很强的道德自觉，而这种道德自觉的实现需要积极加强民众正常健康的内在文化心理的建设。

首先，构建与社会主义市场经济发展相适应的社会主义道德体系。经过 40 多年改革开放的发展，我国社会主义市场经济发展取得了巨大成就，我国当前已经是世界第二大经济体，但不可否认的是与之相适应的社会主义道德体系还未完全形成。党的十八大明确指出，全面提高公民道德素质是我国社会主义道德建设的基本任务。我们应该加强对社会转型中社会主义道德建设的研究，早日实现与经济转型相适应的道德转型。

其次，加强对民众的媒介素养教育。"媒介素养教育"这一概念最初由英国学者李维斯和汤普森于 1933 年在其著作《文化和环境：培养批判意识》中提

---

① 关于推动全市国有文化企业把社会效益放在首位、实现社会效益和经济效益相统一的实施意见 [N]. 重庆日报，2016-07-04（1）.
② 秦勇. 我省国有文化企业指标考核新规出台 社会效益指标考核权重 50% 以上 [N]. 四川日报，2016-12-07（1）.

出。到 20 世纪 90 年代末,媒介素养教育开始引起我国学者的关注。媒介素养是指"人们面对媒介的各种讯息的选择能力、理解能力、质疑能力,评估能力、思辨性应变能力,以及创造和制作媒介讯息能力①"。媒介素养教育的宗旨是使民众成为能够积极地利用媒体、制作媒体产品,不盲从,具有主体意识和独立思考的优质公民。改革开放以来,随着我国综合国力的不断提升,民众的文化消费呈现稳步上升状态。与此同时,由于多元文化价值观的影响与冲击,加之我国在教育引导中所存在的一些不足,民众的一些低俗文化需求在一些群体和领域中不断膨胀。媒介素养教育一方面有助于帮助民众形成正确的人生观、世界观和价值观,培育健康积极的文化消费需求;另一方面,有助于提升民众对于大众文化产品的思考力与辨别力,从而产生对"假、恶、丑"类文化产品的文化免疫力,而具有文化免疫力的大众对文化产品生产者的价值观与审美趣味也会产生积极的引导作用,从而实现大众文化产品本身的伦理回归。因此,在大众文化普及的今天,我们应该通过学校、家庭、社会等各个教育载体对我国民众开展媒介素养教育。

三、进一步健全现代文化市场监管体系

文化市场是文化产品交换和提供有偿文化服务的场所,是连接文化生产和文化消费的桥梁和纽带。文化监管的目的是防止文化市场中的"三俗"文化产品进入消费者领域,因此,建立健全现代文化市场监管体系对于维护公共文化安全具有非常重要的作用。

首先,积极探索、创新文化市场监管方式。政府应改变以前简单甚至粗暴的监管方式,运用科学、有效的监管方式,完善监管环节,积极引导我国文化市场的健康发展。

其次,积极拓展文化市场监管的多元主体。一方面,加强行业协会等中介组织的建设,使其具备一定的权威性,从而实现行业自律。积极引导文化企业自律,实现文化产品对于社会效益的重视,对于促进我国文化市场健康、有序发展具有非常重要的作用。另一方面,积极调动社会成员对于文化市场的监管积极性,如可以通过招募志愿者对文化市场进行监管,但是应该注重对社会监

① 张开. 媒介素养概论 [M]. 北京:中国传媒大学出版社,2006:95.

督人员进行专业技能的培训，增强他们的法治意识，保护他们对文化市场的监督管理权不受侵害。此外，要积极发挥媒体对文化市场的监督管理作用，拓宽文化市场的问题反馈渠道。

最后，加强对网络文化市场的监管。随着网络信息技术的快速发展，网络文化市场也不断繁荣起来，但由于网络的特殊性，网络文化市场相对于其他文化市场有其特殊性，因此我们应该尤其重视对网络文化市场的监管。一方面在管理方式上要采用价值引导、合理疏导等柔性管理方式，另一方面要进一步巩固完善网络文化经营许可证制度，从而第一时间将不良信息挡在门外。

参考文献

马克思主义经典文献和领导人著作：

1. 马克思，恩格斯. 马克思恩格斯选集：第 1 卷 ［M］. 北京：人民出版社，2012.

2. 马克思，恩格斯. 马克思恩格斯选集：第 2 卷 ［M］. 北京：人民出版社，2012.

3. 马克思，恩格斯. 马克思恩格斯文集：第 3 卷 ［M］. 北京：人民出版社，2009.

4. 马克思，恩格斯. 马克思恩格斯选集：第 4 卷 ［M］. 北京：人民出版社，2012.

5. 列宁. 列宁全集：第 36 卷 ［M］. 北京：人民出版社，1985.

6. 列宁. 列宁全集：第 55 卷 ［M］. 北京：人民出版社，1990.

7. 毛泽东. 毛泽东文集：第 6 卷 ［M］. 北京：人民出版社，1999.

8. 毛泽东. 毛泽东文集：第 7 卷 ［M］. 北京：人民出版社，1999.

9. 邓小平. 邓小平文选：第 3 卷 ［M］. 北京：人民出版社，1993.

10. 江泽民. 江泽民文选：第 2 卷 ［M］. 北京：人民出版社，2006.

11. 胡锦涛. 胡锦涛文献：第 2、3 卷 ［M］. 北京：人民出版社，2016.

12. 习近平. 习近平谈治国理政：第一卷 ［M］. 北京：外文出版社，2014.

13. 习近平. 习近平谈治国理政：第二卷 ［M］. 北京：外文出版社，2017.

14. 习近平. 习近平总书记系列重要讲话读本 ［M］. 北京：学习出版社，人民出版社，2014.

学术专著:

1. 曹泽林. 国家文化安全论 [M]. 北京: 军事科学出版社, 2006.

2. 车美萍. 全球化与当代中国文化形态 [M]. 济南: 山东大学出版社, 2009.

3. 陈新汉. 警惕核心价值体系"边缘化危机" [M]. 北京: 社会科学文献出版社, 2011.

4. 陈长杰, 翟涛. 创新文化生态系统研究 [M]. 北京: 科学出版社, 2012.

5. 程伟. 国家文化安全问题研究: 基于改革开放以来社会意识变动的视角 [M]. 北京: 人民出版社, 2017.

6. 樊浩. 中国大众意识形态报告 [M]. 北京: 中国社会科学出版社, 2012.

7. 韩源. 国家文化安全论: 全球化背景下的中国战略 [M]. 北京: 社会科学文献出版社, 2013.

8. 胡惠林, 胡霁荣. 国家文化安全治理 [M]. 上海: 上海人民出版社, 2020.

9. 胡惠林. 国家文化安全研究导论 [M]. 上海: 上海人民出版社, 2013.

10. 胡惠林. 中国国家文化安全报告 [M]. 太原: 山西人民出版社, 2005.

11. 胡惠林. 中国国家文化安全论 [M]. 上海: 上海人民出版社, 2011.

12. 黄传新, 吴兆雪等. 社会主义意识形态的吸引力和凝聚力研究 [M]. 北京: 学习出版社, 2011.

13. 贾磊磊, 黄大同. 守望文化江山: 中国国家文化安全研究 [M]. 北京: 中国广播电视出版社, 2012.

14. 贾磊磊. 构筑文化江山: 中国国家文化安全研究 [M]. 北京: 中国广播电视出版社, 2015.

15. 贾英健. 全球化背景下的民族国家研究 [M]. 北京: 中国社会科学出版社, 2005.

16. 金民卿. 大众文化论: 当代中国大众文化分析 [M]. 北京: 中共中央党校出版社, 2002.

17. 金民卿. 文化全球化与中国大众文化 [M]. 北京: 人民出版社, 2004.

18. 阚和庆. 当代社会阶层变迁与政治稳定 [M]. 北京: 中国社会科学出

版社，2012.

19. 李泓. 改革开放以来中国文化变迁研究 [M]. 北京：中国社会科学出版社，2013.

20. 李建华. 多元文化时代的价值引领：社会主义核心价值体系建设与社会思潮有效引领研究 [M]. 北京：人民出版社，2012.

21. 李鉴修. 文化软实力与对外宣传 [M]. 北京：光明日报出版社，2013.

22. 李丽娜. 全球化背景下的文化焦虑与探寻 [M]. 北京：社会科学文献出版社，2013.

23. 联合国教科文组织. 世界文化报告：文化、创新与市场 [M]. 北京：北京大学出版社，2003.

24. 林倍磊. 改革开放以来我国主流意识形态认同重构研究 [D]. 兰州：兰州大学，2012.

25. 刘少杰. 当代中国意识形态变迁 [M]. 北京：中央编译出版社，2011.

26. 刘双跃. 安全评价 [M]. 北京：冶金工业出版社，2010.

27. 聂富强. 中国国家经济安全预警系统研究 [M]. 北京：中国统计出版社，2005.

28. 彭立群. 公共领域与宽容 [M]. 北京：社会科学文献出版社，2008.

29. 沈洪波. 全球化与国家文化安全 [M]. 济南：山东大学出版社，2009.

30. 孙晶. 文化霸权理论研究 [M]. 北京：社会科学文献出版社，2003.

31. 孙乃龙. 社会意识形态危机与规避：当代中国社会思潮的本质及导引研究 [M]. 北京：中国社会科学出版社，2013.

32. 孙萍. 文化管理学 [M]. 北京：中国人民大学出版社，2015.

33. 陶东风. 当代大众文化价值观研究：社会主义与大众文化 [M]. 沈阳：辽宁教育出版社，2014.

34. 涂成林，史啸虎. 国家软实力与文化安全研究：以广州为例 [M]. 北京：中央编译出版社，2009.

35. 王岳川. 中国镜像：90 年代文化研究 [M]. 北京：中央编译出版社，2001.

36. 吴飞. 孔子学院与中国文化的国际传播 [M]. 杭州：浙江大学出版社，2013.

37. 宣兆凯. 中国社会价值观现状及演变趋势 [M]. 北京：人民出版

社，2011.

38. 阎学通. 中国国家利益分析 [M]. 天津：天津人民出版社，1996.

39. 艺衡. 文化主权与国家文化软实力 [M]. 北京：社会科学文献出版社，2009.

40. 詹小美. 民族文化认同论 [M]. 北京：人民出版社，2014.

41. 张小平. 当前中国文化安全问题研究 [M]. 北京：社会科学文献出版社，2012.

42. 赵子林. 中国国家文化安全论 [M]. 长沙：湖南大学出版社，2012.

43. 中华人民共和国文化部对外文化联络局（港澳台办），北京大学文化产业研究院. 中国对外文化贸易年度报告 [M]. 北京：北京大学出版社，2014.

44. [美] 爱德华·W·萨义德. 文化与帝国主义 [M]. 李琨，译. 北京：生活·读书·新知三联书店，2003.

45. [意] 安东尼奥·葛兰西. 狱中札记 [M]. 曹雷雨，等译. 北京：中国社会科学出版社，2000.

46. [英] 巴瑞·布赞. 新安全论 [M]. 朱宁，译. 杭州：浙江人民出版社，2003.

47. [美] 弗朗西斯·福山. 历史的终结及最后之人 [M]. 黄胜强，许铭原，译. 北京：中国社会科学出版社，2003.

48. [美] 尼克松. 1999：不战而胜 [M]. 王观声，译. 北京：世界知识出版社，1997.

49. [美] 塞缪尔·亨廷顿. 我们是谁？——美国国家特性面临的挑战 [M]. 程克雄，译. 北京：新华出版社，2005.

50. [美] 塞缪尔·亨廷顿. 文明的冲突与世界秩序的重建 [M]. 周琪，等译. 北京：新华出版社，2002.

51. [德] 尤尔根·哈贝马斯. 公共领域的结构转型 [M]. 曹卫东，等译. 上海：学林出版社，1999.

52. [英] 约翰·汤姆林森. 全球化与文化 [M]. 郭英剑，译. 南京：南京大学出版社，2002.

53. [美] 约瑟夫·奈. 美国定能独霸世界吗 [M]. 何小东，译. 北京：军事译文出版社，1992 年.

54. [美] 约瑟夫·奈. 软实力 [M]. 马娟娟，译. 北京：中信出版社，2013.

学术期刊：

1. 包雅玮，刘爱莲. 现代新儒家思潮对青年的影响与应对［J］. 中国青年研究，2014（7）：37-41.

2. 鲍宗豪. 文化全球化与民族文化［J］. 上海交通大学学报（社会科学版），2002（3）：13-31.

3. 本刊记者，周新城. 20世纪90年代以来反马克思主义的几种主要社会思潮：访中国社会科学院马克思主义研究院特聘研究员周新城［J］. 马克思主义研究，2010（5）：14-23.

4. 蔡翠红. 网络空间的中美关系：竞争、冲突与合作［J］. 美国研究，2012（3）：5，107-121.

5. 蔡文成，赵洪良. 结构·价值·路径：文化治理的内在逻辑与实践选择［J］. 长白学刊，2016（4）：133-140.

6. 曹海峰. 全球化视阈下民族认同与中华文化创新［J］. 大连理工大学学报（社会科学版），2014（3）：17-22.

7. 曹芸. 意识形态安全视角下的文化体制改革［J］. 理论导刊，2015（7）：4-7.

8. 曾婕，沈壮海，刘水静. 中华文化"走出去"战略及其实践研究［J］. 江汉论坛，2016（2）：5-14.

9. 曾令辉，黄果心，丁莉. 论社会主义意识形态主导地位的认同［J］. 思想教育研究，2009（3）：14-18.

10. 曾荣平，侯景娟. 意识形态安全视域的文化产业国际化发展战略［J］. 社会科学研究，2014（3）：34-38.

11. 陈翠芳. 葛兰西"文化领导权"的中国解读［J］. 马克思主义研究，2011（10）：100-106.

12. 陈国栋，袁三标. 社会阶层结构变动对意识形态话语权力格局的影响［J］. 理论月刊，2016（3）：138-143.

13. 陈立旭. 90年代以来中国大众文化发展回顾［J］. 中共长春市委党校学报，2004（6）：62-65.

14. 陈平. 高校哲学社会科学研究"走出去"问题与对策：对高校科学研究优秀成果奖的数据分析 [J]. 重庆大学学报（社会科学版），2014（4）：107-113.

15. 陈向阳. 从国际格局角度看冷战后的中美关系 [J]. 国际观察，1999（4）：3-5.

16. 陈勇，张昆. 美国国家利益和意识形态主导下的"中国形象"塑造：探析《时代》周刊（1949—2008年）的中国报道 [J]. 当代亚太，2012（3）：147-160.

17. 陈占彪. 上世纪90年代以来传统文化热之考察 [J]. 湖北社会科学，2007（4）：100-102.

18. 程芳. 多维视角考量下中华文化走出去的战略基点 [J]. 中央社会主义学院学报，2015（1）：70-74.

19. 程伟. 十八大以来国家文化安全理论的新发展 [J]. 湖湘论坛，2016（1）：20-26.

20. 董德福，杨博. 从主文化视角看20世纪我国社会道德规范体系的演变与重建 [J]. 道德与文明，2008（6）：76-79.

21. 董璐. 时间维度下的文化安全分析 [J]. 国际安全研究，2016（2）：3-32，147-148.

22. 董璐. 文化安全遭受威胁的后果及其内生性根源 [J]. 国际安全研究，2014（2）：64-86，157.

23. 董馨. 近代以来中国社会转型进程中的文化传承与变迁 [J]. 理论与改革，2016（2）：163-166.

24. 杜雁芸. 美国网络霸权实现的路径分析 [J]. 太平洋学报，2016（2）：65-75.

25. 樊浩. 当前中国伦理道德与大众意识领域"中国问题"的演进轨迹与互动态势 [J]. 哲学动态，2013（7）：5-19.

26. 范华亮. 民主社会主义思潮在中国的传播 [J]. 法制与社会，2008（6）：208-109.

27. 范杨洲，周晓宏，贾强，等. 我国文化产业安全态势及其对策研究 [J]. 齐齐哈尔大学学报（哲学社会科学版），2016（4）：15-19.

28. 方丹. 新民族主义对我国文化安全和意识形态战略的冲击 [J]. 武汉理

工大学学报（社会科学版），2015（4）：594-596.

29. 方钧，赵青海. 国际格局演变新趋势 [J]. 前线，2012（2）：26-28.

30. 方克立. 评大陆新儒家"复兴儒学"的纲领 [J]. 晋阳学刊，1997（4）：38-47.

31. 方克立. 要注意研究90年代出现的文化保守主义思潮 [J]. 高校理论战线，1996（2）：30-36.

32. 方艳华. 历史虚无主义思潮的演进及重新泛起原因论析 [J]. 吉林师范大学学报（人文社会科学版），2011（6）：75-78.

33. 丰子义. 全球化与时代问题：列宁全球化思想的独特视角 [J]. 社会科学战线，2008（7）：31-38.

34. 冯仕政. 中国社会转型期的阶级认同与社会稳定：基于中国综合调查的实证研究 [J]. 黑龙江社会科学，2011（3）：127-133.

35. 付安玲，张耀灿. 大数据助力网络意识形态治理及提升路径 [J]. 马克思主义研究，2016（5）：105-112.

36. 付瑞红. 国际文化秩序与中国文化安全战略 [J]. 中共中央党校学报，2012（5）：96-99.

37. 傅勇. 非传统安全与中国的新安全观 [J]. 世界经济研究，2004（7）：10-14.

38. 高思新，朱杰. 在否定之否定中走向新世纪：20世纪90年代中国文化思潮回顾 [J]. 湖北社会科学，2004（6）：156-157.

39. 高宣扬. 全球化的矛盾与民族文化的发展可能性 [J]. 马克思主义与现实，2015（4）：170-178.

40. 葛红兵. 20世纪中国的文化转型 [J]. 杭州师范学院学报（人文社会科学版），2001（3）：6-10.

41. 宫丽民. "儒家文化圈"现代化道路模式对比分析：基于中国传统文化视角 [J]. 山西科技，2015（6）：141-144.

42. 龚群. 社会转型与道德重建 [J]. 广西大学学报（哲学社会科学版），2016（2）：1-7.

43. 龚维斌. 中国社会结构变迁及其风险 [J]. 国家行政学院学报，2010（5）：16-21.

44. 谷玉良，任树正. 非公有制经济人士意识形态状况调查：基于武汉市非公有制经济人士的问卷调查 [J]. 中共南京市委党校学报，2016（1）：29-39.

45. 郭景红. 中国文化走出去新态势考察：基于《中国文化走出去年度研究报告（2015 卷）》的分析 [J]. 对外传播，2015（7）：54-56.

46. 郭维平. 转型期群体意识形态与主流意识形态分析 [J]. 云南行政学院学报，2014（1）：38-42.

47. 韩东屏. 国家起源问题研究 [J]. 华中师范大学学报，2014（4）：61-69.

48. 韩源. 国家文化安全引论 [J]. 当代世界与社会主义，2008（6）：90-94.

49. 韩源，张艳. 论国际文化新秩序 [J]. 当代世界与社会主义，2010（5）：100-104.

50. 韩源. 中国国家文化安全形势评析 [J]. 当代世界与社会主义，2004（4）：102-107.

51. 韩源. 中国文化力评估 [J]. 西南民族大学学报（人文社科版），2004（2）：450-453.

52. 韩震. 全球化时代的华侨华人文化认同问题研究 [J]. 华侨大学学报（哲学社会科学版），2007（3）：85-90.

53. 韩柱. 论意识形态影响力的基本构成 [J]. 云南社会科学，2009（1）：36-40.

54. 郝时远. 中华民族：从中央民族工作会议的论述展开 [J]. 黑龙江民族丛刊，2016（1）：1-12.

55. 何根海. 经济全球化视野中的世界文化格局与中国文化的走向 [J]. 当代世界与社会主义，2004（3）：114-117.

56. 何玲玲，杨毅. 探源与思考：马克思主义意识形态正面临被"边缘化"的危机 [J]. 求实，2006（7）：11-14.

57. 何星亮. 中华民族文化的多样性、同一性与互补性 [J]. 思想战线，2010（1）：9-13，112.

58. 和磊. 论当代中国大众文化价值虚无主义的取向路径 [J]. 当代文坛，2015（3）：146-150.

59. 贺程. 全球化传播语境下中国文化认同和谐的危机与应对 [J]. 江南社会学院学报，2012（2）：15-18，31.

60. 贺彦凤, 赵继伦. 全球化时代中国文化认同的建构 [J]. 马克思主义与现实, 2007 (1): 202-204.

61. 洪晓. 20世纪90年代以来中国大众文化研究的发展进程 [J]. 韩山师范学院学报, 2016 (1): 7-12.

62. 洪晓楠, 邱金英. 中国文化发展道路与文化安全战略论 [J]. 中原文化研究, 2016 (3): 65-72.

63. 胡邦炜. 当代中国社会结构的变迁与文化结构的重组 [J]. 中共四川省委党校学报, 2003 (1): 77-81.

64. 胡伯项, 蔡泉水. 构建具有中国特色的社会主义意识形态话语体系 [J]. 科学社会主义, 2015 (5): 11-15.

65. 胡伯项. 全球化语境与我国主流意识形态话语体系建设 [J]. 江西社会科学, 2012 (7): 29-30.

66. 胡惠林. 非传统安全与中国国家文化安全研究新范式: 兼论"第三种安全"[J]. 新疆师范大学学报 (哲学社会科学版), 2012 (4): 1-6, 118.

67. 胡惠林. 论20世纪中国国家文化安全问题的形成与演变 [J]. 社会科学, 2006 (11): 5-18.

68. 胡惠林. 文化产业发展与国家文化安全: 全球化背景下中国文化产业发展问题思考 [J]. 上海社会科学院学术季刊, 2000 (2): 114-122.

69. 胡惠林. 作为公共领域的文化市场 [J]. 探索与争鸣, 2014 (8): 30-36.

70. 胡键. 文化软实力研究: 中国的视角 [J]. 社会科学, 2011 (5): 4-13.

71. 胡键. 中国文化软实力评估与增进策略: 一项国际比较的研究 [J]. 中国浦东干部学院学报, 2014 (2): 40-53.

72. 胡长栓. 国际金融危机与我国文化软实力的机遇 [J]. 马克思主义与现实, 2010 (4): 137-141.

73. 黄明理. 论文化的经济效益与社会效益的统一性 [J]. 广西社会科学, 2003 (6): 131-133.

74. 解松, 夏宁. 社会思潮与国家意识形态安全 [J]. 理论探索, 2008 (5): 33-36.

75. 景小勇. 国家文化治理体系及政府在其中的地位与作用 [J]. 人民论

坛，2014（5）：28-31.

76. 黎宏. 论总体国家安全观的变革性特征［J］. 重庆大学学报（社会科学版），2105（3）：153-157.

77. 李葆珍. 结盟—不结盟—伙伴关系：当代中国大国关系模式的嬗变［J］. 郑州大学学报（哲学社会科学版），2009（2）：38-44.

78. 李芳云，李安增. 马克思主义的当代解释力［J］. 当代世界与社会主义，2013（1）：45-49.

79. 李国. 上世纪末中国新左派思潮的"新"与"左"［J］. 长江师范学院学报，2010（6）：8-11.

80. 李强. 邓小平与反对资产阶级自由化［J］. 马克思主义研究，2009（3）：130-136.

81. 李武装，刘曙光. "我是谁？"和"我们是谁？"："新全球化时代"文化认同的深度迷茫与自性澄明［J］. 中央民族大学学报（哲学社会科学版），2011（5）：31-37.

82. 李先明. 改革开放以来中国共产党对传统文化的认知与定位［J］. 当代世界与社会主义，2012（6）：65-68.

83. 李向前. 从战略转变看国际形势的新判断［J］. 世界知识，1998（24）：3-5.

84. 李章泽. 当代世界发展中的文明冲突、意识形态冲突与利益冲突：评亨廷顿的文明冲突论［J］. 马克思主义与现实，1997（3）：58-60.

85. 李志鹏. 总体国家安全观法治化刍议［J］. 江南社会学院学报，2016（1）：6-11.

86. 李资源，李倩岚. 我国少数民族文化开放与文化安全的思考［J］. 贵州民族研究，2019（12）：87-93.

87. 廖生智. 推进总体国家安全观大众化刍议［J］. 江南社会学院学报，2016（2）：13-16.

88. 廖小平，孙欢. 论价值安全与国家总体安全体系［J］. 国际安全研究，2016（4）：20-35，156.

89. 林坚. 文化治理是国家治理体系的重要组成部分［J］. 中国领导科学，2015（7）：18-20.

90. 林炜，杨连生，高丽洁. 国家认同、民族认同与多元一体中华文化建设

[J].红旗文稿，2015（11）：1，22-24.

91.刘彬，蔡拓."国家利益最大化"的反思与超越[J].国际观察，2015（5）：1-15.

92.刘国峰.中国媒体"走出去"战略研究[J].科技传播，2015（4）：162-163.

93.刘红旭.人口流动与阶层分化：改革开放以来中国社会结构的变迁[J].学术探索，2014（11）：93-96.

94.刘佳.中国对美文化软实力的优劣势因素及完善思路：以对美国民众调查的实证数据为研究基础[J].中国政法大学学报，2016（1）：13-23，158.

95.刘康.90年代的文化民族化和全球化[J].外国文学，1997（3）：6-7，37.

96.刘清才.改革开放以来中国国际秩序理论的发展与创新[J].吉林大学社会科学学报，2008（4）：79-84，159-160.

97.刘莘.葛兰西：文化领导权及其诠释[J].探索，2007（2）：143-147.

98.刘书林.关于民主社会主义思潮在中国的若干问题的思考[J].青海社会科学，2007（6）：18-21.

99.刘书林.历史虚无主义在当代社会主义国家泛滥的深刻教训[J].理论探索，2016（1）：64-69.

100.刘书林.论社会主义核心价值观的几个重要关系[J].思想理论教育导刊，2014（9）：60-67.

101.刘燕，万欣荣.中国社会转型的表现、特点与缺陷[J].社会主义研究，2011（4）：5-9.

102.刘跃进.当代国家安全系统中的国家文化安全问题[J].文化艺术研究，2011（2）：14-21.

103.刘跃进.非传统的总体国家安全观[J].国际安全研究，2014（6）：3-25，151.

104.刘跃进.解析国家文化安全的基本内容[J].北方论丛，2004（5）：88-91.

105.刘跃进.论总体国家安全观的五个"总体"[J].人民论坛.学术前沿，2014（11）：14-20.

106.刘跃进.新时期总体国家安全观指导下的中国国家安全战略目标及措

施［J］.江南社会学院学报，2015（4）：1-6.

107. 刘昫献.当前我国主流意识形态面临的风险和对策研究［J］.中国浦东干部学院学报，2015（1）：5-23.

108. 刘志明.维护国家文化安全亟需健全文化安全审查制度［J］.湖南社会科学，2018（2）：165-171.

109. 龙立.全球化背景下地方民族主义兴起的成因［J］.青海民族大学学报（社会科学版），2013（3）：112-116.

110. 鲁长安，薛小平.我国民族文化安全研究综述［J］.黑龙江省社会主义学院学报，2015（2）：53-58.

111. 陆伯彬.从冷战到中国的崛起：美国对中国外交政策研究的变化与延续［J］.世界经济与政治，2006（10）：6，66-74.

112. 陆剑杰.试论我国意识形态领域的态势与加强马克思主义理论建设的策略［J］.南京政治学院学报，2012（4）：19-26.

113. 路宪民.全球化时代的民族文化发展［J］.甘肃社会科学，2014（4）：105-108.

114. 罗嗣亮，郭文亮.当代中国意识形态工作的发展轨迹与改革路径：基于意识形态安全的视角［J］.理论学刊，2012（4）：90-94.

115. 骆峰.汉语国际传播的性质、体系和模式［J］.汉语国际传播研究，2013（1）：1-10.

116. 闾小波，赖静萍.从反封建到发扬优秀传统文化——20世纪80年代以来中国共产党的历史认知［J］.学术研究，2011（9）：33-39.

117. 吕斐宜.受众心理与传统文化传播［J］.贵州社会科学，2007（7）：51-54.

118. 麻国庆.全球化：文化的生产与文化认同：族群、地方社会与跨国文化圈［J］.北京大学学报（哲学社会科学版），2000（4）：152-161.

119. 马立诚.民主社会主义在中国：民主社会主义思潮［J］.文史月刊，2012（9）：65-78.

120. 马学轲.2014年意识形态领域十个热点问题［J］.马克思主义研究，2015（2）：116-129.

121. 茅晓嵩.五四以来中国传统文化观演变探析［J］.河南师范大学学报（哲学社会科学版），2011（4）：32-34.

122. 梅荣政，杨瑞. 历史虚无主义思潮的泛起与危害［J］. 思想理论教育导刊，2010（1）：67-69.

123. 门洪华，肖晞. 总体国家安全观与中国特色国家安全道路［J］. 攀登，2016（1）：2-8.

124. 门洪华. 关键时刻：美国精英眼中的中国、美国与世界［J］. 中国社会科学，2012（7）：182-202，207.

125. 孟东方，王资博. 我国文化竞争指数的理论框架与现实应用［J］. 改革，2013（11）：146-156.

126. 尼克·奈特，刘西安编译. 对全球化悖论的反思：中国寻求新的文化认同［J］. 当代世界与社会主义，2007（1）：94-100.

127. 宁骚. 论民族国家［J］. 北京大学学报（哲学社会科学版），1991（6）：84-94.

128. 庞朴. 文化结构与近代中国［J］. 中国社会科学，1986（5）：81-98.

129. 庞仁芝. 扎实推进社会主义文化强国建设的行动纲领［J］. 中国浦东干部学院学报，2013（1）：74-84.

130. 齐崇文. 论文化安全的法律治理［J］. 行政管理改革，2019（8）：105-111.

131. 秦宣，郭跃军. 论马克思恩格斯的时代观［J］. 江西社会科学，2009（1）：53-59.

132. 全林远，赵周贤. 后金融危机时代的中国国家安全［J］. 北京行政学院学报，2010（5）：70-75.

133. 任海平，王天龙. 当前我国国家安全形势综合评估及应对［J］. 全球化，2015（1）：61-71，132.

134. 闪淳昌，周玲，沈华. 我国国家安全战略管理体系建设的几点思考［J］. 中国行政管理，2015（9）：37-43.

135. 沈丁立. 中美关系40年：回顾与前瞻［J］. 美国问题研究，2009（2）：1-14，197-198.

136. 沈雅梅. 对西方媒体热议"中国形象"的思考［J］. 国际问题研究，2011（4）：8-14，70.

137. 石云霞，周太山. 我国主流意识形态对社会各阶层的影响力研究［J］. 学术论坛，2010（3）：61-64.

138. 苏格. 国际格局变化与中国外交战略 [J]. 国际问题研究, 2015 (4): 1-13, 131.

139. 孙立平. 中国社会结构的变迁及其分析模式的转换 [J]. 南京社会科学, 2009 (5): 93-97.

140. 孙正聿. 90 年代中国的文化冲突 [J]. 社会科学战线, 1993 (5): 24, 32.

141. 谭毅. 冷战后美国国家利益的变化与"哑铃战略"[J]. 暨南学报 (哲学社会科学), 2003 (4): 21-26.

142. 汤先萍, 穆艳杰. 新时期新疆高校意识形态安全形势论析 [J]. 新疆社会科学, 2016 (2): 17-21.

143. 唐丹. 网络时代中国传统文化的传播策略 [J]. 武汉理工大学学报 (社会科学版), 2013 (4): 510-513, 675.

144. 唐国华. 论新形势下马克思主义经济学被边缘化的趋势及其逆转 [J]. 南京审计学院学报, 2007 (4): 28-31.

145. 唐钧. 中产阶层应成为社会稳定的中坚力量 [J]. 中国人力资源社会保障, 2015 (10): 13.

146. 陶东风. 从两种世俗化视角看当代中国大众文化 [J]. 中国文学研究, 2014 (2): 5-8.

147. 陶东风. 畸变的世俗化与当代大众文化 [J]. 文学评论, 2015 (4): 146-154.

148. 陶东风. 民族国家与文化认同 [J]. 开放时代, 1999 (6): 3-5.

149. 涂成林. 马克思主义意识形态批判视野下的国家文化安全研究 [J]. 马克思主义与现实, 2018 (5): 171-177.

150. 汪伟, 韩璞庚. 网络文化安全治理理论建构 [J]. 南京社会科学, 2015 (12): 139-144.

151. 汪卫东. 热与冷: 论 90 年代以来的文化思潮 [J]. 文艺争鸣, 2014 (2): 61-69.

152. 王柄权. 20 世纪 90 年代中国自由主义思潮述析 [J]. 理论界, 2005 (11): 141-142.

153. 王国勤. 国家治理视域下的意识形态研究 [J]. 浙江社会科学, 2015 (3): 38-43, 157.

154. 王金强. 国际话语体系的构建：读《传统与对外关系：兼评中美关系的意识形态背景》[J]. 美国研究，2016（2）：147-160.

155. 王瑾. 美国学者关于中国文化软实力研究 [J]. 当代世界与社会主义，2011（6）：27-31.

156. 王磊. 论当代青年教师主流意识形态认同的逻辑演进 [J]. 思想理论教育导刊，2016（4）：121-123.

157. 王梅芳，李玉妹. 社会转型中的新左派思潮 [J]. 社会观察，2015（3）：23-25.

158. 王能宪. 当代中国文化强国战略解析 [J]. 艺术百家，2012（1）：11-13.

159. 王天玺. 多极世界和为贵：兼评亨廷顿"文明冲突论" [J]. 求是，2003（7）：38-44.

160. 王希恩. 国家起源与民族聚合 [J]. 民族研究，1997（2）：9-18.

161. 王霞，何欢. 新疆少数民族大学生中华文化认同现状分析 [J]. 中南民族大学学报（人文社会科学版），2016（1）：38-41.

162. 王晓德. 关于冷战后美国对外文化战略的思考 [J]. 社会科学战线，2000（1）：148-158.

163. 王晓德. 试论冷战后美国对外"输出民主"战略 [J]. 世界经济与政治，1995（12）：48-53.

164. 王兴中. 社会地理学社会：文化转型的内涵与研究前沿方向 [J]. 人文地理，2004（1）：2-8.

165. 王秀丽，韩纲. "中国制造"与国家形象传播：美国主流媒体报道30年内容分析 [J]. 国际新闻界，2010（9）：49-55.

167. 王逸舟. 国家利益再思考 [J]. 中国社会科学，2002（2）：160-170，208.

168. 王永贵. 新自由主义思潮的真实面目 [J]. 红旗文稿，2005（5）：8-12，1.

169. 王岳川. 全球化语境与当代中国文化转型 [J]. 求是学刊，2002（5）：11-13.

170. 王岳川. 中国文化在全球化中的边缘化 [J]. 海内与海外，2014（9）：50-51.

171. 王祖嫘, 吴应辉. 汉语国际传播发展报告 (2011—2014) [J]. 新疆师范大学学报 (哲学社会科学版), 2015 (4): 92-99.

172. 魏晓锋, 朱月潭. 亨廷顿 "文明冲突论" 剖析 [J]. 国外社会科学, 1996 (2): 75-79.

173. 魏艳芳, 姚燕. 哈贝马斯大众文化批判的多重维度 [J]. 甘肃理论学刊, 2011 (6): 25-28.

174. 吴春梅, 席莹. 农民的社会主义核心价值观认同: 困境与出路 [J]. 科学社会主义, 2014 (6): 92-95.

175. 吴志成, 朱丽丽. 当代安全观的嬗变: 传统安全与非传统安全比较及其相关思考 [J]. 马克思主义与现实, 2005 (3): 50-57.

176. 夏云. 论总体国家安全观视野中的文化安全 [J]. 扬州大学学报 (人文社会科学版), 2014 (5): 25-30, 44.

177. 肖唤元, 秦龙. 论大数据与意识形态治理 [J]. 社会主义研究, 2016 (2): 22-28.

178. 萧功秦. 困境之礁上的思想水花: 当代中国六大社会思潮论析 [J]. 社会科学论坛, 2010 (8): 57-77.

179. 徐坚. 论文化强国的中国道路 [J]. 国际问题研究, 2015 (50): 1-25, 129.

180. 徐龙建. 文化自信: 维护国家文化安全的中国逻辑与中国智慧 [J]. 湖湘论坛, 2019 (3): 139-148.

181. 徐友渔. 当代中国两大社会思潮: 自由主义和新左派 [J]. 中国与世界观察, 2006 (3): 164-174, 209.

182. 许纪霖. 现代中国的民族国家认同 [J]. 世界经济与政治论坛, 2005 (6): 92-94.

183. 许耀桐. 邓小平的改革开放思想 [J]. 中国特色社会主义, 2014 (4): 20-24.

184. 严文斌. 中国国际形象的 "自塑" 与 "他塑" [J]. 对外传播, 2016 (6): 17-18.

185. 阎学通. 中国的新安全观与安全合作构想 [J]. 现代国际关系, 1997 (11): 28-32.

186. 阎学通. 中国崛起的国际环境评估 [J]. 战略与管理, 1997 (1):

17-25.

187. 颜玉凡, 叶南客. 我国公共文化构建困境的形塑机制 [J]. 社会科学研究, 2015 (3): 127-133.

188. 杨建义. 历史虚无主义的网络传播与应对 [J]. 思想理论教育导刊, 2016 (1): 110-114.

189. 杨魁. 消费主义文化的符号化特征与大众传播 [J]. 兰州大学学报 (社会科学版), 2003 (1): 63-67.

190. 姚建军. 中国社会转型中的文化变迁和文化矛盾分析 [J]. 科学社会主义, 2011 (2): 92-95.

191. 易华勇, 邓伯军. 新时代中国国家文化安全策论 [J]. 江海学刊, 2020 (1): 246-253.

192. 尹辉. 大众传播时代关于中国主导意识形态的审思 [J]. 兰州大学学报 (社会科学版), 2015 (3): 149-154.

193. 于洪君. 关于中美新型大国关系的回顾与思考 [J]. 国际安全研究, 2013 (2): 3-12, 154.

194. 俞伯灵. 意识形态与经济发展: 基于新中国 60 年的分析 [J]. 浙江社会科学. 2009 (10): 11-19, 125.

195. 张安. 马克思恩格斯文化安全思想的三重视角 [J]. 当代世界与社会主义, 2014 (6): 38-43.

196. 张国启. 论社会主义意识形态的逻辑自洽性及其当代意义 [J]. 马克思主义研究, 2011 (11): 101-109.

197. 张国祚. 习近平文化强国战略大思路 [J]. 人民论坛, 2014 (9) 上: 72-75.

198. 张骥, 刘云章. 论马克思主义意识形态对多样化社会思潮的引领机制 [J]. 马克思主义研究, 2011 (4): 110-116.

199. 张琏瑰. 国家利益辨析 [J]. 中共中央党校学报, 1998 (4): 3-5.

200. 张士海. 列宁关于无产阶级政党文化领导权思想及其启示 [J]. 科学社会主义, 2014 (2): 128-131.

201. 张世保. "大陆新儒家"与马克思主义关系探论 [J]. 马克思主义研究, 2008 (6): 22-27.

202. 张文树, 包有或. 文化认同视域下的国家认同与民族认同关系研究

[J].贵州民族研究，2015（11）：1-4.

203. 张友谊.中国当代文化发展中的矛盾及其分析 [J].伦理与文明，2013（1）：240-257.

204. 张毓强，杨晶.世界文化评估标准略论：以联合国教科文组织文化统计指标体系为例 [J].现代传播，2010（9）：25-30.

205. 赵彩红.英语强势下的中国优秀传统文化传播 [J].山东社会科学，2014（10）：177-181.

206. 赵丰.新左派五大发展态势 [J].人民论坛，2016（1）下：44-47.

207. 赵欢春."总体国家安全"框架下的意识形态安全风险预警探究 [J].马克思主义研究，2015（11）：92-100.

208. 赵可金.中国文化"走出去"的权力杠杆 [J].人民论坛，2012（7）下：72-73.

209. 中共中央关于进一步繁荣发展哲学社会科学的意见 [J].重庆社会科学，2004（s2）：4-5.

210. 中共中央国务院发出《关于进一步加强和改进大学生思想政治教育的意见》[J].中国高等教育，2004（20）：3-5.

211. 中共中央国务院印发《新时代爱国主义教育实施纲要》[J].思想政治工作研究.2019（12）：8-13.

212. 钟坚.马克思主义时代观与现时代的主要特征 [J].社会主义研究，2004（5）：40-42.

213. 周建标.文化壁垒 民族安全：关于国家文化安全之浅议 [J].中外文化交流，2010（4）：20-25.

214. 周新城.对二十世纪八十年代我国反对资产阶级自由化斗争的回顾：过程、性质和基本经验 [J].贵州师范大学学报（社会科学版），2011（3）：29-36.

215. 朱继东.2015年意识形态领域十大变化 [J].青年记者，2016（2）：32-34.

216. 朱新光.中国共产党的意识形态安全环境 [J].上海师范大学学报（哲学社会科学版），2015（6）：31-43.

学位论文：

1. 范庆斌. 遗产旅游地文化安全评价及安全体系构建：以西塘古镇为例 [D]. 南京：南京师范大学，2013.

2. 冯大彪. 蒙古族大学生的中华文化认同研究 [D]. 北京：北京科技大学，2015.

3. 郭忆薇. 冷战以来美国的安全战略和安全现 [D]. 武汉：华中师范大学，2004.

4. 郝良华. 美国文化霸权与中国国家文化安全 [D]. 济南：山东大学，2012.

5. 黄旭. 文学政治与二十世纪八十年代中国激进主义 [D]. 上海：复旦大学，2008.

6. 纪少峰. 论美国文化霸权对中国文化安全的影响 [D]. 武汉：华中师范大学，2007.

7. 姜地忠. 当前我国主流意识形态认同问题研究：以维护社会秩序稳定为出发点 [D]. 长春：吉林大学，2009.

8. 姜秀敏. 全球化时代的国际文化关系研究：关于国际文化新秩序的探讨 [D]. 长春：吉林大学，2006.

9. 江英. 五十年代党的国家安全战略研究 [D]. 北京：中共中央党校，1996.

10. 金民卿. 当代中国大众文化简论 [D]. 北京：中共中央党校，2000.

11. 赖宏宇. 文化全球化进程中的民族文化安全策略 [D]. 北京：中共中央党校：2005.

12. 兰梁斌. 20世纪中国自由主义思潮研究 [D]. 西安：西北大学，2013.

13. 李红松. 现代化进程中的社会分化与社会整合 [D]. 北京：中共中央党校，2015.

14. 李培锋. 马克思主义中国化视阈下中国传统文化现代化研究 [D]. 兰州：兰州大学，2013.

15. 李小华. 观念与国家安全：中国安全观的变化（1982—2002）[D]. 北京：中国社会科学院，2001.

16. 林楠. 基于我国主流意识形态建设的高校马克思主义认同研究 [D]. 锦州：渤海大学，2014.

17. 刘国普. 当代中国马克思主义意识形态话语权建设研究 [D]. 广州：华南理工大学，2014.

18. 逯元堂. 国家环境安全评估体系研究 [D]. 北京：中国环境科学研究院，2004.

19. 吕健. 文化利益论：基于政治经济学视角的研究 [D]. 上海：复旦大学，2009.

20. 齐仁庆. 中国文化产业发展的价值取向问题研究 [D]. 长春：东北师范大学，2012.

21. 曲慧敏. 中国文化走出去战略研究 [D]. 济南：山东师范大学，2012.

22. 曲文波. 中国文化安全研究 [D]. 北京：中共中央党校，2008.

23. 孙程芳. 中国国家文化安全管理问题研究 [D]. 成都：电子科技大学，2005.

24. 孙杰. 当代中国社会主义核心价值观研究 [D]. 北京：中共中央党校，2014.

25. 孙宁. 新世纪中国共产党的国家文化安全战略论析 [D]. 北京：中国社会科学院，2011.

26. 汪颖. 中国文化贸易政策研究 [D]. 南昌：江西财经大学，2015.

27. 王柏松. 中国新安全观及其安全战略选择研究 [D]. 长春：东北师范大学，2013.

28. 王来金. 全球化视野下的民族文化 [D]. 北京：中国人民大学，2001.

29. 王彦伟. 西方社会民主主义思潮在中国的影响研究 [D]. 北京：中共中央党校，2013.

30. 夏光辉. 当代中国民族主义研究 [D]. 北京：中共中央党校，2010.

31. 杨思信. 近代中国文化民族主义研究 [D]. 北京：北京师范大学，1999.

32. 杨松芳. 美国媒体中的中国文化形象研究 [D]. 成都：四川大学，2008.

33. 杨文伟. 转型期中国社会阶层固化探究 [D]. 北京：中共中央党校，2014.

34. 张博. 现代传媒条件下我国意识形态安全问题研究［D］. 兰州：兰州大学，2015.

35. 张强. 面向大众文化语境的审美功利性研究［D］. 沈阳：辽宁大学，2015.

36. 张泗考. 跨文化传播视域下中华文化走向世界战略研究［D］. 石家庄：河北师范大学，2016.

37. 张兴华. 当代中国国家治理：现实困境与治理取向［D］. 上海：华东师范大学，2014.

38. 张耀元. 建国十七年中国共产党文化建设研究（1949—1966）［D］. 大连：辽宁师范大学，2014.

39. 赵兴伟. 当代中国意识形态安全问题研究［D］. 沈阳：辽宁大学，2012.

40. 赵轩. 全球化时代美国文化输出战略研究［D］. 长春：吉林大学，2014.

41. 周璐铭. 中国对外文化战略研究（2000—2015）［D］. 北京：中共中央党校，2015.

42. 朱永彪. 中国国家安全观研究（1949—2011）　［D］. 兰州：兰州大学，2012.

报纸与文件：

1. 刘海明. 大众文化"盛世"下的危机：2005 中国大众文化回眸［N］. 人民政协报，2006-01-16（B01）.

2. 方晴. 维护国家文化安全的路径［N］. 光明日报，2016-06-12（6）.

3. 范周. 文化立法刻不容缓［N］. 光明日报，2014-05-12（2）.

4. 关于实施中华优秀传统文化传承发展工程的意见［N］. 人民日报，2017-01-26（6）.

5. 国家"十二五"时期文化改革发展规划纲要［N］. 人民日报，2012-02-16（5）.

6. 高祖贵. 把握总体国家安全观的科学内涵［N］. 解放军报，2016-02-29（6）.

7. 胡海波. 中国文化战略的基本内涵 [N]. 光明日报, 2015-05-13 (13).

8. 霍文琦. 对西方文化霸权坚决说"不": 访国防大学原副政委李殿仁中将 [N]. 中国社会科学报, 2016-03-08 (1).

9. 坚定不移沿着中国特色社会主义道路前进 为全面建成小康社会而奋斗 [N]. 人民日报, 2012-11-09 (2).

10. 李慧. 迈向社会主义文化强国: 十八大以来文化建设和文化体制改革综述 [N]. 光明日报, 2016-01-05 (1).

11. 李珍. 历史虚无主义的危害不可低估 [N]. 光明日报, 2005-04-05.

12. 刘跃进. 大安全时代的总体国家安全观: 学习习近平同志关于国家安全重要讲话中的哲学思想 [N]. 北京日报, 2014-05-19 (17).

13. 彭翊, 孙长. 构建国家文化安全监测体系 [N]. 人民日报, 2012-03-27 (7).

14. 石鹏. 我国民族文化安全的意识问题 [N]. 中国社会科学院院报, 2007-12-20.

15. 王少波, 龚年利, 刘海颖. 把社会效益放在首位: 亟待建立社会效益评价指标体系 [N]. 中国出版传媒商报, 2016-03-08 (3).

16. 王旭明. 大众娱乐文化应恪守道德底线 [N]. 中国文化报, 2010-08-11 (2).

17. 张玉玲. 文化体制改革新的里程碑: 关于"双效统一"指导意见的解读 [N]. 光明日报, 2015-09-16 (8).

18. 习近平. 坚持总体国家安全观 走中国特色国家安全道路 [N]. 人民日报, 2014-04-16 (1).

19. 习近平. 在哲学社会科学工作座谈会上的讲话 (2016 年 5 月 17 日) [N]. 人民日报, 2016-05-19 (2).

20. 张烁. 把思想政治工作贯穿教育教学全过程 开创我国高等教育事业发展新局面 [N]. 人民日报, 2016-12-09 (1).

21. 杨军. "新左派"思潮的三大谬误 [N]. 中国社会科学报, 2013-03-22 (A07).

22. 张西平. 提高中国文化国际影响力的新尝试: 写在北外中国海外汉学研究中心成立 20 周年之际 [N]. 中华读书报, 2016-05-04 (19).

23. 中共中央办公厅、国务院办公厅印发《关于进一步把社会主义核心价值观融入法治建设的指导意见》[N]. 中华人民共和国国务院公报，2017（2）：9-13.

24. 中共中央办公厅、国务院办公厅印发《关于促进移动互联网健康有序发展的意见》[N]. 中华人民共和国国务院公报，2017（4）：4-8.

25. 中共中央办公厅、国务院办公厅印发《关于推动国有文化企业把社会效益放在首位、实现社会效益和经济效益相统一的指导意见》[N]. 人民日报，2015-09-15（1）.

26. 中共中央办公厅印发《关于培育和践行社会主义核心价值观的意见》[N]. 人民日报，2013-12-24（6）.

27. 中共中央关于构建社会主义和谐社会若干重大问题的决定 [N]. 人民日报，2006-10-19（1）.

28. 中共中央关于加强党的执政能力建设的决定 [N]. 人民日报，2004-09-27（1）.

29. 中共中央关于全面深化改革若干重大问题的决定 [N]. 人民日报，2013-11-13（1）.

30. 中共中央关于全面推进依法治国若干重大问题的决定 [N]. 人民日报，2014-10-29（1）.

31. 中共中央关于深化文化体制改革、推动社会主义文化大发展大繁荣若干重大问题的决定 [N]. 人民日报，2011-10-26（1）.

32. 中共中央关于完善社会主义市场经济体制若干问题的决定 [N]. 人民日报，2003-10-22.

33. 中共中央国务院印发《关于加强和改进新形势下高校思想政治工作的意见》[N]. 人民日报，2017-02-28（1）.

34. 中共中央国务院印发新时代公民道德建设实施纲要 [N]. 人民日报，2019-10-28（1）.

35. 中华人民共和国国民经济和社会发展第十三个五年规划纲要 [N]. 人民日报，2016-03-18（1）.

36. 周亮. 强化文化产业发展的风险意识 [N]. 中国社会科学报，2016-05-03（7）.

37. 资产阶级自由化思潮的四次泛滥 [N]. 人民日报，1989-11-12.

38. 中华人民共和国教育部、财政部. 高等学校哲学社会科学繁荣计划

（2011—2020 年）[Z]. 教社科［2011］3 号.

39. 中共中央组织部、中共中央宣传部、中共教育部党组关于加强和改进高校青年教师思想政治工作的若干意见［Z］. 教党［2013］12 号.

40. 中宣部教育部关于加强和改进高等学校哲学社会科学学科体系与教材体系建设的意见［Z］. 教高［2005］6 号.

41. 中宣部教育部关于进一步加强和改进高等学校思想政治理论课的意见［Z］. 教社政［2005］5 号.

42. 教育部关于印发《高等学校思想政治理论课建设标准》的通知［Z］. 教社科［2015］3 号.

后 记

自改革开放以来，在全球化浪潮愈演愈烈、中国社会转型快速进行的时代发展进程中，国家文化安全问题逐渐凸显出来。2010 年，我国的经济总量超越日本跃居世界第二。在过去四十多年"以经济建设为中心"的政策导向下，在经济全球化快速发展的推动下，我国的社会主义市场经济已越来越完善，但是，社会主义意识形态创新却没有完全跟上中国社会转型的步伐，这无疑对我国国家文化安全造成很大威胁。党的十八大以后，国家文化安全问题得到了以习近平同志为核心的党中央的高度重视，2013 年 11 月，党的十八届三中全会通过的《中共中央关于全面深化改革若干重大问题的决定》提出了"经济建设、政治建设、文化建设、社会建设、生态文明建设"五位一体的中国特色社会主义发展总布局，并指出文化建设是"五位一体"总布局的灵魂。2014 年 4 月 15 日习近平总书记主持中央国家安全委员会第一次会议时在分析当前国际国内形势的基础上提出"总体国家安全观"，明确将国家文化安全纳入国家安全体系。以总体国家安全观为指导思想，2015 年 1 月 23 日中央政治局会议审议通过《国家安全战略纲要》，2015 年 7 月 1 日，第十二届全国人民代表大会常务委员会第十五次会议通过新《国家安全法》，2016 年 3 月制定的《中华人民共和国国民经济和社会发展第十三个五年规划纲要》第七十三章"建立国家安全体系"中指出要"建立健全国家安全监测预警体系，加快健全国家安全法律制度体系"。2017 年 10 月 18 日党的十九大报告《决胜全面建成小康社会 夺取新时代中国特色社会主义伟大胜利》强调要"健全国家安全体系，加强国家安全法治保障，提高防范和抵御安全风险能力"。2019 年 10 月 31 日党的十九届四中全会通过的《中共中央关于坚持和完善中国特色社会主义制度、推进国家治理体系和治理能力现代化若干重大问题的决定》再次强调要"完善集中统一、高效权威的国家安全